직독직해로 읽는

동물농장
Animal Farm

직독직해로 읽는

동물농장
Animal Farm

개정판 3쇄 발행 2020년 7월 20일
초판 1쇄 발행   2011년 6월 30일

원작   조지 오웰
역주   이현구, 박기윤
디자인   IndigoBlue
일러스트 정은수
발행인   조경아
발행처   랭귀지북스
주소   서울시 마포구 포은로2나길 31 벨라비스타 208호
전화   02.406.0047   **팩스**   02.406.0042
이메일   languagebooks@hanmail.net
홈페이지 www.languagebooks.co.kr
등록번호 101-90-85278   **등록일자** 2008년 7월 10일
ISBN   979-11-5635-034-7 (13740)
가격   13,000원

ⓒ LanguageBooks 2011

잘못된 책은 구입한 서점에서 바꿔 드립니다.

blog.naver.com/languagebook에서 MP3 파일을 다운로드할 수 있습니다.

「이 도서의 국립중앙도서관 출판예정도서목록(CIP)은 서지정보유통지원시스템 홈페이지(http://seoji.nl.go.kr)와
국가자료공동목록시스템(http://www.nl.go.kr/kolisnet)에서 이용하실 수 있습니다.(CIP제어번호: CIP2015029025)」

동물농장
Animal Farm

조지 오웰 원작
이현구, 박기윤 역주

Language Books

머리말

요즈음 원서 읽기의 열기는 굳이 설명하지 않아도 누구나 알 것입니다. 수많은 학습자들은 여러 가지 방법을 시도해보지만, 효과적인 학습법을 찾지 못하는 분이 많습니다.

이런 분들이 원서를 읽으면 효율적으로 읽기, 듣기, 말하기 능력을 향상시킬 수 있습니다. 원서를 빠르게 읽고, 어휘력과 표현력을 늘리고, 회화와 쓰기 능력을 효과적으로 준비할 수 있습니다. 그러나 원어민들이 즐겨 읽는 원서나 고전 작품에는 어려운 표현과 어휘 때문에 쉽게 도전하기 힘든 경우도 있습니다.

이렇게 자신에게 맞는 공부법을 찾는 데 어려움을 겪고 있는 분들과, 높은 수준의 원서를 혼자 공부하기 힘들어하는 분들을 위해 이 책을 쓰게 되었습니다. 다시 말하여 영어 학습에 도움이 될 만한 작품들을 여러분이 쉽게 이해할 수 있도록 직독직해로 설명해 놓았습니다. 또한 원작의 내용을 이해하는데 아무런 문제가 없도록 글의 구성에 정성을 기울였습니다. 직독직해로 읽는 습관에 익숙해지면, 읽기 속도가 모국어 수준에 가까워집니다.

세계명작 작품에는 대화체 표현이 풍부합니다. 그래서 본 교재로 듣기와 말하기를 연습할 수 있도록, 원어민 성우가 녹음한 MP3 파일을 다운로드 할 수 있습니다.

거기다 고교 영어 수준으로 원서의 난이도를 조정했습니다. 실제로 본 책에서 설명된 대부분의 어휘와 숙어는 고교 영어 수준에 속합니다. 또한 중요 문법을 설명하여 독자가 공부하는데 어려움이 없도록 하였습니다.

분명 유창하고 높은 수준의 영어를 자유자재로 사용할 수 있으려면, 장기간 공부해야 됩니다. 그 시간을 최대한 단축시키려면 원어민 수준으로 빠르게 영어를 읽고(직독직해), 자신의 생각을 표현하는 능력(동시통역연습)을 키워야 합니다. 그리고 영어 실력을 높이는데 무엇보다 중요한 것은 열정적이고 성실한 학습자의 마음가짐입니다. 부디 이 책과 여러분의 성실함을 무기로 큰 성과를 올리길 기대해 봅니다.

본 책이 출판되도록 물심양면으로 전폭적인 지지와 성원을 보내준 아내와 가족에게 감사의 뜻을 전합니다.

이현구

저자 소개

저자 조지 오웰에 대해서

George Orwell

조지 오웰(George Orwell)은 1904년 인도에서 태어났으며, 본명은 에릭 아서 블레어(Eric Arthur Blair)이다. 그는 영국의 명문 이튼(Eton) 학교에 진학했으나 권위를 싫어하는 성격 때문에 교사들로부터 제대로 인정받지 못하였다. 결국 대학진학을 포기하고 현재의 미얀마인 버마에서 제국 경찰로 근무하였다. 영국으로 귀국한 후, 경찰 근무 경험을 토대로, 그리고 인종과 계급간의 갈등을 중심으로 『파리와 런던의 밑바닥 생활(Down and Out in Paris and London)』이라는 처녀작을 완성하였다. 그리고 스페인 내란이 일어나자, 스페인 노동당의 당원으로서 내전에 참전하였다. 참전 당시 좌파와 우파 간에 권력 다툼을 직접 목격하고 인간의 자유를 억압하는 이데올로기를 혐오하게 되었다.

비록 조지 오웰은 사회민주주의(democratic socialism)의 신봉자였지만, 결국 스탈린 독재체제인 소련 공산당의 위선과 잔인성을 혐오했고, 겉으로만 평화를 외치면서 인간의 자유를 억압하는 독재 체제인 전체주의에 대해 강력하게 비판했다. 그의 작품 전반에는 가난, 억압, 권위, 갈등, 자유, 희망이라는 주제가 혼합되어있다. 특히 『파리와 런던의 밑바닥 생활』, 『동물 농장』, 『1984』 등이 그의 대표작으로 알려졌다. 정치 풍자와 간결한 문체로 20세기의 최고 작가로 평가받았지만, 1950년, 47세의 이른 나이에 생을 마감했다.

작품 소개

조지 오웰의 『동물 농장』이라는 소설 속에 등장하는 농장은 매너 농장(Manor Farm), 또는 장원 농장이라고 번역된다. 이 농장에는 주인인 존스(Jones)라는 지배자와 피 지배 계층인 동물들이 살고 있다. 소설은 메이저 영감(Old Major)이 동물들을 선동하여 농장 주인인 존스(Jones)를 쫓아내는 사건으로 시작된다. 즉, 피지배 계층이 지배 계층에게 반란을 일으킨 것이다. 이 사건을 계기로 동물들은 농장에서 자신들을 억압했던 인간, 그들의 삶과 문화를 추방하고, 동물인 자신들만을 위한 공동의 선과 이상을 추구하는 사회를 만든다. 그래서 매너 농장(Manor Farm)을 동물 농장(Animal Farm)으로 개명한다.

반란 초기에는 동물들 중에 글을 제대로 읽고 쓸 수 있는 돼지들이 주도적으로 동물 농장을 운영한다. 특히 돼지들 중에 스노볼과 나폴레옹이 농장의 지도자로 부상한다. 그러나 머지않아 이상주의자인 스노볼과 계략에 능한 나폴레옹을 중심으로 두 파벌이 형성되고, 결국 두 지도자간의 갈등이 악화되자 권력다툼이 발생한다. 마침내 스노볼은 농장에서 추방되고 나폴레옹이 권력을 잡게 된다.

　　동물 농장이라는 집단을 지배하는 나폴레옹은 동물 농장의 영도자라는 칭호를 받을 정도로 우상화된다. 즉 동물 농장에는 지배계층인 돼지와 피지배 계층인 하층 동물만 존재한다. 이렇게 권력을 장악한 돼지들은 온갖 계략과 위협으로 다른 동물들을 착취하고, 억압하고, 혹독하게 다룬다. 결국 돼지들의 모습은 과거의 농장 주인이었던 존스, 다른 농장 주인인 인간과 구별할 수 없을 정도로 인간의 모습을 띄게 된다. 소설의 후반부에서 나폴레옹은 '동물 농장'을 다시 '매너 농장'(Manor Farm)으로 개명한다. 이것은 동물 농장이 다시 인간에게 억압받던 혹독한 체제로 돌아간다는 것을 암시한다.

직독직해 가이드

직독직해로 영어를 빠르게 이해하려면, 영어 문장의 순서에 따라 앞에 있는 말과 다음에 나오는 말과 어떤 관계인지 자연스럽게 느낄 수 있어야 합니다. 즉 영어의 어순대로 문장의 의미를 파악하는 훈련을 해야 합니다. 게다가 직독직해로 영어를 이해하려면, 문장구조를 파악하면서 기본 문법 지식을 활용해야 합니다.

하지만 길고 복잡한 문장을 이해할 때, 더 많은 문법 지식이 필요한 것은 아닙니다. 이런 문장을 쉽게 이해하는 방법은 매우 간단합니다. 그것은 어려운 문법을 따져가며 문장을 분석하기보다 영어의 언어 논리를 익히는 것입니다.

아래에 있는 문장은 『마지막 잎새』에 나옵니다. 직독직해에 익숙하지 않은 사람이라면, 영어 문장을 앞뒤로 읽으며 해석합니다.

In one corner was a blank canvas on an easel
    1   2   3   4

that had been waiting there for twenty-five years to receive
         5   6

the first line of the masterpiece.
    7

앞에 있는 문장을 우리말 어순에 따라 해석하면, 다음과 같습니다.

> 한쪽 구석에는(1) / 아무 그림도 없는 캔버스가(3) / 이젤 위에(4) / 있었는데(2) / 명작의 첫 번째 대열에 속하는(7) / 대우를 받으려고(6) / 25년 동안 거기에 있었던 것이다.(5)

다시 말하여 영어 문장은 1-2-3-4-5-6-7 순서이지만, 우리말 어순에 맞게 해석해보면, 1-3-4-2-7-6-5 순으로 이해할 수 있습니다. 이런 순서로 이해하려면, 한 문장을 이해하는데 많은 시간이 걸립니다. 이런 방식으로 읽기를 지속하면, 긴 문장을 듣자마자 이해하는 것은 매우 어렵습니다. 또한 회화와 영작을 할 때, 영어로 유창하게 표현하는 능력이 개발되지 않습니다.

같은 문장을 영어 어순대로 이해하려면, 직녹직해도 문상을 이해해야 합니다. 아래에 있는 설명처럼 이해할 수 있습니다.

> In one corner → 한쪽 구석에는
> was → 있었다.
> a blank canvas → (무엇이 있었는가?) 아무 그림도 없는 캔버스가
> on an easel → (캔버스는 어디에 있는가?) 이젤 위에
> that had been waiting there for twenty-five years →
> (그 그림 없는 캔버스는 어떤 것일까?) 25년 동안 거기에 있었던
> to receive → (왜 기다리고 있었을까?) 대우를 받으려고
> the first line of the masterpiece. → (어떤 대우를 받으려고 기다리는가?) 명작의 첫 번째 대열에 속하는

앞의 설명에서 알 수 있듯이 영어는 우리말과 어순이 매우 다릅니다. 그래서 영어 어순대로 이해하는 연습을 해야 합니다. 이것이 직독직해를 익히는 첫 번째 단계일 뿐입니다. 그리고 앞에 나오는 단어나 표현을 보면, 다음에 어떤 내용이 올지 예측할 수 있는 힌트가 있습니다. 예를 들어 위의 문장을 보면, “was” 라는 “be” 동사가 “~이 있다, 존재하다” 라는 의미로 쓰였습니다. “존재하다” 라는 의미로 쓰인 “was” 를 보자마자 “어떤 물건”이 “어디에” 있는지 예측할 수 있어야 합니다. 그래서 문장의 의미가 연결되는 힌트를 감각적으로 알아보려면, 영어의 언어논리를 익혀야 합니다.

영어의 논리를 쉽게 익히려면,

첫째, 주어, 동사, 목적어, 보어를 보고, 문장의 핵심 내용을 감각적으로 파악해야 합니다.

둘째, 동사의 종류에 따라 다음에 어떤 내용이 올지 예측할 수 있어야 합니다. 그래서 다양한 동사의 쓰임새에 익숙해져야 합니다.

셋째, 보통 관계 대명사나 부정사 앞에 나오는 내용을 보면, 다음에 어떤 내용이 올지 예측할 수 있어야 합니다. 즉 부정사와 관계대명사는 상황을 더 자세히 설명합니다.

넷째, 접속사를 보면서, 글에 나타나는 논리관계를 이해할 수 있어야 합니다.

다섯째, 대명사와 같은 기초 문법을 활용할 줄 알아야 합니다.

마지막으로 문법 학습에 지나치게 얽매이지 않도록 주의해야 합니다.

영어 문장을 읽자마자 이해하는 습관이 형성되면, 더 빠르게 읽고 이해할 수 있습니다. 이런 훈련을 하면, 스토리를 듣자마자 이해할 수 있습니다. 마지막 단계로 입으로 영작하는 연습을 게을리 하지 않습니다. 입으로 영어 문장을 유창하게 구사할 수 있다면, 회화와 영작이 즐거워집니다. 이런 입체적인 방법으로 공부하면, 원서를 읽고, 회화를 하는 것은 즐겁고 신나는 일이 됩니다.

읽기 가이드

『동물농장』을 읽으면서 최대 효과를 낼 수 있는 공부방법이 있습니다.
그것은 읽기 능력을 토대로, 듣기 연습을 하고, 듣기 능력을 토대로,
말하기 연습까지 하는 것입니다.

첫째, 직독직해로 읽는 연습을 하여, 원어민 속도로 읽는 것입니다.
둘째, 듣기 연습을 하여, 원어민이 빠르게 말하는 것을 듣고 이해하는 것입니다.
셋째, 동시통역 연습을 하여, 유창하게 말하는 연습을 하는 것입니다.

이와 같은 능력을 개발하려면, 원어민과 비슷한 속도로 직독직해로 영어를 이해하고, 영어로 표현하는 훈련(동시통역 연습)을 해야 합니다. 다시 말하여 영어를 직독직해로 빠르게 읽는 연습을 하고, 직독직해로 해석한 내용을 보면서 영어로 말하는 연습(동시통역 연습)을 꾸준히 실천합니다. 이런 목적을 성취하도록 『동물농장』을 직독직해로 읽고, 연습문제에서 동시통역 연습을 할 수 있도록 교재를 구성했습니다. 아래에 제시된 단계에 따라 공부하면, 영어 실력이 빠르게 향상됩니다.

Step 1 영어 어순대로 이해하기

원서를 직독직해로 읽는 능력을 키우려면, 영어 어순대로 읽는 능력과 풍부한 어휘력이 필요합니다. 먼저 『동물농장』을 직독직해로 읽으면서 영어 어순대로 읽고 이해하는 연습을 합니다. 이야기를 읽는 동안 모르는 어휘나 이해하기 어려운 문장이 나오면, 중요한 의미만 파악하고, 빠르게 읽고 이해해야 합니다. 본 교재를 두 번째로 읽을 때는 모르는 어휘를 익히고, 어려운 문장을 좀 더 정확히 이해해야 합니다. 때로는 모르는 어휘와 문장을 단번에 모두 익히겠다고 지나치게 욕심을 부리면, 오히려 학습에 흥미가 떨어지고 지속적으로 공부할 수 없게 됩니다. 개인에 따라 차이가 있지만, 본 교재를 세 번 또는 네 번 읽으면서 모르는 어휘와 문장과 친숙해지면, 몰랐던 단어를 쉽게 익힐 수 있습니다. 또한 어렵게 느껴졌던 문장도 쉽게 이해됩니다.

Step 2 원어민 속도로 읽기

직독직해로 읽는 연습을 한 다음 원어민과 비슷한 속도로 읽을 수 있을 때까지 본 교재를 반복하여 읽는 연습을 권합니다. 속독 연습을 하려면 해설을 보지 않고 『동물농장』을 빠르게 읽는 연습을 합니다. 빠르게 읽는 연습을 권장하는 이유는 두 가지가 있습니다. 첫째 영어 어순대로 이해하는 능력을 키워야 원어민과 비슷한 속도로 읽고 이해할 수 있기 때문입니다. 둘째 읽기 속도가 빨라져야 듣기가 즐겁고 편해지기 때문입니다.

Step 3 원어민 수준으로 듣고 이해하기

듣기 연습은 녹음을 들으면서 원어민처럼 소설을 이해하는 것입니다. 영어로 쓰인 이야기를 빠른 속도로 읽고 이해할 수 있을 때 듣기 연습에 들어갑니다. 그래야 듣기 연습이 매우 즐거운 일이 됩니다. 이런 연습을 꾸준히 하면, 원어민이 빠르게 말해도 듣자마자 이해할 수 있습니다. 이렇게 듣자마자 이해하는 능력을 키워야 유창하게 회화를 할 수 있는 기반이 마련됩니다.

Step 4 동시통역 연습

연습문제 중 동시통역을 연습할 수 있는 부분이 있습니다. 동시통역이란 입으로 영작하는 연습입니다. 즉 직독직해로 해석된 문장을 보자마자 영어로 유창하게 말하는 것입니다. 유창하게 영어로 말하려면, 읽고 이해하는 것보다 더 많은 노력과 연습이 필요합니다. 혼자서 영어 회화 연습을 할 때 활용하면, 매우 효과적인 영어 공부방법입니다.

하지만 동시통역 연습을 제대로 활용하려면, 세 가지 어려움을 극복해야 합니다. 첫째 영어 문장을 만들 때 필요한 단어를 뜸들이지 않고 생각해내는 것입니다. 둘째 쉬운 문법을 제대로 활용하는 것입니다. 세 번째 자연스럽고 유창하게 발음하는 것입니다. 이런 연습을 꾸준히 하면, 읽기 속도가 빨라지고, 빠르게 듣고 이해할 수 있으며, 유창하게 말할 수 있습니다. 동시통역 연습을 실천하면, 원어민 수준으로 읽고 말할 수 있게 됩니다.

퀴즈 가이드

『동물농장』을 읽으며 동시에 복습할 수 있도록
퀴즈를 만들어 놓았습니다. 모두 10개의 퀴즈로 구성되어 있습니다.
본문을 이해하고 본문에 나온 문장을 통해
영어 실력을 입체적으로 키우기 바랍니다.

*** 퀴즈의 구성**

　각 퀴즈는 모두 4개의 파트(A. 내용 이해하기, B. 단어, C. 직독직해, D. 동시통역)로 구성되어 있습니다. 내용을 이해한 다음에 주요 단어를 복습하고 다시 직독직해 연습을 한 다음에 최종적으로 동시통역 연습을 통해서 입으로 영작하는 연습을 하기 바랍니다.

*** 퀴즈의 사용방법**

A. 내용 이해하기

　본문의 내용을 잘 이해하셨는지 체크하기 위해 간단한 질문을 만들었습니다. 내용이 본문과 일치하면 T(True), 틀리면 F(False)를 표기하시면 됩니다.

B. 단어

영어로 설명된 정의에 어울리는 단어를 찾는 것입니다. 적당한 단어를 보기에서 선택하도록 했습니다. 단어 설명을 영문으로 한 까닭은 영어로 설명된 단어의 정의에 익숙해지면, 회화를 할 때 영어로 유창하게 설명할 수 있기 때문입니다.

C. 직독직해

본문에 나오는 문장 중에서 약간 까다롭거나 구조가 복잡한 문장을 4개씩 골랐습니다. 영어의 어순대로 읽고 이해하는 훈련을 한 번 더 해보기 바랍니다.

D. 동시통역

영어의 어순대로 한글로 제시하고, 한글 해석을 보면서 영어로 작문(동시통역)을 연습하는 파트입니다. 처음에는 힘이 들겠지만 문자로 영작하는 것보다 입으로 바로 말하는 것이 더 효과적입니다.

목차

Chapter **1** track 02 22

Quiz 1 44

Chapter **2** track 03 46

Quiz 2 66

Chapter **3** track 04 68

Quiz 3 86

Chapter **4** track 05 88

Quiz 4 102

Chapter **5** track 06 104

Quiz 5 130

CONTENTS

Chapter **6**   track 07   132
Quiz 6   154

Chapter **7**   track 08   156
Quiz 7   186

Chapter **8**   track 09   188
Quiz 8   220

Chapter **9**   track 10   222
Quiz 9   250

Chapter **10** track 11   252
Quiz 10   280

Animal Farm을 다시 읽어 보세요.   282

SCENE 1

MR. JONES, of the Manor Farm, / had locked the hen-
매너 농장의 주인인 존스씨는 /   닭장 문을 잠갔다 /

houses / for the night, / but was too drunk / to remember /
(운명의) 그날 밤, /   그러나 너무나 술에 취하여 / 기억하지 못했다(잊어버렸

to shut the popholes.
다) / 작은 출입구를 닫는 것을

With the ring of light / from his lantern / dancing from
둥근 불빛이 /   그의 전등에서 나오는 /   좌우로 춤추듯이 움직일

side to side, / he lurched / across the barn yard, /
때 /   그는 비틀거리며 /   헛간 마당을 건넜고 /

kicked off his boots / at the back door, / drew himself a
장화를 벗어 던졌고 /   뒷문에서 /   마지막 맥주 한잔을 뺐다 /

last glass of beer / from the barrel in the scullery, /
부엌에 딸린 방의 (맥주) 통에서 /

and made his way up to bed, / where Mrs. Jones was
그리고 잠자러 갔다 /   잠자리에서 존스 부인은

already snoring. As soon as the light in the bedroom went
이미 코를 골고 있었다.   침실의 등불이 꺼지자마자 /

out / there was a stirring and a fluttering / all through the
움직이는 소리와 퍼덕이는 소리가 났다 /   농장 건물 전체에서

farm buildings.

Word had gone round / during the day / that old Major, /
전언(소식)이 퍼졌다 /   낮에 /   (어떤 소식?) 메이져 영감이 /

the prize Middle White boar, / had had a strange dream /
수상 경력이 있는 미들 화이트 종 수퇘지인 /   이상한 꿈을 꿨다는 (소식이) /

on the previous night / and wished to communicate /
전날 밤에 /   그래서 전달하길 바란다는 (소식이) /

it to the other animals.
그 꿈의 내용을 다른 동물들에게

It had been agreed / that they should all meet / in the big
합의하였다 /   (무엇을?) 그들이 만나기로 /   큰 헛간에 /

barn / as soon as Mr. Jones was safely out of the way.
존스씨가 방해가 안 되는 것이 확실해지면 곧

Old Major (so he was always called, / though the name
메이저 영감은(그는 그렇게 늘 불렸다 /   비록 그가 출품되었던

under which he had been exhibited was Willingdon
이름은 윌링턴 뷰티였지만)

Beauty) was so highly regarded on the farm /
(메이저 영감은) 농장에서 매우 존경을 받는다 /

that everyone was quite ready to lose an hour's sleep /
그래서 모두가 기꺼이 한 시간 잠을 희생할 작정이었다 /

in order to hear / what he had to say.
듣기 위해서라면 /   그가 말하는 것을

At one end of the big barn, / on a sort of raised platform, /
큰 헛간의 한쪽 끝에 /   높게 만든 일종의 연단 위에서 /

Major was already ensconced / on his bed of straw, /
메이저는 이미 편히 앉아 있었다 /   짚으로 만든 잠자리에 /

under a lantern / which hung from a beam.
(어디에 있는 잠자리?)전등 아래에 있는 / (어디에 있는 전등?) 들보에 매달려 있는.

He was twelve years old / and had lately grown rather
그는 열두 살이었고 /   최근에 상당히 뚱뚱해졌다 /

stout, / but he was still a majestic-looking pig,
           하지만 여전히 당당해 보이는 돼지였다 /

with a wise and benevolent appearance / in spite of the
지혜롭고 인자한 모습을 하고 있는 /   (어떤) 사실에도 불구하고 /

fact / that his tushes had never been cut.
           그의 엄니가 잘린 적이 없다는 (사실에도 불구하고)

Before long the other animals began to arrive /
곧 다른 동물들은 도착해서 /

and make themselves comfortable / after their different
편안하게 앉았다 /   각자 제 나름대로

fashions.

First came the three dogs, / Bluebell, Jessie, and Pincher, /
먼저 개 세 마리가 왔다 / 블루벨, 제시, 핀처라고 불리는 /

and then the pigs, / who settled down in the straw
그 다음엔 돼지들이 왔으며 / 그 돼지들은 바로 밀짚에 앉았다 /

immediately / in front of the platform.
연단 앞에 있는

The hens perched themselves / on the window-sills, /
암탉들은 앉았고 / 창문턱에 /

the pigeons fluttered up to the rafters, / the sheep and cows
비둘기들은 서까래로 퍼덕거리며 날아올라갔고 / 양과 소들은

lay down behind the pigs / and began to chew the cud.
돼지들 뒤에 엎드렸고 / 되새김질을 하기 시작했다

The two cart-horses, / Boxer and Clover, / came in
짐마차를 끄는 두 말은 / 박서와 클로버라고 불리는 / 함께 들어왔다 /

together, / walking very slowly and setting down /
(그리고) 매우 천천히 걷고 내려놓았다 /

their vast hairy hoofs / with great care / lest there should
거대하고 털투성인 발굽을 / 매우 조심스럽게 / 어떤 작은 동물이 있으면 안

be some small animal / concealed in the straw.
되니까 / 밀짚 속에 숨어있는

Clover was a stout motherly mare / approaching middle
클로버는 뚱뚱한 암말이었다 / 중년에 가까워진 /

life, / who had never quite got her figure back /
그런데 그녀는 결코 예전의 몸매를 찾지 못했다 /

after her fourth foal.
네 번째 망아지를 낳은 뒤로

Boxer was an enormous beast, / nearly eighteen hands
박서는 거구의(거대한) 동물이었고 / 거의 18핸드(약 180센티미터)에 가까운 /

high, / and as strong / as any two ordinary horses put
그리고 힘이 셌다 / 보통 두 마리의 말을 합친 것 만큼이나

together. A white stripe down his nose / gave him a
코까지 내려와 있는 하얀 줄은 / 약간 멍청한 모습을

somewhat stupid appearance, / and in fact he was not of
띠게 했고(멍청해 보이게 했고) / 사실 그는 최상의 지능이 있는 것은 아니었다 /

first-rate intelligence, / but he was universally respected /
그러나 그는 누구에게나(널리) 존경받았다 /

for his steadiness of character / and tremendous powers of
그의 성실한 품성과 / 엄청난 노동능력 때문에

work.

명사 다음에 오는 현재분사; 앞에 나온 명사를 수식한다.
"approaching middle life"는 앞에 나온 "mare"(암말)를 수식한다.
예) Clover was a stout motherly mare / approaching middle life.
클로버는 뚱뚱한 암말이었다 / 중년에 가까워지는

immediately 즉시, 바로 perch ~에 앉다 window-sill 창문턱, 창틀 flutter up 날아오르다 rafter 서까래
cud 되새김질 hoof 말굽 lest ~ should ~하면 안 되므로, ~하지 않도록 conceal 숨기다 foal 망아지
enormous 거구의, 거대한 hand 손바닥의 폭(약 10센티미터) somewhat 약간, 다소 first-rate 최상의, 일류의
universally 널리, 누구에게나 steadiness 착실함 character 품성, 인격

SCENE 2

After the horses came / Muriel, the white goat, and
말들 다음으로 들어왔다 /　　　　흰 염소인 뮤리엘과 당나귀인 벤자민이

Benjamin, the donkey. Benjamin was the oldest animal /
벤자민은 제일 나이가 많은 동물이었다 /

on the farm, / and the worst tempered.
농장에서 /　　　그리고 성미가 가장 고약한(동물이었다)

He seldom talked, / and when he did, / it was usually to
그는 좀처럼 말을 하지 않았고 / 그가 말을 할 때면 /　　대개 냉소적인 말을 했다 /

make some cynical remark—for instance, / he would say /
예를 들면 /　　　그는 말하곤 했다 /

that God had given him a tail / to keep the flies off, /
신이 그에게 꼬리를 주었다고 /　　　파리를 쫓으라고 /

but that he would sooner have had no tail and no flies.
그러나 그는 차라리 꼬리도 파리도 없는 것이 낫다고 (말하곤 했다)

Alone among the animals on the farm / he never laughed.
농장의 동물들 가운데 다만 /　　　　그만이 결코 웃는 일이 없었다.

If asked why, / he would say / that he saw nothing to laugh
그 이유를 물어보면 /　　그는 말하곤 했다 /　　그는 웃을 일이 없다고

at. Nevertheless, without openly admitting it, /
그럼에도 불구하고, 공공연히 인정(내색)하지 않았지만 /

he was devoted to Boxer; the two of them usually spent /
그는 박서에게 헌신적이다.　　　　그들 둘은 보통 시간을 보냈다 /

their Sundays together / in the small paddock /
일요일을 함께 /　　　작은 풀밭(방목장)에서 /

beyond the orchard, / grazing side by side / and never
과수원 너머에 있는 /　　　나란히 풀을 뜯어 먹으면서 /　　말없이

speaking. The two horses had just lain down /
두 마리의 말이 곧 앉았다 /

when a brood of ducklings, / which had lost their mother, /
한배에서 난 새끼오리들이 /　　　(어떤 오리?) 어미를 잃었던 /

filed into the barn, / cheeping feebly / and wandering from
헛간으로 줄을 지어 들어 왔을 때 / 약한 소리로 삐악거리고 /　이리저리 서성거리면서(어슬렁거리

side to side to / find some place / where they would not be
면서) /　　　장소를 찾아서 /　　　자신들이 밟히지 않을

trodden on.

Clover made a sort of wall / round them / with her great
클로버가 일종의 칸막이 벽을 만들어주었다 / 그들 둘레에 / 거대한 앞다리로 /

foreleg, / and the ducklings nestled down / inside it /
그러자 새끼오리들은 자리를 잡았고 / 앞다리 안쪽에 /

and promptly fell asleep.
즉시 잠들었다

At the last moment Mollie, / the foolish, pretty white
마지막 순간에 몰리가 / 멍청하고 예쁜 흰 암말인 /

mare / who drew Mr. Jones's trap, / came mincing
존스씨의 이륜마차를 끄는 / (몰리가) 멋들어지게

daintily in, / chewing at a lump of sugar.
뽐내며 걸어 들어왔다 / 설탕 덩어리를 씹으면서

She took a place / near the front / and began flirting
그녀(몰리)는 자리를 잡고 / (연단) 앞쪽 근처에 / 흰 갈기를 흔들어 대기 시작했다 /

her white mane, / hoping to draw attention / to the red
관심을 받아 보려고 / 붉은 리본에 /

ribbons / it was plaited with.
갈기를 땋아 묶은

Last of all came / the cat, / who looked round, /
마지막으로 왔다 / 고양이가 / 그는 주위를 둘러보았다 /

as usual, / for the warmest place, / and finally squeezed
평소처럼 / 가장 따뜻한 곳을 찾으려고 / 그리고 마침내 비집고 들어갔다 /

herself in / between Boxer and Clover; there she purred
박서와 클로버 사이로, / 그곳에서 고양이는 만족하여

contentedly / throughout Major's speech /
가르랑거렸다 / 메이저가 연설하는 내내(동안 계속) /

without listening to a word / of what he was saying.
한 마디도 듣지 않으면서 / 그가 말하는 것을

All the animals were now present / except Moses, /
모든 동물들이 이제 참석했다 / 모세를 제외한 /

the tame raven, / who slept on a perch / behind the back
길들인 까마귀인 / 그는 횃대에서 잠을 자고 있었다 / 뒷문 뒤에 있는

door.

tempered 성질이 ~한 cynical 냉소적인 remark 말, 언급 would sooner 차라리(오히려) ~하고 싶다
openly 공공연하게 admit 인정(내색)하다 devoted 헌신적인 paddock 작은 방목장, 풀밭 graze 풀을 뜯어먹다
a brood of 한 배에서 난 file 줄지어 이동하다 cheep 삐악삐악 울다 wander 어슬렁거리다, 방황하다
tread(tread-trod-trodden) ~을 밟다 foreleg 앞다리 trap 이륜마차 mince 점잔을 빼며 걷다, 뽐내며 걷다
daintily 우아하게, 멋들어지게 flirt (꼬리를) 흔들다 plait (머리카락을) 땋다 squeeze in 비집고 들어가다, 끼어들다
pur (고양이가) 가르랑거리다 contentedly 만족하여

When Major saw / that they had all made themselves
메이저가 보았을 때 /   모든 동물들이 편안하게 자리 잡고 /

comfortable / and were waiting attentively, /
주의 깊게 기다리고 있는 것을(보았을 때) /

he cleared his throat and began:
그는 목청을 가다듬고 말하기 시작했다.

"Comrades, you have heard already /
동지들, 여러분들은 이미 들으셨을 것입니다 /

about the strange dream / that I had last night.
이상한 꿈에 대한 소식을 /   제가 지난 밤에 꾸었던 /

But I will come to the dream / later.
그러나 저는 꿈에 관한 말을 하겠습니다 /   나중에.

I have something else to say / first.
저는 다른 할 말이 있습니다 /   먼저

I do not think, comrades, / that I shall be with you /
저는 생각하지 않습니다, 동지들 /   여러분과 함께 (살아) 있을 것이라고 /

for many months longer, / and before I die, / I feel it my
여러 달을 /   그래서 제가 죽기 전에 /   저의 임무라고 생각합

duty / to pass on to you / such wisdom as I have acquired.
니다 /   여러분들에게 전해주는 것은 /   제가 얻은 지혜를

I have had a long life, / I have had much time for thought /
저는 오래 살았고 /   저는 생각할 시간이 많았습니다 /

as I lay alone / in my stall, / and I think I may say /
혼자 누워있을 때 /   축사에 /   그래서 저는 말해도 된다고 생각합니다 /

that I understand the nature of life / on this earth /
제가 삶의 본질을 알고 있다고 /   이 세상에서 살 때 /

as well as any animal now living.
현재 살고 있는 어떤 동물만큼이나(어떤 동물에도 뒤지지 않을 만큼이나)

It is about this / that I wish to speak / to you.
바로 이점에 대해 /   제가 말하고 싶습니다 /   여러분에게

"Now, comrades, what is the nature of this life of ours?
자, 동지들,   현재 우리의 삶의 본질이란 어떤 것입니까?

Let us face it: / our lives are miserable, laborious, and short.
사실은 사실로 인정(직시)합시다 / 우리의 삶은 비참하고, 고되고 짧습니다.

We are born, / we are given just so much food /
우리가 태어나서 /   딱 그 정도의 먹이를 받았습니다 /

as will keep the breath in our bodies, /
우리 몸에 숨을 유지할 수 있을 (정도의) /

and those of us who are capable of it / are forced to work /
그리고 우리들 가운데 일할 수 있는 자들은 /　　　일할 수밖에 없습니다 /

to the last atom of our strength; / and the very instant /
마지막 남은 조그만 힘이라도 다 쓸 때까지 /　　　그리고 바로 그 순간에 /

that our usefulness has come to an end /
우리의 쓸모가 없어지는 /

we are slaughtered / with hideous cruelty.
우리는 도살됩니다(죽습니다) /　　소름끼칠 정도로 잔인하게

No animal in England knows / the meaning of happiness
영국의 어떤 동물도 모릅니다 /　　　　　　　行복과 여가의 의미를 /

or leisure / after he is a year old.
　　　　　　한 살만 되도

No animal in England is free.
영국의 어떤 동물도 자유롭지 못합니다.

The life of an animal is misery and slavery: /
동물의 삶은 고통과 고달픈 노동뿐입니다 /

that is the plain truth.
이것은 명백한 사실입니다

tame 길들인 raven 까마귀 perch 횃대 attentively 주의 깊게 acquire 얻다, 획득하다 miserable 비참한
laborious 고된, 힘든 just so much 딱 그 정도의 atom 극히 작은 것, 극소량 slaughter 도살하다, 학살하다
hideous 무시무시한, 소름끼치는 cruelty 잔인함(성) misery 고통 slavery 고달픈 노동, 노예상태
plain 명백한, 분명한

SCENE 3

"But is this simply / part of the order of nature?
그렇지만 이것이 단순히 / 자연의 질서(법칙)의 일부라 할 수 있을까요?

Is it because this land of ours is so poor / that it cannot
그 이유는 우리의 땅은 매우 척박하기 때문일까요 / 제대로 된 삶을 제공할 여유

afford a decent life / to those who dwell upon it?
가 없을 정도로 / 그 땅에 사는 이들에게

No, comrades, a thousand times no! The soil of England
아닙니다, 동지들, 절대로 아닙니다! 영국의 땅은 비옥하고,

is fertile, its climate is good, / it is capable of affording
기후도 좋고 / 식량을 넉넉히 공급할 수 있습니다 /

food in abundance / to an enormously greater number of
엄청나게 더 많은 수의 동물들에게 /

animals / than now inhabit it.
현재 이곳에 살고 있는 동물들 보다

This single farm of ours would support / a dozen horses,
우리들의 이 농장만으로도 부양할 수 있습니다 / 열두 필의 말,

twenty cows, hundreds of sheep / -and all of them living /
20마리의 소, 수백 마리의 양을 / 게다가 모두가 살수 있습니다 /

in a comfort and a dignity / that are now almost beyond
안락하고 품위 있게 / 현재 우리가 거의 상상할 수 없을 정도로

our imagining.

Why then do we continue / in this miserable condition?
그렇다면 왜 우리는 계속 살아가고 있습니까 / 이렇게 비참한 상태로

Because nearly the whole of the produce of our labor /
그 이유는 우리가 노동하여 생산한 것의 거의 전부가 /

is stolen from us / by human beings.
우리에게서 빼앗아 가기 때문입니다 / 인간들이

There, comrades, is the answer / to all our problems.
동지들, 해답이 있습니다 / 우리의 모든 문제에 대한

It is summed up / in a single word / —Man.
그것은 요약됩니다 / 단 한 단어로 / 인간이라는

Man is the only real enemy / we have.
인간이야 말로 유일하고 진정한 적입니다 / 우리에게 있는.

Remove Man / from the scene, / and the root cause of
인간을 제거(추방)합시다/ (불행의) 현장에서 / 그러면 굶주림과 과로의 원인은 /

hunger and overwork / is abolished for ever.
영원히 없어집니다.

"Man is the only creature / that consumes without
인간은 유일한 동물입니다 / 생산하지 않고 소비하는

producing. He does not give milk, / he does not lay eggs, /
인간은 우유를 생산하지 않고 / 인간은 알을 낳지 않고 /

he is too weak / to pull the plough, / he cannot run fast
인간은 너무나 약해서 / 쟁기도 끌지 못합니다 / 인간은 빨리 뛸 수도 없습니다 /

enough / to catch rabbits. Yet he is lord / of all the animals.
토끼를 잡을 정도로 그러나 인간은 주인입니다 / 모든 동물의.

He sets them to work, / he gives back to them /
인간은 동물들에게 일을 시키고 / 인간은 동물들에게 줍니다 /

the bare minimum / that will prevent them from starving, /
최소량(의 식량)만 / 동물들이 굶어 죽지 않게 할 /

and the rest / he keeps for himself.
그리고 나머지를 / 인간이 독차지합니다.

Our labor tills the soil, / our dung fertilizes it, /
우리의 노동으로 땅을 경작하고 / 우리의 분뇨로 땅을 비옥하게 합니다 /

and yet there is not one of us / that owns more than his
하지만 우리들 중에는 아무도 없습니다 / 벌거벗은 가죽 이상을 소유한 자는(헐벗은

bare skin.
가죽 외에는)

You cows that I see before me, / how many thousands of
내 앞에 보이는 암소 여러분, / 몇 천 갤런의 우유를 /

gallons of milk / have you given / during this last year?
(인간에게) 바쳤습니까 / 지난해 동안

And what has happened to that milk / which should have
그런데 그 우유는 어떻게 되었습니까 / 기르는데 쓰여야 할(우유는) /

been breeding up / sturdy calves?
튼튼한 송아지를

---

decent 제대로 된, 버젓한 dwell 살다, 거주하다 fertile 비옥한 afford ~을 주다, 공급하다
in abundance 풍부한 inhabit 살다 dignity 품위 abolish 없애다, 폐지하다 consume 소비하다 plough 쟁기
prevent A from B A가 B하는 것을 막다 starve 굶주리다 till 땅을 갈다, 경작하다 dung 똥, 분뇨
fertilize 땅을 비옥하게 하다 sturdy 튼튼한 calf 송아지

Every drop of it has gone down / the throats of our
한 방울도 남기지 않고 넘어갔습니다 /   우리의 적(인간)의 목구멍으로

enemies.

And you hens, / how many eggs have you laid /
그리고 암탉 여러분 /   얼마나 많은 알을 여러분들이 낳았습니까 /

in this last year, / and how many of those eggs ever
지난해에 /   그리고 그 알 중에 얼마나 많은 것이 부화했습니까 /

hatched / into chickens?
        병아리로

The rest have all gone to market / to bring in money /
나머지 모두는 시장으로 가버렸습니다 /   돈을 벌어들이려고 /

for Jones and his men.
존스와 그의 일꾼을 위해

And you, Clover, / where are those four foals / you bore, /
그리고 클로버 당신 /   네 마리의 망아지는 어디있습니까 /   당신이 낳은 /

who should have been the support and pleasure of /
그들은 힘이 되고 즐거움이 되었어야 합니다 /

your old age?
당신의 노년에

Each was sold / at a year old / —you will never see /
모든 망아지는 팔렸습니다 / 한 살이 되자 /   당신은 결코 만나지 못할 것입니다 /

one of them again.
다시는 그들 중 어느 누구도

In return for / your four confinements and all your labor
댓가로 /   당신의 네 번 출산하고 들판에서 노동한 (보답으로) /

in the fields, / what have you ever had / except your bare
             지금까지 당신이 무엇을 가져봤습니까 /   소량의(보잘 것 없는) 식량과

rations and a stall?
축사를 제외하고

Is it because 주어 + 동사; "it"은 앞에 나온 내용을 가리킨다. 그래서 앞에 말한 사건의 이유가
뭔지 물어보려면, "Is it because 주어 + 동사"(그 이유는 ~때문일까요?) 문장을 시작한다.
예) Is it because this land of ours is so poor?
    그 이유는 우리의 땅은 매우 척박하기 때문일까요?

every 하나도 남기지 않고, 모든 hatch 부화하다 man 부하, 일꾼, 노동자 bear(bear-bore-born) 자식을 낳다
support 정신적인 힘 pleasure 즐거움 confinement 출산, 분만 bare 소량의 rations 식량, 양식

SCENE 4

"And even the miserable lives / we lead / are not allowed /
"그리고 이런 비참한 삶조차도 /　　　　　우리가 살고 있는 / 허용되지 않았습니다 /

to reach their natural span.
타고난 수명대로 사는 것이

For myself / I do not grumble, / for I am one of the lucky
나 자신을 위해 /　저는 불평하는 것이 아닙니다 /　저는 운 좋은 자들 중에 하나이기 때문입

ones. I am twelve years old / and have had over four
니다.　　저는 12살이고 /　　　　　4백 마리 이상의 자녀를 낳았습니다.

hundred children. Such is the natural life / of a pig.
그러한 것이 자연스러운 삶입니다 /　돼지에게는

But no animal escapes / the cruel knife in the end.
그러나 어떤 동물도 피할 수 없습니다 / 결국 잔인한 칼날을

You young porkers / who are sitting in front of me, /
젊은 식용 돼지 여러분 /　내 앞에 앉아 있는 /

every one of you will scream / your lives out / at the block
여러분 모두가 비명을 지를 것입니다 /　목숨이 끊어질 때까지 /　도축용 받침대(도

within a year. To that horror / we all must come / —cows,
마) 위에서 / 일년 이내에. 그렇게 비참한 죽음에 /　우리 모두가 이르게 되어있습니다 / 암소,

pigs, hens, sheep, everyone.
돼지, 닭, 양, 모두가

Even the horses and the dogs have no better fate.
심지어 말과 개들도 더 나은 운명을 가지고 있지 않습니다.

You, Boxer, the very day / that those great muscles of
박서 당신은, 바로 그날에 /　당신의 거대한 근육이 힘을 잃는 (그날에) /

yours lose their power, / Jones will sell you /
존스는 당신을 팔것입니다 /

to the knacker, / who will cut your throat /
도살업자에게 /　그러면 그 도살업자는 당신의 목을 따고 /

and boil you down / for the foxhounds.
당신을 삶을 것입니다 /　여우사냥개 먹이로

As for the dogs, / when they grow old and toothless, /
개들에 대해서 말하자면 /　개들이 늙어서 이빨이 빠지면 /

Jones ties a brick / round their necks / and drowns them /
존스는 벽돌을 매고 /　목둘레에 /　그들을 빠뜨려 죽일 것입니다 /

span 기간, 시간 (one's life span 수명) porker 식용 돼지 block 도마, (도축용) 받침대 knacker 도살업자

in the nearest pond."
가장 가까운 연못에"

"Is it not crystal clear, / then, comrades, / that all the evils
명백하지 않습니까 /   그러면 동지들, /   우리의 삶의 모든 불행이 /

of this life of ours / spring / from the tyranny of human
발생하는 것이 /   인간의 횡포로부터

beings? Only get rid of Man, / and the produce of our
인간을 제거하기만 하십시오, /   그러면 우리 노동의 생산물은 /

labor / would be our own.
우리의 것이 됩니다.

Almost overnight / we could become / rich and free.
거의 하룻밤 사이에 /   우리는 될 수 있습니다 /   부유해지고 자유롭게

What then must we do?
그렇다면 우리는 무엇(어떤 행동)을 해야 하나요?

Why, work / night and day, body and soul, /
자, 노력합시다 /   밤낮으로 전심전력을 다하여 /

for the overthrow of the human race!
인류를 멸망시키기 위하여

That is my message / to you, comrades: / Rebellion!
그것이 바로 나의 메시지입니다 /   여러분, 동지들에게 전하는 /   반란을 일으킵시다!

I do not know / when that Rebellion will come, /
저는 모릅니다 /   언제 그 반란이 일어날지 /

it might be / in a week or in a hundred years, / but I know,
그것(반란)은 일어날 수가 있습니다 / 일주일 후나 백년 후에 / 그러나 저는 분명히 알 수 있습니다 /

as surely / as I see this straw beneath my feet, /
제 발밑의 지푸라기를 보듯이 /

that sooner or later justice will be done.
머지않아 정의가 실현될 것이라는 것을 (알 수 있습니다)

Fix your eyes on that, comrades, /
그 점에 주목하십시오, 동지들, /

throughout the short remainder of your lives!
여러분들의 삶이 남아있는 짧은 기간동안

And above all, / pass on this message of mine /
그리고 무엇보다도 /   저의 이 메시지를 전해주십시오 /

to those who come after you, /
여러분들 다음에 올 자(자손)에게 /

so that future generations / shall carry on the struggle /
그래서 미래세대가 /   투쟁을 계속하게 합시다 /

until it is victorious.
승리할 때까지

"And remember, comrades, / your resolution must never
"그리고 잊지 마세요, 동지들, /　　　　　여러분들의 결심은 결코 흔들려서는 안 된다는 것을

falter. No argument must lead you / astray.
어떤 주장도 여러분들을 인도해서는 안 됩니다 / 잘 못된 길로

Never listen / when they tell you / that Man and the
절대로 귀를 기울여서는 안 됩니다 / 그들이 여러분들에게 말할 때 / 인간과 동물은 /

animals / have a common interest, / that the prosperity of
공통 관심사가 있고 /　　　　　전자(인간)의 번영이 후자(동물)의 번영

the one is the prosperity of the others.
이라고

It is all lies. Man serves the interests of no creature /
그것은 모두가 거짓말입니다. 인간은 다른 동물의 이익을 위해 봉사하지 않습니다 /

except himself. And among us animals / let there be /
자기 자신 이외에는.　　그러니 우리 동물들 사이에 /　　있어야 합니다 /

perfect unity, perfect comradeship / in the struggle.
완벽한 단결(단합), 완벽한 동지애가 /　　　　(인간과) 투쟁할 때

All men are enemies. All animals are comrades."
모든 인간은 적입니다.　　　모든 동물들은 동지입니다."

At this moment / there was a tremendous uproar.
바로 이때 /　　　큰 소동이 일어났다.

While Major was speaking / four large rats had crept out
메이저가 연설하고 있는 동안 /　　　네 마리의 큰 들쥐가 구멍에서 기어 나와 /

of their holes / and were sitting on their hindquarters, /
뒷다리와 궁둥이로 앉고(허리를 곧게 펴고 앉아) 있었다 /

listening to him. The dogs had suddenly caught sight of
그의 연설을 경청하면서.　　개들이 갑자기 그들을 보았다 /

them, / and it was only by a swift dash for their holes /
그리고 단지 구멍으로 빠르게 달려갔기에 /

that the rats saved their lives.
들쥐들은 목숨을 구했다

Major raised his trotter / for silence.
메이저는 발을 들었다 /　　　조용히 하라고

as for ~에 관해서 말하자면, ~의 경우는 crystal clear 매우 명확한 evil 불행, 불운
spring from ~로부터 발생하다 produce 생산물, 제품 overthrow 멸망시키다, 타도하다 rebellion 반란
remainder 남은 기간, 나머지 resolution 결심 falter 흔들리다, 약해지다 astray 길을 잃어, 잘못된 길로
prosperity 번영 serve 봉사하다, 도움이 되다 unity 단결 comradeship 동지애 uproar 소란, 소동
hindquarter 뒷다리와 궁둥이 dash 돌진, 빠르게 달리기 trotter (돼지의) 족, 발

SCENE 5

"Comrades," he said, / "here is a point / that must be
"동지들" 그가 말했다, / "문제가 있습니다 / 결정해야 할

settled. The wild creatures, / such as rats and rabbits /
야생동물들은 / 들쥐나 산토끼 같은 /

—are they our friends / or our enemies?
그들은 우리의 동지입니까 / 아니면 적입니까?

Let us put it to the vote. I propose this question /
표결에 붙이도록 합시다. 저는 이 문제를 제안합니다 /

to the meeting: Are rats comrades?"
본 모임참가자들에게 쥐는 동지입니까?"

The vote was taken at once, / and it was agreed /
투표가 즉시 실시되었고 / 동의했다 /

by an overwhelming majority / that rats were comrades.
압도적 다수로 / 쥐가 동지라는 것에

There were only four dissentients, / the three dogs and the
겨우 넷의 반대자만 있었다 / 세 마리의 개와 고양이었던 /

cat, / who was afterwards discovered / to have voted on
그런데 그 고양이는 나중에 밝혀졌다 / (찬반) 양쪽 다 투표한 것으로

both sides. Major continued: / "I have little more to say.
메이저는 계속 말했다 / 저는 더 이상 할말이 없습니다.

I merely repeat, / remember always /
저는 단지 반복하여 말하겠습니다 (되풀이하여 말하지만) / 항상 명심하십시오 /

your duty of enmity / towards Man and all his ways.
적개심을 갖는 것이 여러분의 의무라는 것을 / 인간과 인간의 모든 풍습에 대해

Whatever goes upon two legs / is an enemy.
두 다리로 다니는 것은 무엇이든 / 적입니다.

Whatever goes upon four legs, or has wings, / is a friend.
네 다리로 다니거나 날개가 있는 것은 무엇이든 / 친구입니다.

And remember also / that in fighting against Man, /
또한 명심하십시오 / 인간과 싸울 때 /

we must not come to resemble him.
우리는 인간을 닮아서는 안 된다는 것을

Even when you have conquered / him, / do not adopt /
심지어 여러분들이 정복하더라도 / 인간을 / 받아들이면 안 됩니다 /

his vices. No animal must ever live / in a house, /
인간의 나쁜 버릇을. 어떤 동물도 절대로 살면 안 됩니다 /　집에서 /

or sleep in a bed, / or wear clothes, / or drink alcohol, /
침대에서 잠을 자거나 /　옷을 입거나 /　술을 마시거나 /

or smoke tobacco, / or touch money, / or engage in trade.
담배 피우거나 /　돈을 만지거나 /　장사하면 (안 됩니다)

All the habits of Man are evil. And, above all, / no animal
인간의 모든 습관은 나쁩니다.　그리고 무엇보다도 /　어떤 동물도

must ever tyrannize / over his own kind.
결코 탄압해서는 안 됩니다 /　자신의 동족을

Weak or strong, / clever or simple, / we are all brothers.
약하든 강하든 /　영리하든 어리석든 /　우리들은 모두가 형제입니다.

No animal must ever kill / any other animal.
어떤 동물도 죽여서는 안 됩니다 /　다른 동물을

All animals are equal.
모든 동물은 평등합니다.

"And now, comrades, I will tell you / about my dream of
"이제, 동지들,　제가 여러분들에게 말씀드리겠습니다 / 지난 밤의 꿈에 대해

last night. I cannot describe / that dream to you.
저는 말로 표현할 수 없습니다 / 그 꿈을 여러분들에게 /

It was a dream of the earth / as it will be / when Man has
그것은 이 지상에 대한 꿈이었습니다 /　존재할(있을) /　인간이 사라지면

vanished. But it reminded me / of something that I had
그러나 그 꿈은 저에게 생각나게 해줬습니다 / 제가 오랫동안 잊었던 뭔가를

long forgotten. Many years ago, / when I was a little pig, /
아주 오래 전에 /　제가 아기돼지였을 때 /

my mother and the other sows / used to sing an old song /
저의 어머니와 다른 암퇘지들은 /　옛날 노래를 부르곤 했습니다 /

of which they knew / only the tune and the first three
그런데 그들은 그 노래에 대해 알고 있었습니다 / 노래(가락)와 첫 번째 세 마디만을

words.

point 문제(점), 사항 meeting 모임참가자 overwhelming 압도적인 majority 대다수, 과반수
dissentient 반대하는 사람, 반대자 repeat 반복하여 말하다, 되풀이 하여 말하다 enmity 증오, 적개심
resemble ~을 닮다 vice 나쁜 버릇 tyrannize 학대하다, 탄압하다 simple 어리석은
describe 말로 표현하다, 묘사하다 tune (노래의) 가락

I had known that tune / in my infancy, / but it had long since
저는 그 노래를 알고 있었습니다 /   어렸을 때는 /   그러나 오래전에 사라졌습니다 /

passed out / of my mind.
            기억에서

Last night, however, / it came back to me / in my dream.
그런데 지난밤에 /   그 곡조가 다시 생각났습니다 /   꿈속에서

And what is more, the words of the song also came back /
게다가   그 노래의 가사까지도 생각났습니다 /

-words, / I am certain, / which were sung /
가사는 /   틀림없이 /   불러졌습니다 /

by the animals of long ago / and have been lost to memory /
오래 전의 동물들에 의해서 /   그리고 기억에서 사라졌습니다 /

for generations. I will sing you / that song now, comrades.
여러 세대동안   제가 여러분들에게 불러드리겠습니다 / 그 노래를 지금, 동지들

I am old and my voice is hoarse, / but when I have taught
저는 늙었고 목소리는 쉬었습니다 /   그러나 제가 여러분들에게 가르쳐주면 /

you / the tune, / you can sing it / better for yourselves.
        그 노래를 /   여러분은 노래를 부를 수 있습니다 / 더 잘 스스로.

It is called 'Beasts of England'."
그 노래는   '영국의 동물들' 이라고 불립니다. "

Old Major cleared his throat / and began to sing.
메이저 영감은 목청을 가다듬고 /   노래를 부르기 시작했다.

As he had said, / his voice was hoarse, / but he sang well
그가 노래를 부를 때, /   그의 목소리는 쉬었다 /   그러나 그는 노래를 꽤 잘

enough, / and it was a stirring tune, /
불렀다 /   그리고 감동적인 곡조였다 /

something between Clementine and La Cucaracha.
클레멘타인과 라 쿠카라차의 중간쯤 되는

"whatever"가 관계대명사로 쓰이면, '~하는 것은 무엇이든, 무엇이나'란 의미며,
'anything that'과 같은 역할을 한다.
예) Whatever goes upon two legs / is an enemy.
    두 다리로 다니는 것은 무엇이든 / 적입니다.

infancy 어릴 때, 유년기 mind 기억 hoarse (목이) 쉰 stirring 감동적인

SCENE 6

The words ran:
가사는 다음과 같았다

Beasts of England, beasts of Ireland,
영국의 동물들아, 아일랜드의 동물들아

Beasts of every land and clime,
모든 나라와 모든 지방의 동물들아

Hearken / **to my joyful** tidings /
귀 기울여 들어라 / 나의 즐거운 소식에 /

Of the golden future time.
황금빛 미래에 대한

Soon or late the day is coming,
머지않아 그날이 올 것이며

Tyrant Man shall be o'erthrown(overthrown),
폭군 인간은 타도되고(멸망하고)

And the fruitful **fields of England**
영국의 비옥한 들판을

Shall be trod by beasts alone.
동물들만이 밟고 다닐 것이라

Rings **shall** vanish / **from our noses,** /
코뚜레는 사라지고 /   우리의 코에서 /

And the harness **from our back,**
마구는 우리의 등에서 (사라지고)

Bit **and** spur **shall** rust **forever,**
재갈과 박차는 영원히 녹슬고

Cruel whips no more shall crack.
가혹한 채찍은 더 이상 소리를 내지 않을 것이다

---

clime 지방, 기후 hearken 경청하다, 귀 기울여 듣다 tidings 소식, 기별 fruitful 비옥한 ring 코뚜레, 둥근
모양의 물건 vanish 사라지다 harness 마구 bit (말의) 재갈 spur 박차 rust 녹슬다 crack 날카로운 소리를 내다

Riches / more than mind can picture,
풍요가 /   마음으로 상상할 수 있는 것 이상의

Wheat and barley, oats and hay,
밀과 보리,   귀리와 건초,

Clover, beans, and mangel-wurzels
토끼풀(클로버), 콩,   그리고 사탕무가

Shall be ours / upon that day.
우리의 것이 되리라 /   그날이 오면

Bright will shine / the fields of England,
밝게 빛나리라 /   영국의 들판이,

Purer shall / its waters be,
더 맑게 되리라 /   영국의 물은,

Sweeter yet shall blow / its breezes
더욱더 감미롭게 불 것이다 /   영국의 바람은

On the day / that sets us free.
그날이 오면 /   우리가 해방되는

For that day / we all must labor,
그날을 위해 /   우리 모두가 일을 해야한다

Though we die / before it break;
비록 우리가 죽을지라도 /   그날이 밝기 전에 (그날이 오기 전에)

Cows and horses, geese and turkeys,
암소와 말,   거위와 칠면조,

All must toil / for freedom's sake.
모두들 수고해야 한다 / 자유를 위하여

Beasts of England, beasts of Ireland,
영국의 동물들아, 아일랜드의 동물들아

Beasts of every land and clime,
모든 나라와 모든 기후의 동물들이여

Hearken well and spread / my tidings /
귀 기울여듣고 전파해라 /   나의 소식을 /

Of the golden future time.
황금빛 미래에 대한

The singing of this song / threw the animals /
이 노래를 부른 것은 / 동물들을 빠지게 했다 /

into the wildest excitement.
열광적인 흥분 속에

Almost before Major had reached the end, /
메이저가 노래를 미처 끝내기도 전에 /

they had begun singing it / for themselves.
동물들은 노래를 부르기 시작했다 / 스스로

Even the stupidest of them / had already picked up /
심지어 가장 어리석은 동물도 / 벌써 익혔다 /

the tune / and a few of the words, / and as for the clever
그 노래를 / 그리고 가사 몇 마디를 / 그리고 머리가 좋은 동물들은 /

ones, / such as the pigs and dogs, /
돼지나 개와 같이 /

they had the entire song by heart / within a few minutes.
그들은 노래 전체를 외워버렸다 / 몇 분 안에

And then, after a few preliminary tries, /
그러고 나서 몇 번 준비(연습)해보고 /

the whole farm burst out into 'Beasts of England' /
농장 전체가 '영국의 동물들' 을 갑자기 부르기 시작했다 /

in tremendous unison.
멋진 합창으로

The cows lowed it, / the dogs whined it, /
암소는 음매하는 소리로 불렀고 / 개는 낑낑거리는 소리로 불렀고 /

the sheep bleated it, / the horses whinnied it, /
양은 매애하는 소리로 불렀고, / 말은 코를 킹킹거리는 소리로 불렀고 /

the ducks quacked it.
오리는 꽥꽥 우는 소리로 불렀다

They were so delighted / with the song /
그들은 너무나 즐거웠다 / 노래를 하는 것이 /

that they sang it right through /
그래서 그들은 노래를 끝까지 불렀다 /

five times in succession, / and might have continued
다섯 번이나 계속하여 / 밤새도록 계속 불렀을 것이다 /

singing it all night / if they had not been interrupted.
그들이 방해받지 않았다면

for freedom's sake 자유를 위하여 pick up (자연스럽게) 익히다 preliminary 준비의 tremendous 멋진,
훌륭한 in unison 합창으로, 이구동성으로 low (소가) 음매 울다 whine (개나 말이) 낑낑거리다 bleat (양이) 매애
울다 quack (오리가) 꽥꽥 울다 song 노래하기, 가창 in succession 계속하여, 잇달아

Unfortunately, the uproar awoke Mr. Jones, /
불행히도,   (노래를 부르는) 소란이 존스씨를 깨웠다 /

who sprang out of bed, / making sure /
그래서 그는 잠자리에서 벌떡 일어났다 / 확신했기 때문에 /

that there was a fox / in the yard. He seized the gun /
여우가 있다고 /   마당에   그는 총을 잡았다 /

which always stood / in a corner of his bedroom, /
늘 있었던 /   침실 구석에 /

and let fly / a charge of number 6 shot / into the darkness.
그러고 나서 발사했다 / 6번 신호탄 중 한발을 /   어둠속으로

The pellets buried themselves / in the wall of the barn /
총알이 박혔다 /   헛간 벽에 /

and the meeting broke up / hurriedly.
그리고 모임은 해산되었다 /   서둘러

Everyone fled / to his own sleeping-place.
모두들 도망쳤다 /   자기의 잠자리로

The birds jumped on / to their perches, /
새들은 뛰어 올라갔고 /   횃대로 /

the animals settled down / in the straw, /
동물은 앉았다 /   짚 속에 /

and the whole farm was asleep / in a moment.
그리고 농장 전체가 잠들었다 /   순식간에

uproar 소란, 소동 spring 뛰어 오르다, 뛰어 오르는 것처럼 움직이다 seize ~을 잡다, 움켜쥐다
a charge of 한발의 pellet 산탄 총알 perch (새장의) 횃대

Quiz 1

A. 내용 이해하기

다음 문장을 읽고 본문의 내용과 맞으면 T(True), 틀리면 F(False)를 쓰세요.

1. Mr. Jones is too drunk to remember to shut the little chicken doors.

2. All of the farm animals assemble in the barn to hear a speech by Old Major.

3. Old Major says that there is no natural reason for the animals' poverty and misery.

4. "Beasts of England" gives a picture of the ideal animal community.

B. 단어

다음 제시된 단어의 설명을 읽고, 어떤 단어의 정의를 설명하는지 아래의 박스에서 찾아 써 보세요.

1. to walk in an unsteady way; stagger

2. to put or place oneself comfortable and safe in a place

3. something that you say in order to express an opinion

4. the great suffering of the mind or body that is caused by being poor

5. to live somewhere

6. to suffer or to die because there is not enough food

7. a young pig that has been made fat so that it can be used as food

8. a promise to yourself to do or not to do something

9. a feeling of hate towards someone

10. the time when someone is a very young child

> dwell enmity ensconce porker misery
>
> resolution infancy lurch starve remark

C. 직독직해

아래에 제시된 문장을 직독직해로 해석해보세요.

1. He lurched / across the barn yard, / kicked off his boots / at the back door.

    →

2. If asked why, / he would say / that he saw nothing to laugh at.

    →

3. It is about this / that I wish to speak / to you.

    →

4. The vote was taken at once, / and it was agreed / by an overwhelming majority / that rats were comrades.

    →

D. 동시통역

아래에 제시된 직독직해를 보고, 영어로 말해보세요.

1. 인간은 유일한 동물입니다 / 생산하지 않고 소비하는

    →

2. 개들이 갑자기 그들을 보았다

    →

3. 저는 그 노래를 알고 있었습니다 / 어렸을 때는

    →

4. 그들은 너무나 즐거웠다 / 노래를 하는 것이 / 그래서 그들은 노래를 끝까지 불렀다 / 다섯 번이나 계속하여

    →

SCENE 1

Three nights later old Major died / peacefully / in his
삼일 밤이 지난 후 메이저 영감은 죽었다 / 평화롭게 / 잠을 자다가

sleep. His body was buried / at the foot of the orchard.
그의 시신은 묻혔다 / 과수원 아래쪽에

This was early in March. During the next three months
이것은 삼월 초였다. 그로부터 3개월 동안 있었다 /

there was / much secret activity.
많은 비밀 활동이

Major's speech had given / to the more intelligent
메이저의 연설은 제시했다 / 농장의 보다 더 총명한 동물들에게 /

animals on the farm / a completely new outlook on life.
삶에 대한 완전히 새로운 시각을

They did not know / when / the Rebellion predicted
그들은 몰랐다 / 언제 / 메이저가 예언한 반란이 /

by Major / would take place, / they had no reason for
일어날 것인지 / 그들은 생각할 이유가 없었다 /

thinking / that it would be within their own lifetime, /
반란이 그들의 생전에 일어날 수 있다고 /

but they saw clearly / that it was their duty / to prepare
그러나 그들은 명확히 알았다 / 자신들의 임무라는 것을 / 반란을 준비하는 것이

for it. The work of teaching and organizing the others /
다른 동물들을 가르치고 조직화하는 일은 /

fell naturally upon the pigs, / who were generally
당연히 돼지들에게 맡겨졌다 / 왜냐하면 그들은 대부분의 동물들로부터 인정을

recognised / as being the cleverest of the animals.
받았기 때문이었다 / 동물들 중 가장 영리한 동물이라고

Pre-eminent among the pigs were / two young boars /
돼지들 중에 뛰어났다 / 두 젊은 수돼지가 /

named Snowball and Napoleon, / whom Mr. Jones was
스노볼과 나폴레옹이라고 불리는 / 그들을 존스씨가 기르고 있었다 /

breeding up / for sale.
팔려고

Napoleon was a large, rather fierce-looking Berkshire boar,
나폴레옹은 덩치가 크고, 다소 사나워 보이는 버크셔종 수퇘지였다 /

/ the only Berkshire on the farm, / not much of a talker, /
농장에서 유일한 버크셔종 돼지지만 / 훌륭한 달변가는 아니었다 /

but with a reputation for getting his own way.
그러나 자신의 생각대로 한다는 평판이 있었다.

Snowball was a more vivacious pig / than Napoleon, /
스노볼은 더 활달한 돼지로 / 나폴레옹보다 /

quicker in speech / and more inventive, / but was not
말이 더 빠르고 / 더 창의적이었다 / 그러나 생각되지 않았다 /

considered / to have the same depth of character.
나폴레옹과 같이 심오한 품성이 있다고

All the other male pigs on the farm / were porkers.
농장에 있는 모든 다른 수퇘지들은 / 식용 돼지였다.

The best known among them was a small fat pig /
식용 돼지 중 가장 유명한 자는 작고 뚱뚱한 돼지였다 /

named Squealer, / with very round cheeks, twinkling eyes, /
스퀼러라고 불리는 / 매우 토실토실한 뺨에, 반짝이는 눈을 가지고, /

nimble movements, and a shrill voice.
동작이 민첩하고 날카로운 목소리가 있는 (스퀼러는)

He was a brilliant talker, / and when he was arguing some
그는 말을 화려하게 하는 능변가였고 / 그가 어려운 문제점을 논의할 때에는 /

difficult point / he had a way / of skipping from side to
그는 습관이 있었다 / (어떤 습관?) 좌우로 깡충깡충 뛰고 /

side / and whisking his tail, / which was somehow very
꼬리를 흔드는 / 그런 행동은 왠지 매우 설득력이 있었다.

persuasive. The others said of Squealer /
다른 동물들은 스퀼러에 대하여 말했다 /

that he could turn / black into white.
그라면 바꿀 수 있다고 / 검은 것을 흰 것으로

foot 아래쪽, 말단 outlook 시각, 견해 predict 예언하다 organize 조직화하다, 조직으로 편성하다
generally 널리, 대부분의 사람들로부터, 대체로 pre-eminent 탁월한, 뛰어난 boar 수퇘지
much of a 대단한, 훌륭한 reputation 소문, 평판 vivacious 활달한 inventive 창의적인
character 품성, 인격, 성격 porker 식용 돼지 round 토실토실한 twinkling 반짝이는 nimble 민첩한
shrill (목소리가) 날카로운 skip 깡충깡충 뛰다 whisk (꼬리를) 흔든다 persuasive 설득력 있는

These three had elaborated / old Major's teachings /
이 세 마리의 돼지들은 정교하게 만들었다(정립했다) / 메이저 영감의 가르침을 /

into a complete system of thought, / to which they gave the
완전한 사상 체계로 / 그 사상체계에 그들은 이름을 붙였다 /

name / of Animalism.
동물주의라는

Several nights a week, / after Mr. Jones was asleep, /
며칠 밤씩 일주일 동안 / 존스씨가 잠든 후에 /

they held secret meetings / in the barn / and expounded /
그들은 비밀회의를 했다 / 헛간에서 / 그리고 설명했다 /

the principles of Animalism / to the others.
동물주의 원칙을 / 다른 동물들에게

At the beginning they met / with much stupidity and apathy.
처음에는 그들은 부딪쳤다 / 많은 우둔함과 무관심에

Some of the animals talked / of the duty of loyalty to Mr.
일부 동물들은 이야기했다 / 존스씨에게 충성해야하는 의무에 대하여 /

Jones, / whom / they referred to as "Master," /
그리고 존스씨를 / 주인님이라고 부르거나 /

or made elementary remarks / such as "Mr. Jones feeds us. /
유치한 말을 했다 / "존스씨가 우리를 먹여줘요. /

If he were gone, / we should starve to death."
만일 그가 없으면 / 우리는 굶어죽고 말거예요."와 같은

Others asked such questions as / "Why should we care /
다른 동물들은 다음과 같은 질문을 했다 / "왜 우리가 걱정해야 합니까 /

what happens / after we are dead?" / or "If this Rebellion is
무슨 일이 일어나건 / 우리가 죽은 후에" / 또는 "이런 반란이 어차피 일어나기로

to happen anyway, / what difference does it make /
되어 있다면 / 뭐가 달라집니까 /

whether we work for it or not?", and the pigs had great
우리가 노력하든 안하든" / 그래서 돼지들은 매우 큰 어려움을 겪었다 /

difficulty / in making them see / that this was contrary to the
동물들을 이해시킬 때 / 이런 자세가 동물주의 정신에 어긋난다는 것을

spirit of Animalism.

elaborate 정교하게 만들다 expound 설명하다 stupidity 어리석음, 우둔함 apathy 무관심, 냉담함
refer A as B A를 B라고 부르다 remark 말, 언급 contrary ~에 반하는, 어긋나는

much of a; 대단한, 훌륭한

예) Napoleon was a large, rather fierce-looking Berkshire boar, /
나폴레옹은 덩치가 크고, 다소 사나워 보이는 버크셔종 수퇘지였다 /
the only Berkshire on the farm, / not much of a talker.
농장에서 유일한 버크셔종 돼지지만 / 훌륭한 달변가는 아니었다.

SCENE 2

The stupidest questions of all were asked / by Mollie, /
모든 질문 중 가장 어리석은 질문을 했다 /　　　　　　　　몰리가 /

the white mare. The very first question / she asked Snowball /
흰 암말인　　　　　　첫 번째 질문은 /　　　　　　그녀가 스노볼에게 물었던 /

was: / "Will there still be sugar / after the Rebellion?"
다음과 같았다 /　"설탕이 아직도 있을까요 /　　　반란 후에도"

"No," said Snowball firmly.
"아니요" 스노볼은 단호하게 말했다

"We have no means / of making sugar / on this farm.
"우리는 수단이(설비가) 없어요 /　설탕을 만들 /　　이 농장에서

Besides, you do not need sugar.
게다가,　　　당신은 설탕이 필하지 않아요.

You will have all the oats and hay / you want."
당신은 귀리와 건초를 먹을 것입니다 /　　　당신이 먹고 싶은 대로"

"And shall I still be allowed / to wear ribbons in my mane?" /
"그리고 여전히 괜찮은 가요 /　　　내 갈기에 리본을 달아도" /

asked Mollie.
몰리가 물었다

"Comrade," said Snowball, "those ribbons that you are so
"동지여,"　　　스노볼이 말했다,　　"당신이 그렇게 좋아하는 그 리본은 /

devoted to / are the badge of slavery. Can you not understand
예속의 상징입니다　　　　　　이해할 수 없나요 /

/ that liberty is worth more than ribbons?"
자유가 리본보다 더 가치가 있다는 것을"

Mollie agreed, / but she did not sound / very convinced.
몰리는 동의했지만 /　　그녀의 목소리는 들리지 않았다 /　확신하는 것처럼

The pigs had an even harder struggle / to counteract the lies /
돼지들은 한층 더 열심히 노력했다 /　　　거짓말의 효과를 약화시키려고 /

put about by Moses, / the tame raven.
모세가 퍼뜨린 /　　　길들여진 까마귀인

Moses, who was Mr. Jones's especial pet, /
모세는 /　　존스씨의 각별한 애완동물 이었던(모세는) /

was a spy and a tale-bearer, / but he was also a clever talker.
첩자이며 고자질쟁이였다 /　　　그러나 그도 또한 영리하게 말을 잘하는 달변가였다.

He claimed to know of / the existence of a mysterious
그는 알고 있다고 주장했다 /　　　　신비한 나라가 존재하는 것을 /

country / called Sugarcandy Mountain, / to which /
　　　얼음사탕 산이라고 불리는 /　　　　(그에 의하면) 그곳으로 /

all animals went / when they died.
모든 동물들이 가게 된다 /　죽으면

It was situated somewhere / up in the sky, /
그 산은 어디엔가 있다고 /　　　　하늘 위에 /

a little distance beyond the clouds, / Moses said.
구름 넘어 조금 떨어진 곳에 /　　　　　　　모세는 말했다

In Sugarcandy Mountain it was Sunday /
얼음사탕 산에는 일요일이다 /

seven days a week, / clover was in season all the year round,
일주일에 7일씩이나 /　　　토끼풀(클로버)이 일년 내내 제철이고, /

/ and lump sugar and linseed cake / grew on the hedges.
　　각설탕과 아마 씨로 만든 깻묵 덩어리(사료)가 /　　산울타리에서 자란다.

The animals hated Moses / because he told tales and did
동물들은 모세를 싫어했다 /　　　　그 이유는 그는 고자질을 하고

no work, / but some of them believed / in Sugarcandy
일을 하지 않았기 때문에 / 그러나 일부 동물들은 믿었다 /　얼음사탕 산이 있다고 /

Mountain, / and the pigs had to argue very hard /
　　　　그래서 돼지들은 매우 열심히 논쟁을 해야만 했다 /

to persuade them / that there was no such place.
그들을 설득시키느라고 /　　그런 곳은 없다고

Their most faithful disciples were the two cart-horses, /
가장 충실한 제자는 마차를 끄는 두 마리의 말인 /

Boxer and Clover. These two had great difficulty /
박서와 클로버였다　　　　이 두 마리의 말은 엄청나게 힘들어했다 /

in thinking anything out / for themselves, /
뭔가를 생각하는 데는 /　　　　스스로 /

but having once accepted the pigs / as their teachers, /
그러나 일단 돼지들을 받아들인 후에 / 그들의 스승으로 /

they absorbed everything / that they were told, /
그들은 모든 것을 이해했다 /　　　그들이 (돼지들로부터) 들었던 /

devoted 매우 좋아하는 badge 상징, 징표 slavery 노예상태, 예속 convinced 확고한, 확신에 찬
counteract 약화시키다 put about (소문을) 퍼뜨리다 especial 각별한, 특별한 tale-bearer 고자질 쟁이
situate ~에 위치하다 linseed 아마 cake 덩어리 hedge 산울타리 tell tales 고자질하다, 비밀을 누설하다
disciple 제자 absorb (지식을) 자신의 것으로 만들다, 이해하다

and passed it on / to the other animals / by simple
그리고 그것을 전달했다 / 다른 동물들에게 / 간단한 논리로(주장으로)

arguments. They were unfailing in their attendance /
그들은 어김없이 참석했다 /

at the secret meetings / in the barn, / and led the singing /
비밀회의에 / 헛간에서 열린 / 그리고 앞장서서 불렀다(선창했다) /

of 'Beasts of England', / with which the meetings always
'영국의 동물들' 을 / 언제나 그 노래를 부르면서 회의는 끝났다

ended. Now, as it turned out, / the Rebellion was achieved /
이제, 결국 밝혀진 것처럼 / 반란이 성공했다 /

much earlier and more easily / than anyone had expected.
훨씬 일찍이 그리고 더 쉽게 어느 누가 예상했던 것 보다

In past years Mr. Jones, / although a hard master, /
과거에 존스씨는 / 비록 엄격한 주인이었지만 /

had been a capable farmer, / but of late he had fallen on evil
유능한 농장 주인이었다 / 그러나 최근에 그는 불행한 나날을 만났다(보냈다).

days. He had become much disheartened /
그는 크게 낙담하였다 /

after losing money in a lawsuit, / and had taken to drinking
소송에서 돈을 잃은 후에 / 그래서 마시는 습관이 들었다 /

/ more than was good for him. For whole days at a time /
그에게 유익한 것보다 더 많은 양을 한 번에 며칠씩이나 /

he would lounge in his Windsor chair / in the kitchen, /
그는 윈저식 의자에 누워 있곤 했다 / 부엌에 있는 /

reading the newspapers, drinking, and occasionally feeding
(그때) 신문을 읽고, 술을 마시고, 가끔씩 모세에게 먹이로 주면서 /

Moses / on crusts of bread / soaked in beer.
빵 껍질을 / 맥주에 적신

His men were idle and dishonest, / the fields were full of
그의 일꾼들은 게으르고 정직하지 못했고 / 들판은 잡초로 무성했고 /

weeds, / the buildings wanted roofing, /
건물에는 지붕공사가 필요했고 /

the hedges were neglected, / and the animals were underfed.
울타리를 소홀히 했고 (제대로 돌보지 않았고) / 동물들에게 음식을 제대로 주지 않았다

SCENE 3

June came / and the hay was almost ready / for cutting.
6월이 되었고 / 건초는 거의 준비가 다됐다 / 벨

On Midsummer's Eve, / which was a Saturday, /
세례요한 축제 전야에 / 토요일에 있었던 /

Mr. Jones went into Willingdon / and got so drunk /
존스씨는 윌링던에 가서 / 매우 취하였다 /

at the Red Lion / that he did not come back /
레드라이언이라는 술집에서 / 그래서 그는 돌아오지 않았다 /

till midday on Sunday.
일요일 정오가 되도록

The men had milked the cows / in the early morning /
일꾼들은 암소 젖을 짰다 / 아침 일찍이 /

and then had gone out rabbiting, /
그 다음에 토끼사냥을 하러 나가버렸다 /

without bothering to feed the animals.
동물들에게 먹이를 주는 일에 신경도 쓰지 않고

When Mr. Jones got back / he immediately went to sleep /
존스씨가 돌아왔을 때 / 그는 곧바로 잠자러 갔다 /

on the drawing-room sofa / with the News of the World
응접실 소파에서 / '세계뉴스' 지를 얼굴에 덮고 /

over his face, so that when evening came, / the animals
그래서 저녁이 되었을 때도 / 동물들은 아직도 아무것도 먹지 못했다, / 마침내 동물들은

were still unfed. At last they could stand it no longer.
이제 더 이상 참을 수 없었다.

One of the cows broke / in the door of the store-shed /
암소들 중 한 마리가 부쉈다 / 헛간 문을 /

with her horn / and all the animals / began to help
뿔로 / 그러자 모든 동물들이 / 마음대로 먹이를 먹기 시작했다 /

themselves / from the bins.
곡식 저장 통에서

It was just then / that Mr. Jones woke up.
바로 그때 / 존스씨가 잠에서 깼다

Midsummer (Day) 세례요한 축일 rabbit 토끼사냥을 하다 drawing-room (대저택의) 응접실
store-shed 헛간, 창고 bin 상자, 저장 통

The next moment / he and his four men were in the
다음 순간에 / 그와 그의 일꾼 네 사람이 헛간에 나타났다 /

store-shed / with whips in their hands, / lashing out /
손에 채찍을 들고 / 그리고 채찍을 휘둘렀다

in all directions. This was more than / the hungry
/ 사방으로 이것은 이상의 것이었다 / 배고픈 동물들이 견딜 수 있는

animals could bear.
것(참을 수 없었다)

With one accord, / though nothing of the kind had been
일제히 / 비록 이런 종류의 어떤 것도 계획한 것이 아니었지만 /

planned / beforehand, they flung themselves /
사전에(미리) / 동물들은 세차게 돌진했다(덤벼들었다) /

upon their tormentors. Jones and his men suddenly found
괴롭히는 자들에게. 존스와 일꾼들은 갑자기 발견했다 /

/ themselves being butted and kicked / from all sides.
자신들이 뿔로 공격을 당하고 발로 차이고 있다는 것을 / 사방에서

The situation was quite out of their control.
상황은 완전히 통제 불가능하였다

They had never seen / animals behave like this / before, /
그들은 본적이 없다 / 동물들이 이렇게 행동하는 것을 / 전에 /

and this sudden uprising of creatures /
그리고 동물들의 갑작스런 반란은 /

whom they were used to thrashing and maltreating /
그들이 마구 때리고 학대하는 데 익숙했던 /

just as they chose, frightened them / almost out of their
인간들이 마음 내키는 대로 (동물들의 반란은) 그들을 겁먹게

wits. After only a moment or two / they gave up /
했다 / 제 정신을 잃게 할 정도로. 잠시 후에 / 그들은 포기했다 /

trying to defend themselves / and took to their heels.
자신들을 방어하려는 시도조차도 / 그리고 도망치고 말았다.

A minute later / all five of them were in full flight /
1분 후에 / 다섯 명 모두가 정신없이 달아나고 있었다 /

down the cart-track / that led to the main road, /
마차길 아래로 / 큰길까지 나있는 /

with the animals pursuing them / in triumph.
(그때) 동물들이 그들의 뒤를 쫓아왔다 / 의기양양하게

Mrs. Jones looked out of the bedroom window, /
존스 부인은 침실 창 밖을 내다보고 /

saw what was happening, / hurriedly flung a few
무슨 일이 일어나고 있는지 알아채자 / 서둘러 소지품 몇 개를 던졌다 /

possessions / into a carpet bag, / and slipped out of the
여행용 손가방에 / 그리고 농장을 빠져나갔다 /

farm / by another way. Moses sprang off his perch /
다른 길로 모세는 횃대에서 날아올랐고 /

and flapped after her, / croaking loudly.
그녀를 따라 날개를 퍼덕이며 날아갔다 / 큰소리로 까악까악 울면서

Meanwhile the animals had chased / Jones and his men /
한편 동물들은 쫓아갔다 / 존스와 그의 일꾼의 뒤를 /

out on to the road / and slammed / the five-barred gate
큰길까지 / 그리고 꽝 닫았다 / 다섯 개의 빗장이 달려있는 문을

behind them. And so, / almost before they knew /
이렇게 해서 / 자신들이 알기도 전에 /

what was happening, / the Rebellion had been successfully
어떤 일이 일어나고 있는지 / 반란은 성공적으로 이루어졌다 /

carried through: / Jones was expelled, / and the Manor
존스는 추방되었고 / 매너 농장은 그들의 것이

Farm was theirs. For the first few minutes / the animals
되었다 처음 몇 분 동안 / 동물들은 거의 믿을 수

could hardly believe / in their good fortune. Their first act /
가 없었다 / 자신들의 행운을. 그들의 첫 번째 행동은

was to gallop in a body / right round the boundaries of the
/ 한 무리로(떼를 지어) 달리는 것이었다 / 농장 주위를 한 바퀴 돌면서 /

farm, / as though to make quite sure / that no human being
마치 확인하려는 듯이 / 한 사람의 인간이라도 숨어있지

was hiding / anywhere upon it; / then they raced back /
않다는 것을 / 농장 어디에도 / 그런 다음에 그들은 달려 돌아왔다 /

to the farm buildings / to wipe out the last traces /
농장 건물로 / 마지막 흔적을 없애기 위하여 /

of Jones's hated reign.
가증스런 존스의 지배(통치) 기간의

lash out 채찍으로 때리다, 휘두르다 with one accord 일제히 fling 빠르게 움직이다, 몸을 던지다
tormentor 괴롭히는 것(사람) butt 뿔로 공격하다, 떠밀다 out of control 억제(통제)할 수 없는 uprising 반란,
폭동 thrash 마구 때리다 maltreat 학대하다 wits 이성, 정신 take to one's heels 달아나다 flight 도주, 탈출
possession 소지품, 소유물 carpet bag 여행용 손가방 flap 날개를 퍼덕이다 croak (까마귀가) 까악까악 울다
slam (문을) 꽝 닫다 carry through ~을 달성하다, 성취하다 expel 추방하다, 쫓아내다 gallop 전속력으로 달리다
boundary 경계(선), 주변, 범위 wipe out 없애다, 제거하다 reign 통치(기간)

The harness-room / at the end of the stables / was broken
마구 창고가 / 마구간 끝에 있는 / 부숴져 열렸다 /

open; / the bits, the nose-rings, the dog-chains, the cruel
재갈, 코뚜레, 개 사슬, 잔인한 칼들을 /

knives / with which Mr. Jones had used to castrate /
그 칼로 존스씨가 거세했던 /

the pigs and lambs, / were all flung down the well.
돼지와 양을 / 모든 것을 우물 속으로 던져버렸다.

The reins, the halters, the blinkers, the degrading nosebags,
고삐, 굴레, 말의 눈가리개,

were thrown on / to the rubbish fire / which was burning in
수치스러운 꼴(여물) 주머니를 던졌다 / 쓰레기 불더미에 / 마당에서 타고 있던

the yard. So were / the whips.
그렇게 되었다(불속에 던졌다) / 채찍도

All the animals capered / with joy / when they saw /
모든 동물들은 여기저기 뛰어다녔다 / 기뻐서 / 자신들이 보았을 때 /

the whips going up in flames. Snowball also threw on to
채찍이 불길 속에서 타오른 것을 스노볼도 불속에 던졌다 /

the fire / the ribbons / with which the horses' manes and
리본을 / 말의 갈기와 꼬리를 장식하곤 했었던 /

tails had usually been decorated / on market days.
장날이면

"Ribbons," he said, / "should be considered as clothes, /
"리본은" 그가 말했다 / "옷으로 생각하여야 한다고 /

which are the mark of a human being.
인간의 표시인

All animals should go naked."
모든 동물들은 벗고 지내야 한다(옷을 입으면 안 된다)."

Key Expression

so 형용사 that(매우 ~하다, 그래서); "that"은 앞에 일어난 사건의 결과를 나타내기 때문에 "그래서, 그 때문에"라고 해석한다. 구어체에서는 "that"이 자주 생략된다.

예) Mr. Jones got so drunk / at the Red Lion /
존스씨는 매우 취하였다 / 레드라이언이라는 술집에서 /
that he did not come back / till midday on Sunday.
그래서 그는 돌아오지 않았다 / 일요일 정오가 되도록

---

stable 마구간 bit 재갈 castrate 거세하다 reins 고삐 halter (소나 말의) 고삐 blinkers 말의 눈가리개(안대)
degrading 수치스러운, 치욕적인 nosebag (말의 목에 채우는) 꼴(여물) 주머니 rubbish 쓰레기 caper 여기저기
뛰어다니다 go ~한 상태로 있다, 생활하다

SCENE 4

When Boxer heard this / he fetched the small straw hat /
박서가 이런 말을 들었을 때 /　　　　그는 작은 밀짚모자를 가져왔다 /

which he wore in summer / to keep the flies out of his
그가 여름에 쓰던 /　　　　귀에 파리가 못 들어가게 하기위하여 /

ears, / and flung it on to the fire / with the rest.
　　　그리고 그것을 불에 던졌다 /　　　　다른 것들과 함께

In a very little while / the animals had destroyed /
순식간에 /　　　　동물들은 파괴했다 /

everything / that reminded them / of Mr. Jones. Napoleon
모든 것을 /　　　그들에게 생각나게 하는 /　　　존스씨를.　그런 다음에 나폴레옹은 /

then / led them back / to the store-shed /
　　　그들을 다시 데리고 갔다 / 식량 창고로 /

and served out a double ration of corn / to everybody, /
그리고 배급(할당)량에 두 배나 되는 곡물을 주었다 /　　　모두에게, /

with two biscuits for each dog.
두개의 비스킷을 각 개들에게 (주었다)

Then they sang / 'Beasts of England' / from end to end /
그리고 나서 그들은 불렀다 / '영국의 동물들' 을 /　　　처음부터 끝까지 /

seven times running, / and after that /
일곱 번이나 계속 /　　　그리고 노래를 부르고 나서 /

they settled down for the night / and slept /
그날 밤을 보내려고 자리를 잡고 /　　　잠을 잤다 /

as they had never slept before.
과거에 잠자던 것과는 전혀 다르게

But they woke at dawn / as usual, / and suddenly
그러나 그들은 새벽에 깼다 /　　　평소처럼 /　　　그리고 갑자기

remembering / the glorious thing / that had happened, /
기억하고 /　　　영광스런 일들을 /　　　(어제) 발생했던 /

they all raced out / into the pasture together.
그들 모두가 급하게 나갔다 /　　목초지로 모두 함께

at dawn 새벽에 pasture 목초지, 목장

A little way down the pasture / there was a knoll /
목초지를 조금 내려가면 / 작은 언덕이 있었다 /

that commanded a view / of most of the farm.
내려다 볼 수 있는 / 농장의 대부분을 /

The animals rushed / to the top of it / and gazed round
동물들은 달려갔다 / 언덕의 꼭대기까지 / 그리고 자신들의 주변을 바라보았다 /

them / in the clear morning light.
맑은 아침 햇빛을 받으며.

Yes, it was theirs / —everything / that they could see /
그렇다, 그것이 그들 것이다 / 모든 것들이 / 그들이 볼 수 있는 /

was theirs!
그들 것이다!

In the ecstasy / of that thought / they gambolled round
너무나 기뻐서 / 그런 생각을 하자 / 그들은 빙글빙글 돌며 뛰어다녔고 /

and round, / they hurled themselves into the air /
그들은 공중으로 몸을 던졌다(솟구쳤다) /

in great leaps of excitement.
흥분하여 펄쩍 뛰면서

They rolled in the dew, / they cropped / mouthfuls /
그들은 이슬 속에서 뒹굴었고 / 그들은 뜯어먹었고 / 한입 가득씩 /

of the sweet summer grass, / they kicked up / clods of
달콤한 여름풀을 / 그들은 발로 찼다 / 검은 흙덩어리를 /

the black earth / and snuffed / its rich scent.
그리고 냄새를 맡았다 / 흙의 진한 향기를

Then they made a tour of inspection / of the whole farm /
그리고 나서 그들은 시찰 여행(견학)을 했고 / 농장 전체를 /

and surveyed / with speechless admiration /
그러면서 살펴봤다 / 말로 표현할 수 없는 감탄을 하며 /

the ploughland, the hayfield, the orchard, the pool,
경작지, 건초밭, 과수원, 연못,

the spinney. It was as though they had never seen /
잡목림을 마치 그들이 구경하지 못했던 것 같았다 /

these things before, / and even now / they could hardly
전에는 이런 것들을 / 그리고 심지어 지금도 / 그들은 거의 믿을 수 없었다 /

believe / that it was all their own.
그(눈에 보이는) 것이 모두 자신들의 것이라는 것(사실)을

Then they filed back / to the farm buildings /
그리고 나서 그들은 줄지어 돌아갔다 / 농장 건물로 /

and halted in silence / outside the door of the farmhouse.
그리고 조용히 멈추었다 / 농장 주택 문밖에서 /

That was theirs too, / but they were frightened /
그것(농장 주택)도 그들의 것이었다 / 그러나 그들은 두려웠다 /

to go inside. After a moment, however, /
안으로 들어가는 것이. 그러나 잠시 후 /

Snowball and Napoleon butted the door open / with their
스노볼과 나폴레옹은 떠밀어서 문을 열었다 / 어깨로 /

shoulders / and the animals entered / in single file, /
그리고 동물들은 들어갔다 / 한 줄로 /

walking with the utmost care / for fear of disturbing
최대한 조심스럽게 걸으면서 / 뭐라도 방해하지 않으려고.

anything. They tiptoed / from room to room, /
그들은 발끝으로 걸었다 / 이 방에서 저 방으로 /

afraid to speak above a whisper /
속삭이는 목소리보다 큰소리로 말하는 것을 두려워하며 /

and gazing with a kind of awe at the unbelievable luxury, /
그리고 일종의 경외하는 마음으로 쳐다보았다 / 믿을 수 없을 정도로 호화로운 사치품을 /

at the beds with their feather mattresses, /
깃털 매트리스 침대를 /

the looking-glasses, the horsehair sofa, the Brussels carpet,
거울을, 말총 소파를, 브뤼셀 양탄자를,

the lithograph of Queen Victoria / over the drawing-room
빅토리아 여왕 석판화를 / 응접실 벽난로 위쪽에 있는

mantelpiece. They were just coming down the stairs /
은 계단을 내려오고 있던 중이었다 /

when Mollie was discovered to be missing.
몰리가 사라진 것을 알게 되었을 때

Going back, / the others found / that she had remained
돌아갔을 때 / 다른 동물들은 발견했다 / 그녀가 남아 있는 것을 /

behind / in the best bedroom. She had taken a piece of blue
가장 좋은 침실에. 그녀는 한 조각의 파란 리본을 집어 들었다 /

ribbon / from Mrs. Jones's dressing-table, /
존스 부인의 화장대에서 /

knoll 작은 언덕 ecstasy 기쁨의 절정, 환희 gambol 뛰어다니다 hurl 던지다 leap 도약, 뜀 crop (풀을) 뜯어먹다
clod 덩어리 snuff 냄새 맡다 scent 향기 tour of inspection 시찰 여행(견학) ploughland 경작지
spinney 잡목림, 덤불 file 줄지어 이동하다 butt (머리, 뿔로) 받다, 떠밀다 for fear of ~하지 않으려고
tiptoe 발끝으로 걷다 whisper 속삭임 gaze 바라보다, 응시하다 lithograph 석판화

and was holding it against her shoulder /
그리고 그것을 어깨에 대보고 있었고 /

and admiring herself in the glass / in a very foolish
거울에 비친 자신의 모습을 보고 감탄하고 있었다 /   매우 바보 같은 모습으로

manner. The others reproached / her sharply, /
다른 동물들은 비난했다 /   그녀를 신랄하게 /

and they went outside.
그 다음에 그들은 밖으로 나갔다

Some hams / hanging in the kitchen /
햄을 /   부엌에 걸려있던 /

were taken out / for burial, / and the barrel of beer /
가지고 나갔다 /   (땅속에) 묻기 위해 / 그리고 맥주 통은 /

in the scullery / was stove in / with a kick /
부엌에 딸린 방에 있던 /   부서졌다 /   발로 차서 /

from Boxer's hoof, / otherwise / nothing in the house
박서가 발굽으로 /   그 이외의 것은 /   집안에 있는 어떤 것도 건드리지 않았다

was touched.

A unanimous resolution was passed / on the spot /
만장일치로 결의안이 통과되었다 /   즉석에서 /

that the farmhouse should be preserved / as a museum.
농장 주택이 보존되어야 한다고 /   박물관으로

All agreed / that no animal must ever live / there.
모두가 합의했다 /   어떤 동물도 살아서는 안 된다는 것에 /   그곳에

reproach 비난하다, 책망하다 scullery 부엌에 딸린 방 stave(stave-stove-stove) ~을 부수다
otherwise 그 이외의 것(점)은 unanimous 만장일치의 resolution 결의안

SCENE 5

The animals had their breakfast, / and then Snowball and
동물들은 아침을 먹었다 / 그 다음에 스노볼과

Napoleon called them together / again. "Comrades," said
나폴레옹은 그들을 불러 모았다 / 다시 "동지들,"

Snowball, "it is half past six / and we have a long day
스노볼이 말했다 "여섯시 반이고 / 우리들에게는 긴 하루가 있습니다.

before us. Today we begin / the hay harvest.
오늘 우리는 시작할 것입니다 / 건초 수확을.

But there is another matter / that must be attended to first."
그러나 다른 일이 있습니다 / 먼저 처리해야 할"

The pigs now revealed / that during the past three months /
돼지들은 이제야 밝혔다 / 지난 3개월 동안 /

they had taught themselves / to read and write /
그들이 배웠다는 것을 / 읽기와 쓰기를 /

from an old spelling book / which had belonged to
낡은 철자법 책으로 (어떤 책?) / 존스씨 아이들의 것이었고 /

Mr. Jones's children / and which had been thrown /
그리고 버려져있던 /

on the rubbish heap. Napoleon sent for / pots of black and
쓰레기 더미에 나폴레옹은 가져오게 했다 / 흑색과 흰색 페인트 통을 /

white paint / and led the way down / to the five-barred gate
그 다음에 앞장서서 갔다 / 다섯 개의 빗장이 달려있는 문 쪽으로 /

/ that gave on to the main road. Then Snowball (for it was
큰길로 통하는 그 다음에 스노볼은 (바로 스노볼이 쓰기를

Snowball who was best at writing) took a brush / between
제일 잘하기 때문에) 붓을 들었고 /

the two knuckles of his trotter, painted out MANOR
발의 두 관절 사이에 / 매너 농장을 지웠다 /

FARM / from the top bar of the gate / and in its place /
문의 맨 위쪽에 있는 빗장에 쓰여 있던 / 그 다음에 그 자리에 /

painted ANIMAL FARM.
동물 농장이라고 썼다.

This was to be the name of the farm / from now onwards.
이것이 농장의 이름이 되었다 / 이제부터

After this / they went back / to the farm buildings, /
그런 다음에 / 그들은 돌아갔다 / 농장 건물로 /

where Snowball and Napoleon / sent for a ladder, /
그곳에서 스노볼과 나폴레옹은 / 사다리를 가져오게 했다 /

which they caused to be set / against the end wall of the
그리고 그 사다리를 그들은 세우게 했다 / 큰 헛간의 끝 벽에 기대어

big barn. They explained / that by their studies of the past
그들은 설명했다 / 지난 3개월 동안 연구하여 /

three months / the pigs / had succeeded / in reducing the
돼지들은 / 성공했다고 / 동물주의의 원칙을 줄이는

principles of Animalism / to Seven Commandments.
(요약하는) 데 / 7계명으로

These Seven Commandments / would now be inscribed /
이런 7계명을 / 이제 새겨놓을 것이다 /

on the wall; / they would form an unalterable law /
벽에 / (그렇게 되면) 그 계명은 불변의 법이 될 것이다 /

by which / all the animals on Animal Farm must live /
그 법에 따라 / 동물 농장의 모든 동물들은 살아야만 하는 /

for ever after. With some difficulty / (for it is not easy /
그 후로 쭉 / 상당히 애를 쓰면서 / (왜냐하면 쉽지 않기 때문이다 /

for a pig to balance himself / on a ladder)
돼지가 균형을 잡는 것은 / 사다리에서)

Snowball climbed up / and set to work, / with Squealer /
스노볼은 올라가서 / 일하기 시작했다 / (그리고) 스킬러가 /

a few rungs below him / holding the paint-pot.
그보다 사다리의 몇 단 아래에 있던 / 페인트 통을 들고 있었다.

The Commandments were written / on the tarred wall /
그 계명은 쓰였다 / 타르 칠을 한 벽에 /

in great white letters / that could be read /
큰 흰색 글자로 / 읽을 수 있을 정도로 /

thirty yards away. They ran thus:
30야드 떨어진 곳에서도 / 그 계명은 이렇게 쓰여 있었다.

THE SEVEN COMMANDMENTS
7계명

1. Whatever goes upon two legs / is an enemy.
1. 두 다리로 다니는 자는 무엇이든 /   적이다

2. Whatever goes upon four legs, / or has wings, /
2. 네 다리로 다니거나 /   날개가 있는 자는 무엇이든 /

   is a friend.
   친구다

3. No animal shall wear / clothes.
3. 어떤 동물도 입으면 안 된다 /   옷을

4. No animal shall sleep / in a bed.
4. 어떤 동물도 잠을 자면 안 된다 /   침대에서

5. No animal shall drink / alcohol.
5. 어떤 동물도 마시면 안 된다 /   술을

6. No animal shall kill / any other animal.
6. 어떤 동물도 죽이면 안 된다 /   다른 동물을

7. All animals are equal.
7. 모든 동물은 평등하다

It was very neatly written, / and except that "friend" was
그것은 아주 깔끔하게 쓰여 있었다 /   (제외하면) "friend" 가 "freind" 로 쓰인 것과 /

written "freind" / and one of the "S's" was the wrong
"S" 자 중 하나가 반대 반향으로 되어 있는 것을 (제외하면)

way round, the spelling was correct / all the way through.
철자는 정확했다 /   처음부터 끝까지

Snowball read it aloud / for the benefit of the others.
스노볼은 큰소리로 그것을 읽어주었다 / 다른 동물들을 위하여

All the animals nodded / in complete agreement, /
모든 동물들은 고개를 끄덕였다 /   전적으로 동의했기에 /

and the cleverer ones / at once began to learn the
그리고 더 영리한 동물들은 /   곧바로 그 계명을 암기하기 시작했다

Commandments by heart.

reduce 줄이다 commandment 계명 inscribe 새겨 놓다 unalterable 불변의, 영원한
for ever after 그 후로 쭉(계속) rung (사다리의) 단 for the benefit of ~을 위하여
learn ~ by heart ~을 암기하다

"Now, comrades," cried Snowball, / throwing down the
"자, 동지들" 스노볼이 큰소리로 외쳤다 / 페인트 붓을 아래로 던지면서 /

paint-brush, / "to the hayfield! Let us make it a point of
"건초 밭으로 (갑시다)! 명예가 걸린 중요한 문제라고 생각합시다 /

honor / to get in the harvest more quickly /
건초용 풀을 더 빨리 걷어 들이는 것을 /

than Jones and his men could do."
존스와 그의 일꾼이 할 수 있는 것보다"

But at this moment the three cows, / who had seemed
그러나 바로 이때 세 마리의 암소는 / 몸이 불편해 보였던 /

uneasy / for some time past, / set up a loud lowing.
얼마 전부터 / 큰소리로 울기 시작했다

They had not been milked / for twenty-four hours,
그들의 젖을 짜주지 않았다 / 24시간 동안 /

and their udders were almost bursting.
그래서 그들의 젖통이 터질 것만 같았다

After a little thought, / the pigs sent for buckets /
잠시 생각하고 나서 / 돼지들은 양동이를 가져오게 했다 /

and milked the cows / fairly successfully, /
그리고 암소의 젖을 짰다 / 매우 성공적으로 /

their trotters being well adapted / to this task.
그들의 발이 잘 적응했기 때문이었다 / 이런 일에

Soon there were five buckets / of frothing creamy milk /
곧 다섯 양동이가 나왔다 / 거품이 이는 크림색 우유가 든 /

at which / many of the animals looked /
(이때) 양동이를 / 많은 동물들은 쳐다봤다 /

with considerable interest.
상당히 많은 관심을 보이며

"What is going to happen / to all that milk?" said
어떻게 될까 / 저 우유 전부가 / 누군가 말했다

someone.

"Jones used sometimes to mix / some of it in our mash,"
"존스는 가끔씩 섞어 주곤 했다 / 우유를 조금씩 우리의 사료에"

said one of the hens.
암탉 중 한 마리가 말했다

"Never mind the milk, comrades!" cried Napoleon, /
"우유에 대해 신경 쓸 필요가 없습니다, 동지들" 나폴레옹이 소리쳤다 /

placing himself in front of the buckets.
양동이 앞에 서서

"That will be attended to. The harvest is more important.
"그 문제는 잘 처리될 것입니다.　　수확하는 일이 더 중요한 것입니다

Comrade Snowball will lead the way.
스노볼 동지가 앞장설 것입니다.

I shall follow / in a few minutes.
저는 따라갈 것입니다 / 곧

Forward, comrades! The hay is waiting."
앞으로 (나가세요), 동지들!　　건초용 풀이 기다리고 있습니다."

So the animals trooped down / to the hayfield /
그리하여 동물들은 무리를 지어 갔다 /　　건초 밭으로 /

to begin the harvest, / and when they came back /
(건초용 풀을) 수확을 시작하기 위하여 / 그리고 그들이 돌아왔을 때 /

in the evening / it was noticed that / the milk had
저녁에 /　　알게 되었다 /　　우유가 사라졌다는 것을

disappeared.

lowing (소가) 울기 udder (소의) 젖통 frothing 거품이 이는 mash (가축용) 사료

Quiz 2

A. 내용 이해하기

다음 문장을 읽고 본문의 내용과 맞으면 T(True), 틀리면 F(False)를 쓰세요.

1. Old Major lives to prepare for the rebellion.

2. Three pigs, Napoleon, Snowball and Squealer organize Old Major's ideas into a more formal system.

3. Some animals are afraid of what might happen if Mr. Jones is not around to take care of them.

4. Though Moses the Raven claims that there exists an animal's paradise, Sugarcandy Mountain, many animals don't believe in it.

B. 단어

다음 제시된 단어의 설명을 읽고, 어떤 단어의 정의를 설명하는지 아래의 박스에서 찾아 써 보세요.

1. to say that an event will happen, before it happens

2. attractively energetic and enthusiastic

3. to give an explanation of something in detail

4. the condition or state of being a slave

5. to fail to give enough care or attention to things that are your responsibility

6. a person who makes someone suffer a lot

7. to run about in a happy excited way

8. causing you feel that you have no value or making you lose respect for yourself

9. an area of land covered in grass or grass for animals to feed on

10. one of the ten important rules of behavior

slavery degrading tormentor neglect vivacious
expound commandment caper pasture predict

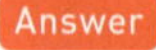

Answer A. 1. F 2. T 3. T 4. F
B. 1. predict 2. vivacious 3. expound 4. slavery 5. neglect 6. tormentor 7. caper 8. degrading
9. pasture 10. commandment

C. 직독직해

아래에 제시된 문장을 직독직해로 해석해보세요.

1. Major's speech had given / to the more intelligent animals on the farm / a completely new outlook on life.

   →

2. We have no means / of making sugar / on this farm.

   →

3. The next moment / he and his four men were in the store-shed / with whips in their hands.

   →

4. The animals hated Moses / because he told tales / and did no work.

   →

D. 동시통역

아래에 제시된 직독직해를 보고, 영어로 말해보세요.

1. 다른 동물들은 스퀼러에 대하여 말했다 / 그는 바꿀 수 있다고 / 검은 것을 흰 것으로

   →

2. 마침내 동물들은 이제 더 이상 참을 수 없었다.

   →

3. 박서가 이런 말을 들었을 때 / 그는 작은 밀짚모자를 가져왔다.

   →

4. 네 다리로 다니거나 / 날개가 있는 자는 무엇이든 / 친구다

   →

Answer C. 1. 메이저의 연설은 제시했다 / 농장의 보다 더 총명한 동물들에게 / 삶에 대한 완전히 새로운 시각을 2. 우리는 수단이(설비가) 없어요 / 설탕을 만들 / 이 농장에서 3. 다음 순간에 / 그와 그의 일꾼 네 사람이 헛간에 나타났다 / 손에 채찍을 들고 4. 동물들은 모세를 싫어했다 / 그 이유는 그는 고자질을 하고 / 일을 하지 않았기 때문에

D. 1. The others said of Squealer / that he could turn / black into white. 2. At last they could stand it no longer. 3. When Boxer heard this / he fetched the small straw hat. 4. Whatever goes upon four legs, / or has wings, / is a friend.

Chapter 3

SCENE 1

How they toiled and sweated / to get the hay in!
얼마나 그들은 수고하고 땀을 흘렸는지 / 건초용 풀을 거둬들이기 위해서

But their efforts were rewarded, / for the harvest was an
그러나 그들의 고생은 보답 받았다 / 수확(풀을 거둬들이는 일)은 훨씬 더

even bigger success / than they had hoped.
크게 성공했기 때문에 / 그들이 기대했던 것보다(기대 이상으로)

Sometimes the work was hard; / the implements had
가끔씩 일은 어려웠다 / 농기구는 설계되었다 /

been designed / for human beings / and not for animals, /
인간을 위해서 / 동물을 위해서가 아니라 /

and it was a great drawback / that no animal was able to
그래서 큰 장애였다 / 어떤 동물도 농기구를 사용할 수 없다는 것은 /

use any tool / that involved standing on his hind legs.
뒷다리로 서는 것을 필요로 하는 (뒷다리로 서서 일하도록 만들어진 농

But the pigs were so clever / that they could think of a
기구를) 그러나 돼지는 아주 영리했다 / 그래서 그들은 방법을 생각해낼 수 있었다 /

way / round every difficulty.
모든 어려움을 피해갈 수 있는

As for the horses, / they knew / every inch of the field, /
말에 대하여 말한다면 / 그들은 알고 있었고 / 밭의 모든 곳(구석구석)을 /

and in fact understood / the business of mowing and
사실 알고 있었다 / 풀을 베고 갈퀴로 긁어모으는 일을 /

raking / far better / than Jones and his men had ever
훨씬 더 잘 / 존스와 그의 일꾼보다

done. The pigs did not actually work, /
실제로 돼지들은 일하지 않았다 /

but directed and supervised / the others.
그러나 지시하고 감독했다 / 다른 동물들을

With their superior knowledge / it was natural /
돼지들은 뛰어난 지식을 갖고 있기 때문에 / 당연했다 (뭐가?) /

that they should assume the leadership.
그들이 지도자 역할을 하는 것은

Boxer and Clover would harness themselves /
박서와 클로버는 자신의 몸에 연결하고 /

to the cutter or the horse-rake / (no bits or reins were
제초기나 말이 끄는 써레를 / (재갈과 고삐가 필요 없기 때문이었다 /

needed / in these days, of course) and tramp steadily /
이때는 물론) 꾸준히 걷곤 했다 /

round and round the field / with a pig walking behind
밭을 돌고 돌면서 / (이 때) 돼지 한 마리가 뒤에 따라가면서

and calling out / "Gee up, comrade!" / or
소리쳤다 / "이랴, 동지" / 또는

"Whoa back, comrade!" as the case might be.
"워워 돌아, 동지" 라고 상황에 따라

And every animal / down to the humblest / worked /
그리고 모든 동물들은 / 가장 보잘것 없는 동물에 이르기까지 / 일을 했다 /

at turning the hay and gathering it.
건초용 풀을 뒤집고 그것을 모아들이는 (일을)

Even the ducks and hens / toiled to and fro all day /
심지어 오리와 암탉까지도 / 하루 종일 왔다 갔다 하면서 고생했다 /

in the sun, / carrying tiny wisps of hay / in their beaks.
뙤야볕 속에서 / 작은 건초용 풀 다발을 나르면서 / 부리로(입에 물고)

In the end they finished / the harvest / in two days' less
마침내 그들은 마쳤다 / 건초용 풀을 거둬들이는 일(수확)을 / 이틀이나 빨리 /

time / than it had usually taken Jones and his men.
존스와 그의 일꾼들이 보통 필요했던 시간보다

Moreover, it was the biggest harvest /
게다가 가장 풍성한 수확이었다 /

that the farm had ever seen.
농장이 지금까지 보았던 (수확 중에)

There was no wastage whatever; / the hens and ducks /
조금이라도 낭비는 없었다 / 암탉과 오리는 /

toil 수고하다, 고생하다 implement 농기구, 도구 drawback 단점, 장애 involve ~을 필요로 하다
hind 뒤의, 후방의 round 우회하여, 피하여 every 모든 mow 풀을 베다 rake 갈퀴로 긁어모으다
supervise 감독하다 assume (역할, 책임을) 떠맡다 harness ~을 매다, 달다 horse-rake 말이 끄는 써레
tramp 터벅터벅 걷다 gee up (말이나 소를 부를 때) 이랴, 이러 이러 as the case may(might) be 상황(경우)에
따라 the humblest 가장 보잘 것 없는 동물들 wisp 작은 다발, 한 움큼 wastage 낭비 whatever 조금이라도

with their sharp eyes / had gathered up /
예리한 눈을 이용해 / 거둬들였다 /

the very last stalk. And not an animal on the farm had
마지막 (건초용 풀) 줄기까지도 그리고 농장의 어떤 동물도 훔치지 않았다 /

stolen / so much as a mouthful.
소량의 식량조차도

All through that summer / the work of the farm went /
그해 여름 내내 / 농장의 일은 진행되었다 /

like clockwork. The animals were happy /
시계처럼(예정대로) 동물들은 행복했다 /

as they had never conceived / it possible to be.
그들은 생각하지 못했기 때문에 / 그런 것이 가능하리라고

Every mouthful of food was an acute positive pleasure, /
모든 소량의 음식도 강렬하고 의심의 여지가 없는 기쁨이었다 /

now that it was truly their own food, / produced / by
그것은 진정으로 자신들의 음식이었기 때문이다 / 만들어진 /

themselves and for themselves, / not doled out to them /
자신들의 힘으로 자신들을 위하여 / 그들에게 나눠준 것(음식)이 아니라 /

by a grudging master.
인색한 주인이

With the worthless parasitical human beings gone, /
쓸모없는 기생충 같은 인간이 사라졌기 때문에 /

there was more / for everyone to eat.
더 많은 것이 있었다 / 모든 자들이 먹을 수 있는.

There was more leisure too, / inexperienced though the
여가도 더 많았다 / 비록 동물들은 (여가에 대한) 경험이 없지만.

animals were. They met with many difficulties /
그들은 많은 어려움을 겪었다 /

—for instance, later in the year, / when they harvested
예를 들어 그해 후반기에 / 그들이 곡식을 수확할 때 /

the grain, / they had to tread it out / in the ancient style /
그들은 곡식을 밟아서 탈곡하고 / 구식으로 /

and blow away the chaff / with their breath, /
껍데기를 불어서 날려 보내야만 했다 입김을 불어 /

since the farm possessed no threshing machine—
농장에는 탈곡기가 없었기 때문에 /

but the pigs with their cleverness / and Boxer with his
그러나 영리한 돼지와 / 엄청난 근육이 있는 박서가 /

tremendous muscles / always pulled them through.
항상 그들의 어려움을 극복하게 했다.

Boxer was the admiration / of everybody.
박서는 감탄의 대상이 되었다 / 모든 자들의

He had been a hard worker / even in Jones's time, /
그는 부지런한 일꾼이었다 / 존스시절에도 /

but now he seemed more like three horses / than one; /
그러나 이제 그는 세 마리 말처럼 보였다 / 한 마리 말이라기보다는 /

there were days / when the entire work of the farm seemed
(세 마리 말 이상의 몫을 했다) 날도 있었다 / (어떤 날?) 농장의 모든 일이 달려있는 것처럼 생각되

to rest on / his mighty shoulders.
었던 / 그의 힘센 어깨에

From morning to night / he was pushing and pulling, /
아침부터 밤까지 / 그는 밀고 당기고 있었다 /

always / at the spot where the work was hardest.
늘 / 일이 가장 힘든 곳에서

He had made an arrangement / with one of the cockerels /
그는 약속했다 / 수평아리 중 한 마리와 /

to call him in the mornings / half an hour earlier than
자기를 아침에 깨워달라고 / 다른 자(동물)들보다 30분 더 일찍 /

anyone else, / and would put in some volunteer labor /
그리고 자발적으로 노동하곤 했다 /

at whatever seemed to be most needed, /
무엇이든 가장 필요해 보이는 일을 하려고 /

before the regular day's work began. His answer /
정규 일과가 시작하기 전에 / 그의 해결 방법은 /

to every problem, every setback, /
모든 문제, 모든 방해에 대한 /

was "I will work harder!" / —which he had adopted /
"내가 더 열심히 일해야지!" 였다 / 이런 원칙을 그는 선택했다(받아들였다) /

as his personal motto.
본인의 좌우명으로

so much as ~조차도, ~까지도 mouthful 소량 like clockwork 규칙적으로 conceive 생각하다 acute 강렬한
positive 의심의 여지가 없는, 명백한 now that ~이므로 dole out 나누어 주다 grudging 인색한
parasitical 기생충 같은 tread ~ out 밟아서 ~를 빼내다(탈곡하다) ancient 옛날의, 구식의
chaff 곡식 껍데기, 왕겨 threshing machine 탈곡기 pull through (어려움, 곤란을) 극복하다
more ~ than ~라기 보다 cockerel 수평아리 call ~를 깨우다 setback 방해, 지장 adopt 선택(채택)하다

SCENE 2

But everyone worked / according to his capacity.
그러나 (다른) 모든 동물들은 일했다 / 자신의 능력대로.

The hens and ducks, for instance, / saved / five bushels
암탉과 오리는,　　　　　　　　예를 들어 /　　　모았다 /　　다섯 부셸 정도의

of corn / at the harvest / by gathering up the stray grains.
곡식을 /　　수확할 때 /　　흩어진 낟알을 주워서.

Nobody stole, / nobody grumbled over / his rations, /
아무도 훔치지 않았고 /　아무도 불평하지 않았다 /　　　　배급량에 대해 /

the quarrelling and biting and jealousy /
말다툼, 물어뜯기, 질투는 /

which had been normal features of life in the old days /
예전 삶의 일상적인 특징이었던

had almost disappeared.
(옛날에는 늘 있었던) 거의 사라졌다

Nobody shirked / —or almost nobody.
누구도 꾀를 부리지 않았다 / 아니 (좀더 정확하게 말하면) 거의 아무도 (꾀를 부리지 않았다)

Mollie, it was true, / was not good / at getting up in the
몰리는 사실 /　　　　　잘 하지 못했다 /　　아침에 일어나는 것을 /

mornings, / and had a way of leaving work early /
그리고 일찍 일터를 떠나는 버릇이 있었다 /

on the ground / that there was a stone / in her hoof.
이유로 /　　　　돌이 끼어 있다는 /　　　　　발굽에

And the behaviour of the cat was somewhat peculiar.
또한 고양이의 행동은 약간 이상했다

It was soon noticed / that when there was work to be
곧 (다른 동물들이) 알아차렸다(눈치 챘다) / 할 일이 있을 때면 /

done / the cat could never be found. She would vanish /
고양이가 눈에 띠지 않는다는 것을.　　　　고양이는 사라지곤 했다 /

for hours on end, and then reappear / at meal-times, /
여러 시간 동안 계속, 그리고 나서 다시 나타나곤 했다 /　　식사 시간에 /

or in the evening after work was over, /
또는 일이 끝난 저녁에 /

as though nothing had happened.
마치 아무 일도 없었다는 듯이

But she always made such excellent excuses, /
그러나 고양이는 언제나 매우 그럴듯한 핑계를 댔다 /

and purred so affectionately, / that it was impossible not
그리고 매우 다정하게 가르랑 소리를 냈다 /   그래서 믿지 않는 것은 불가능했다

to believe / in her good intentions.
(믿을 수밖에 없었다) / 고양이의 선의를

Old Benjamin, the donkey, / seemed quite unchanged /
늙은 벤자민은,   당나귀인 /   조금도 변한 것이 없어 보였다 /

since the Rebellion. He did his work / in the same slow
반란 이후에   그는 일을 했다 /   늘 느리고 집요하게 /

obstinate way / as he had done it / in Jones's time, /
                그가 일했던 것처럼 /   존스 시절에 /

never shirking / and never volunteering for extra work
결코 꾀를 부리지 않았으며 / (그렇다고) 자발적으로 더 많은 일을 하지도 않았다.

either. About the Rebellion and its results /
        반란과 그 결과에 대해 /

he would express no opinion. When asked / whether he
그는 어떤 의견도 표현하려하지 않았다   물어보면 /   더 행복하지 않느냐고 /

was not happier / now that Jones was gone, / he would
                존스가 사라졌기 때문에 /   그는 단지

say only / "Donkeys live a long time. None of you has
다음과 같은 말만했다 / "당나귀는 장수하네.   너희들 중 누구도 못 봤을 거야 /

ever seen / a dead donkey," / and the others had to be
        죽은 당나귀를" /   그래서 다른 동물들은 만족해야만 했다 /

content / with this cryptic answer. On Sundays / there
        이렇게 수수께끼 같은 대답에   일요일에는 /

was no work. Breakfast was an hour later / than usual,
할일이 없었다.   아침식사는 한 시간 늦었고 /   평소보다 /

/ and after breakfast there was a ceremony / which was
아침을 먹으면 의식이 있었다 /   매주 거행되었던 /

observed every week / without fail.
                틀림(어김)없이.

capacity 능력 bushel 부셸(약 36리터) corn 곡물, 곡식 stray 흐트러진, 길 잃은 grumble 불평하다
ration 배급량 shirk 꾀를 부리다, 책임을 회피하다 or 아니(좀더 정확히 말하면), 혹은(보다 정확한 정보를
제시하거나, 전에 한 말을 정정할 때) peculiar 이상한, 특이한 notice 알아차리다, 눈치 채다 vanish 사라지다
purr (고양이가) 가르랑거리다 affectionately 다정하게 intention 의도 obstinate 완고한, 집요한, 고집 센
cryptic 수수께끼 같은 ceremony 의식 observe (의식을) 거행하다, 집행하다

First came the hoisting of the flag. Snowball had found /
제일 먼저 깃발을 게양했다   스노볼은 발견하고 /

in the harness-room / an old green tablecloth of Mrs.
마구 창고에서 /   존스 부인의 낡은 녹색 식탁보를 /

Jones's / and had painted on it / a hoof and a horn in white.
그 위에 그렸다 /   발굽과 뿔을 흰색으로.

This was run up / the flagstaff / in the farmhouse garden /
이 깃발을 끌어 올렸다(게양했다) / 깃대 위로   농장 주택 정원에 있던 /

every Sunday morning. The flag was green, /
일요일 아침마다   깃발의 색깔을 녹색으로 선택했다고 /

Snowball explained, / to represent the green fields of
스노볼은 설명했다 /   영국의 녹색 들판을 상징하려고

England, while the hoof and horn signified /
한편 말굽과 뿔은 의미한다고 /

the future Republic of the Animals / which would arise /
미래의 동물 공화국을 /   생기게(수립) 될 /

when the human race had been finally overthrown.
마침내 인류가 타도되면(멸망하면)

After the hoisting of the flag / all the animals /
깃발을 게양하고 /   모든 동물들은 /

trooped into the big barn / for a general assembly /
큰 헛간으로 몰려갔다 /   총회에 참석하러 /

which was known as the Meeting.
회합(모임)이라고 알려진

Here the work of the coming week / was planned out /
이곳에서 다음주에 할일(작업)이 / 계획되었고 /

and resolutions were put forward and debated.
결의안(토론할 내용)이 제안되었고 토론되었다

It was always the pigs / who put forward / the resolutions.
언제나 돼지들이 /   제안했다 /   결의안을

The other animals understood / how to vote, /
다른 동물들은 알고 있었다 /   투표하는 방식을 /

but could never think / of any resolutions of their own.
그러나 생각해낼 수 없었다 /   자신들의 결의안을

Snowball and Napoleon were by far the most active /
스노볼과 나폴레옹은 단연코 가장 적극적이었다 /

in the debates.
토론할 때

But it was noticed / that these two were never in
그러나 (다른 동물들이) 눈치 채게 되었다 / 이 두 동물의 의견이 결코 일치하지 않는다는 것을 /

agreement: / whatever suggestion either of them made, /
어떤 제안이라도   둘 중 어느 한쪽이 하면 /

the other could be counted on / to oppose it.
다른 한쪽에게 기대할 수 있었다 / 그 제안에 반대할 것이라고 (다른 한쪽은 어김없이 반대했다)

Even when it was resolved / —a thing no one could
심지어 결정되었을 때도 / (어떤 것이?) 본질적으로 아무도 이의를 제기할 수 없는 것이 /

object to in itself / —to set aside the small paddock /
(구체적인 예로) 조그만 방목장을 떼어 놓자는 것 /

behind the orchard / as a home of rest for animals /
과수원 뒤에 있는 /   동물들이 휴식할 공간(휴양지)으로 /

who were past work, / there was a stormy debate /
일할 연령이 지난 /   열띤 논쟁이 벌어졌다 /

over the correct retiring age / for each class of animal.
적절한 은퇴 연령에 대해 /   각 동물의 종류에 맞는

The Meeting always ended / with the singing of 'Beasts
회의는 언제나 끝났다 /   '영국의 동물들' 이라는 노래를 부르면서 /

of England', / and the afternoon was given up to
그리고 오후는 오락시간으로 제공되었다

recreation.

according to; 1. ~에 따라서(정보의 출처) 2. (계획, 원칙, 능력)대로

첫째, 어떤 정보의 출처를 밝히려한다면, 어떤 사람 또는 어떤 기관이 말한 것인지 인용해야 한다. 이 때, "according to"는 "~에 따라서"라는 의미가 있다. 둘째, 누군가 원칙 또는 계획대로 일을 진행하거나, 누군가 자신의 능력대로 일을 할 때 "according to"를 이용하면, "(규칙, 능력, 계획)대로"라는 의미가 있다.

예) Everyone worked / according to his capacity.
    누구나 일했다 / 자신의 능력대로

hoist (깃발을) 올리다, 게양하다 represent ~을 나타내다 signify ~을 의미하다

troop 집단으로 이동하다, 몰려가다 general assembly 총회 resolution 결의안

put forward (의견, 결의안을) 제안하다 count on 믿다, 기대하다 paddock 방목장 class 종류, 부류

SCENE 3

The pigs had set aside / the harness-room / as a
돼지들은 따로 떼어 놓았다 / 마구 창고를 / 자신들의 본부로

headquarters for themselves. Here, in the evenings, /
이곳에서 저녁이면 /

they studied / blacksmithing, carpentering, and other
돼지들은 배웠다 / 대장장이일, 목수일, 그리고

necessary arts / from books / which they had brought
필요한 다른 기술을 / 책으로 / 그들이 가져왔던 (책으로) /

/ out of the farmhouse. Snowball also busied himself /
농장 주택에서 스노볼도 또한 분주했다 /

with organizing the other animals / into what he called
다른 동물들을 편성하느라고 / 그가 동물 위원회라고 부르는 것으로

Animal Committees. He was indefatigable / at this.
그는 지치지 않았다 / 이런 일을 할 때

He formed / the Egg Production Committee / for the
그는 만들었다 / 계란 생산위원회를 / 암탉을 위해 /

hens, / the Clean Tails League / for the cows, /
청결한 꼬리 연맹을 / 암소를 위해 /

the Wild Comrades' Re-education Committee
야생 동지 재교육 위원회를

(the object of this was to tame the rats and rabbits), /
(이 위원회의 목적은 쥐와 토끼를 길들이는 것이었다) /

the Whiter Wool Movement / for the sheep, /
더 하얀 양털 운동을 (만들었다) / 양을 위해 /

and various others, / besides instituting classes in
그리고 다양한 다른 조직을(만들었다) / 읽기와 쓰기 수업을 시작하는 것 외에

reading and writing. On the whole, these projects were a
전반적으로 보면, 이런 프로젝트는 실패작이었다.

failure. The attempt to tame / the wild creatures, /
길들이려는 시도는 / 야생동물을 /

for instance, / broke down almost immediately.
예를 들어 / 거의 곧바로 실패했다

They continued to behave / very much as before, /
야생동물들은 계속 행동하였다 / 과거와 아주 비슷하게 /

and when treated with generosity, /
그리고 관대하게 다루면 /

simply took advantage of it.
(그들은) 단지 그것을 이용할 뿐이었다.

The cat joined the Re-education Committee /
고양이는 재교육위원회에 가입했고 /

and was very active / in it / for some days.
매우 적극적으로 활동했다 /   그 위원회에서 / 며칠 동안

She was seen / one day sitting on a roof and talking /
고양이는 발견되었다 /   어느 날 지붕 위에 앉아서 말하고 있는 것이 /

to some sparrows / who were just out of her reach.
몇 마리의 참새에게 /   고양이가 잡을 수 없는 곳에 있는

She was telling them / that all animals were now
고양이는 참새들에게 말하고 있었다 / 모든 동물들은 이제 동지라고

comrades and that any sparrow / who chose /
그리고 어떤 참새라도 /   선택하면(원하면) /

could come and perch / on her paw; / but the sparrows
와서 앉을 수 있다고 (말하고 있었다) / 자신의 발에 /   그러나 참새들은 거리를 두었다

kept their distance.
(고양이를 멀리했다)

The reading and writing classes, however, / were a great
하지만 읽기와 쓰기 수업은 /   대대적으로 성공했다

success. By the autumn / almost every animal / on the
가을까지 /   거의 모든 동물들은 /   농장에 있던 /

farm / was literate / in some degree.
읽고 쓸 수 있었다 /   어느 정도까지

As for the pigs, / they could already read and write /
돼지에 대해 말하면 /   그들은 이미 읽고 쓸 수 있었다 /

perfectly. The dogs learned to read / fairly well, /
완벽하게   개들은 읽기를 배웠다 /   상당히 충실하게 /

but were not interested / in reading anything /
그러나 관심이 없었다 /   다른 것을 읽는 데는 /

except the Seven Commandments.
7계명 이외의

indefatigable 끈질긴, 지칠 줄 모르는 league 연맹 institute 시작하다 break down 실패하다, 잘못되다
generosity 관대 with generosity 관대하게 out of her reach 고양이가 잡을 수 없는 곳에
paw (발톱 있는 동물의) 앞발 keep one's distance ~을 멀리하다 literate 읽고 쓸 수 있는

Muriel, the goat, / could read somewhat better / than the
뮤리엘은 염소인 / 좀 더 잘 읽을 수 있었다 / 개보다 /

dogs, / and sometimes used to read / to the others in the
그래서 가끔씩 읽어주곤 했다 / 다른 동물들에게 저녁에는 /

evenings / from scraps of newspaper / which she found /
신문지 조각을 / 뮤리엘이 발견한 /

on the rubbish heap. Benjamin could read /
쓰레기 더미에서 벤자민은 읽을 수 있었다 /

as well as any pig, / but never exercised his faculty.
어떤 돼지에게 뒤지지 않을 만큼 잘 / 그러나 자신의 능력을 절대로 사용하지 않았다

So far as he knew, / he said, / there was nothing worth
그가 아는 한 / 그는 말했다 / 읽을 만한 가치가 있는 것은 아무것도 없다고

reading. Clover learned the whole alphabet, /
클로버는 모든 알파벳을 배웠다 /

but could not put words together.
그러나 단어를 구성할 수 없었다

Boxer could not get / beyond the letter D.
박서는 배울 수 없었다 / D자 이상의 글자를.

He would trace out / A, B, C, D, in the dust /
그는 그려 놓곤 했다 / A, B, C, D를 흙에 /

with his great hoof, / and then would stand staring /
그의 큰 발굽으로 / 그 다음에 쳐다보면서 서 있곤 했다 /

at the letters / with his ears back, / sometimes shaking
글자를 / 귀를 뒤로 젖히고 / 때로는 앞 머리털을 흔들면서 /

his forelock, / trying with all his might to remember /
온힘을 다해 기억해보려고 했지만 /

what came next / and never succeeding.
다음에 어떤 글씨가 올지 / 결코 성공하지 못했다

On several occasions, indeed, / he did learn /
몇 번은 정말로 / 그는 배웠다 /

E, F, G, H, / but by the time he knew them, / it was
E, F, G, H자를 / 그러나 그가 E, F, G, H자를 알 때가 되면 / 늘 알려졌다 /

always discovered / that he had forgotten A, B, C, and D.
그는 A, B, C, D를 기억해내지 못한다는 것이.

Finally he decided to be content /
마침내 그는 만족하기로 결정했다 /

with the first four letters, / and used to write them out /
첫 번째 네 글자에 / 그리고 네 자를 써보곤 했다 /

once or twice / every day / to refresh his memory.
한 두 번씩 /   매일 /   기억을 되살리기 위해

Mollie refused to learn any / but the six letters /
몰리는 어떤 글자도 배우려하지 않았다 /   여섯 자를 제외한 /

which spelled her own name.
자신의 이름의 철자인

She would form these very neatly / out of pieces of twig, /
그녀는 여섯 자를 아주 깨끗하게 썼다 /   작은 가지로 /

and would then decorate them / with a flower or two /
그 다음에 글자를 장식하곤 했다 /   꽃 한두 송이로 /

and walk round them / admiring them.
그리고 글자 주변을 걷곤 했다 /   글자를 황홀하게 바라보면서

"would"라는 조동사를 이용하여 과거에 어떤 사건이 자주 발생했다는 의미다.
즉, 과거의 규칙적인 습관을 표현한다.

예) She would form these very neatly / out of pieces of twig.
그녀는 이와 같은 글자를 아주 깨끗하게 쓰곤 했다 / 작은 가지로

scrap 조각 exercise 사용하다 faculty 능력 trace out 그리다 forelock 앞 머리털
with all his might 온힘을 다하여(기울여) refresh 새롭게 하다, (기억을) 되살리다 twig 잔가지
admire 황홀하게 바라보다, 넋을 잃고 바라보다

SCENE 4

None of the other animals on the farm / could get further /
농장에 있는 어떤 동물들도 / 더 진척할 수 없었다 /

than the letter A. It was also found / that the stupider
A자 이상(배울 수 없었다) 또한 알려졌다 / 더 어리석은 동물들은 /

animals, / such as the sheep, hens, and ducks, /
양, 암탉과 오리 같은 /

were unable to learn the Seven Commandments by heart.
7계명을 암기할 수 없다고

After much thought / Snowball declared /
많은 생각을 한 끝에 / 스노볼은 선언했다 /

that the Seven Commandments could in effect be reduced /
사실 7계명이 줄여질 수 있다고 (요약할 수 있다고) /

to a single maxim, / namely: /
한 마디 금언으로 / 구체적으로 말하면 /

"Four legs good, two legs bad."
"네 다리는 좋고, 두 다리는 나쁘다" 라고

This, he said, contained / the essential principle of
이 말에는, 그가 말했다, 들어 있다고 / 동물주의의 기본 원칙이

Animalism. Whoever had thoroughly grasped it /
누구든 그것을 철저히 이해한다면 /

would be safe from human influences.
인간의 영향으로부터 안전할 것이다.

The birds at first objected, / since it seemed to them /
새들이 처음에 반대했다 / 그들은 생각했기 때문이었다 /

that they also had two legs, / but Snowball proved to them /
그들도 두 다리를 가지고 있다고 / 하지만 스노볼은 그들에게 증명해보였다 /

that this was not so.
그렇지 않다는 것을

"A bird's wing, comrades," he said, /
"새의 날개는, 동지들" 그는 말했다 /

"is an organ of propulsion / and not of manipulation.
"추진 기관이지 / 조작 기관이 아니라고

It should therefore be regarded / as a leg.
그것(날개)은 그러므로 생각해야 됩니다 / 다리라고.

The distinguishing mark of man / is the HAND, the
인간을 구별하는 특징은 / 손이라는 도구입니다 /

instrument / with which he does all his mischief."
그 손으로 인간은 온갖 나쁜 짓을 하는"

The birds did not understand / Snowball's long words, /
새들은 이해하지 못했다 / 스노볼의 긴 말을 /

but they accepted his explanation, / and all the humbler
그러나 그들은 그의 설명을 받아들였고 / 더 겸손한 모든 동물들은 노력하기

animals set to work / to learn the new maxim by heart.
시작했다 / 그 금언을 외우려고

FOUR LEGS GOOD, TWO LEGS BAD, was inscribed /
'네 다리는 좋고, 두 다리는 나쁘다' 가 새겨졌다 /

on the end wall of the barn, /
헛간의 끝에 있는 벽에 /

above the Seven Commandments and in bigger letters.
7계명 위에 더 큰 글씨로

When they had once got it by heart, / the sheep developed
그들이 일단 이 좌우명을 암기하자 / 양들은 아주 마음에 들어 했다 /

a great liking / for this maxim, / and often /
이 금언을 / 그리고 종종 /

as they lay in the field / they would all start bleating /
그들이 들판에 누워있을 때면 / 그들 모두가 외치기 시작했다 /

"Four legs good, two legs bad! Four legs good, two legs
"네 다리는 좋고, 두 다리는 나쁘다! 네 다리는 좋고, 두 다리는 나쁘다!" 라고

bad!" and keep it up / for hours on end, / never growing
그리고 이런 일을 계속 하곤 했다 / 여러 시간 동안 / 결코 싫증을 내지 않으면서

tired of it. Napoleon took no interest / in Snowball's
나폴레옹은 관심이 전혀 없었다 / 스노볼의 위원회에는

committees. He said / that the education of the young was
그는 말했다(그의 말에 의하면) / 어린 동물들을 교육시키는 일은 더 중요

more important / than anything that could be done /
하다고 / 할 수 있는 어떤 다른 일보다 /

for those who were already grown up.
이미 성장한 자(동물)들을 위해

maxim 좌우명, 금언 contain ~을 포함하다, 들어가 있다 grasp 이해하다 propulsion 추진, 추진력
manipulation 조작 regard ~을 ~라고 생각하다, 간주하다 mischief 악행, 나쁜 짓

It happened / that Jessie and Bluebell had both whelped /
우연히 /   제시와 블루벨 둘 다 새끼를 낳았다 /

soon after the hay harvest, / giving birth between them /
건초 수확을 끝내고 곧 /   그들은 낳았다 /

to nine sturdy puppies. As soon as they were weaned, /
아홉 마리의 튼튼한 강아지를   그들이 젖을 떼자마자 /

Napoleon took them away / from their mothers, /
나폴레옹은 새끼를 뺏어갔다 /   어미로부터 /

saying / that he would make himself responsible for /
말하면서 /   자신이 책임을 지겠다고 /

their education. He took them up / into a loft /
그들의 교육에.   그는 새끼들을 데리고 갔다 / 다락방으로 /

which could only be reached by a ladder /
사다리로만 닿을 수 있는 /

from the harness-room, / and there kept them /
마구 창고에서 /   그리고 그들을 길렀다 /

in such seclusion / that the rest of the farm soon forgot /
격리시켜   그러자 농장의 다른 동물들은 곧 잊어버렸다 /

their existence.
그들이 존재한다는 것도

The mystery / of where the milk went to / was soon
미스터리는 /   우유가 어디로 사라졌는지에 대한 /   곧 밝혀졌다.

cleared up. It was mixed every day / into the pigs' mash.
그것은 매일 혼합되었다 /   돼지사료에

The early apples were now ripening, / and the grass of
수확 시기가 빠른 사과는 익어가고 있었고 /   과수원의 풀에는 /

the orchard / was littered / with windfalls.
(여기저기) 흩어져 있었다 / 바람에 떨어진 과실(사과)로

The animals had assumed as a matter of course /
동물들은 당연한 일이라고 생각했다 (무엇을?) /

that these would be shared out equally; / one day,
이런 과실이 공평하게 분배될 것이 /   그러나 어느 날 /

however, / the order went forth / that all the windfalls
명령이 내려졌다(나왔다) /   바람에 떨어진 모든 사과를 모아서 /

were to be collected / and brought / to the harness-room /
가져오라고 /   마구 창고로 /

for the use of the pigs.
돼지들이 이용할(먹을) 수 있도록

At this / some of the other animals murmured, /
이와 같은 명령을 듣자 / 일부 동물들은 수군거렸다 /

but it was no use.
하지만 아무런 소용이 없었다.

All the pigs were in full agreement / on this point, /
모든 돼지들은 완전히 같은 의견이었다 /   이 점에 대해서는 /

even Snowball and Napoleon. Squealer was sent /
심지어 스노볼과 나폴레옹도 (같은 의견이었다)   스퀼러를 보냈다 /

to make the necessary explanations / to the others.
필요한 설명을 해주라고 /   다른 동물들에게

It happened that; 우연히, 뜻밖에

어떤 사건이 우연히 발생한 경우에, "It happened that"으로 문장을 시작한다.

예) It happened that / Jessie and Bluebell had both whelped / soon after the hay harvest.
우연히 / 제시와 블루벨 둘 다 새끼를 낳았다 / 건초 수확을 끝내고

whelp (개가) 새끼를 낳다 sturdy 튼튼한, 건장한 wean 젖을 떼다 loft 다락방 seclusion 격리, 은둔
in seclusion 격리되어 clear up (문제를) 해명하다, 밝히다 mash 사료 litter (주위를) 흐트러뜨리다
windfall 바람에 떨어진 과실 assume ~라고 생각하다 as a matter of course 당연히, 물론

SCENE 5

"Comrades!" he cried. "You do not imagine, I hope, /
"동지들!" 그는 소리쳤다. "여러분들이 생각하지 않기를, 저는 바랍니다 /

that we pigs are doing this / in a spirit of selfishness and
우리 돼지들이 이런 일을 하고 있다고 / 이기심과 특권 의식이 있다는 마음 때문에

privilege? Many of us actually dislike / milk and apples.
우리들 중 대부분은 사실 싫어합니다 / 우유와 사과를.

I dislike them myself. Our sole object / in taking these
나 자신도 그것들을 싫어합니다. 우리의 유일한 목적은 / 이런 것(우유와 사과)을 먹는 /

things / is to preserve our health. Milk and apples (this has
우리들의 건강을 유지하려는 것입니다. 우유와 사과에는 (이것은 과학적으로 증명

been proved by Science, comrades) contain / substances
되었습니다, 동지들) 있습니다 / 절대적으로 필요한

absolutely necessary / to the well-being of a pig.
물질이 / 돼지의 건강에

We pigs are brainworkers. The whole management and
우리 돼지는 두뇌 노동자입니다. 전반적으로 관리하고 조직화하는 일은 /

organization / of this farm / depend on us.
이 농장을 (이 농장의 모든 관리과 조직은) / 우리에게 달려있습니다.

Day and night we are watching / over your welfare.
밤낮으로 우리는 살펴보고 있습니다 / 여러분들의 복지를

It is for YOUR sake / that we drink that milk /
바로 여러분들을 위해 / 우리는 그 우유를 마시고 /

and eat those apples. Do you know / what would happen /
그 사과를 먹고 있습니다. 알고 있습니까 / 어떤 일이 생길지 /

if we pigs failed in our duty? Jones would come back!
우리 돼지들이 자신의 의무를 다하지 못하면 존스가 돌아올 것입니다!

Yes, Jones would come back! Surely, comrades," /
그렇습니다, 존스가 돌아올 것입니다! 틀림없습니다, 동지들" /

cried Squealer almost pleadingly, / skipping from side
스퀄러가 거의 애원하듯이 소리쳤다 / 좌우로 깡충깡충 뛰어다니며 /

to side / and whisking his tail, / "surely there is no one /
꼬리를 흔들면서 / "틀림없이 아무도 없을 것입니다 /

among you / who wants to see Jones come back?"
여러분들 가운데 / 존스가 돌아오는 것을 보고 싶은 자는

Now if there was one thing / that the animals were
이제 한 가지가 있다면 / 모든 동물들이 완전히 확신하는 /

completely certain of, / it was / that they did not want /
그것은 바로 / 그들은 원하지 않았던 것이다 /

Jones back. When it was put to them / in this light, /
존스가 돌아오는 것을. 동물들에게 표현했을 때 / 이런 관점으로 /

they had no more to say. The importance /
그들은 할말이 더 이상 없었다. 중요성(중요하다는 것)은 /

of keeping the pigs in good health / was all too obvious.
돼지들의 건강을 유지하는 / 너무나 명백해졌다

So it was agreed / without further argument /
그래서 합의하였다 / 더 이상의 논쟁이 없이 /

that the milk and the windfall apples (and also the main
우유와 바람에 떨어진 사과는 (그리고 또한 사과의 수확물도

crop of apples / when they ripened) should be reserved /
/ 익었을 때) 따로 남겨놓아야 하는 것에 /

for the pigs alone.
돼지들만을 위하여

Key Expression

전치사 of;

"The whole management and organization of this farm"이라는 표현 대신에 "To manage and organize the farm as a whole"을 사용할 수 있다.
글자그대로 "농장의 전반적인 관리와 조직"이라고 해석하면, 이 표현을 감각적으로 이해하기 어렵다. "of" 앞에 나오는 명사 "management and organization"을 동사로 보고, "of" 다음에 오는 "this farm"을 목적으로 보면, 쉽게 "농장을 경영하고 조직하는 일"이라는 의미로 해석할 수 있다. 그렇기 때문에 "of" 다음에 나오는 "this farm"은 "management and organization"의 대상이나 목적이 된다.

예) The whole management and organization / of this farm / depend on us.
모든 관리과 조직은 (전반적으로 관리하고 조직화하는 일은) / 이 농장을 / 우리에게 달려있습니다.

spirit 생각, 마음, 자세 sole 유일한 preserve 유지하다, 보존하다 substance 물질 absolutely 굉장히, 절대적으로 for one's sake ~을 위해 surely 틀림없습니다, 틀림없이 pleadingly 애원하듯이 skip 강충강충 뛰다 whisk (꼬리를) 흔든다 put ~을 표현하다, 말하다 all too (유감스럽지만) 너무나 ~하다 obvious 명백한, 명료한 argument 논쟁 reserve ~을 남겨 두다, 비축하다

Quiz 3

A. 내용 이해하기

다음 문장을 읽고 본문의 내용과 맞으면 T(True), 틀리면 F(False)를 쓰세요.

1. The animals start to run the farm under the supervision of the horses.

2. Because Moses, the Raven, works harder than anyone else, he is a huge   asset to the animal farm.

3. Boxer says "I will work harder" over and over even though he is lazy.

4. The horses condense the Seven Commandments to a single maxim: "Four legs good, two legs bad.

B. 단어

다음 제시된 단어의 설명을 읽고, 어떤 단어의 정의를 설명하는지 아래의 박스에서 찾아 써 보세요.

1. to work hard for a long time

2. to watch a person to make certain that things are done correctly

3. to walk slowly or heavily as when weary

4. to disappear suddenly or go away

5. to mean something

6. never showing signs of being tired or never giving up

7. able to read and write

8. a very small thin branch that grows from a larger branch on a tree

9. to make a baby stop taking its mother's milk and start to eat ordinary food

10. to keep something in its original state in good condition

tramp signify literate wean supervise
toil preserve vanish twig indefatigable

아래에 제시된 문장을 직독직해로 해석해보세요.

1. It was a great drawback / that no animal was able to use any tool.

   →

2. They tramp steadily / round and round the field / with a pig walking behind.

   →

3. Whoever had thoroughly grasped it / would be safe from human influences.

   →

4. The animals had assumed as a matter of course / that these would be shared out equally.

   →

D. 동시통역

아래에 제시된 직독직해를 보고, 영어로 말해보세요.

1. 얼마나 그들은 수고하고 땀을 흘렸는지 / 건초용 풀을 거둬들이기 위해서

   →

2. 그는 부지런한 일꾼이었다 / 존스시절에도

   →

3. 그들이 젖을 떼자마자 / 나폴레옹은 새끼를 뺏어갔다 / 어미로부터

   →

4. 여러분은 알고 있습니까 / 어떤 일이 생길지 / 우리 돼지들이 자신의 의무를 다하지 못하면

   →

Answer　　C. 1. 큰 장애였다 / 어떤 동물도 농기구를 사용할 수 없다는 것은　2. 그들은 꾸준히 걷곤 했다 / 밭을 돌고 돌면서 / 돼지 한 마리가 뒤에 따라가면서　3. 누구든 그것을 철저히 이해한다면 / 인간의 영향으로부터 안전할 것이다.　4. 동물들은 당연한 일이라고 생각했다 (무엇을?) / 이런 것(과실)이 공평하게 분배될 것이

D. 1. How they toiled and sweated / to get the hay in!　2. He had been a hard worker / even in Jones's time.　3. As soon as they were weaned, / Napoleon took them away / from their mothers.　4. Do you know / what would happen / if we pigs failed in our duty?

🏠🏠 Chapter 4 🏠🏠

SCENE 1

By the late summer / the news of what had happened /
늦여름이 되자 /　　　　　　　발생했던 사건에 대한 소문이 /

on Animal Farm / had spread across half the county.
동물 농장에서 /　　　　　(농장이 있는) 주 절반이나 퍼졌다.

Every day Snowball and Napoleon / sent out /
매일 스노볼과 나폴레옹은　　　　　　　　　　보냈다 /

flights of pigeons / whose instructions were to mingle /
비둘기 떼를 /　　　　　그들이 받은 명령은 어울리고 /

with the animals on neighbouring farms, /
이웃 농장의 동물들과 /

tell them the story of the Rebellion, / and teach them /
그들에게 반란에 관한 이야기를 하고 /　　　　　그들에게 가르치는 것이었다 /

the tune of 'Beasts of England'. Most of this time /
"영국의 동물들" 이라는 노래(곡조)를　　　　이 기간의 대부분을 /

Mr. Jones had spent sitting / in the taproom of the Red
존스씨는 앉아서 보냈다 /　　　　　레드라이언이라는 술집에서

Lion / at Willingdon, / complaining to anyone /
월링던에 있던 /　　　(그때) 누구에게라도 푸념하면서 /

who would listen / of the monstrous injustice he had
들으려하는 (사람) /　　　　그가 겪었던 터무니없이 부당한 일에 대하여 /

suffered / in being turned out of his property / by a pack of
　　　　자신의 소유지(농장)에서 쫓겨나는 /　　　　　한 무리의 변변치 않

good-for-nothing animals. The other farmers sympathized
은 동물들에 의해　　　　　　다른 농장 주인들은 대체로 동정했다 /

in principle, / but they did not at first give / him much help.
　　　그러나 처음에는 주지 않았다 /　　　　그에게 별다른 도움을

At heart, each of them / was secretly wondering /
마음속으로 그들 각자는 /　　　은밀하게 생각(궁리)하고 있었다 /

whether he could not somehow turn / Jones's misfortune
어떻게 해서든 그가 바꿀 수 있을지 /　　　　　존스의 불행을 /

/ to his own advantage. It was lucky / that the owners of
자기 자신에게 유리하게   다행히 /   두 농장의 주인은 /

the two farms / which adjoined Animal Farm / were on
동물 농장에 인접한 /

permanently bad terms. One of them, / which was named
항상 사이가 나빴다.   두 농장 가운데 하나는 / 팍스우드라고 불렸던 /

Foxwood, / was a large, neglected, old-fashioned farm, /
(규모가) 크고,   (관리가) 소홀한,   구식의 농장이었다 /

much overgrown by woodland, / with all its pastures worn
산림지대로 숲이 너무 무성하고 /   그리고 농장의 모든 목초지는 황폐하고 /

out / and its hedges in a disgraceful condition.
울타리는 매우 나쁜 상태였다

Its owner, / Mr. Pilkington, / was an easy-going gentleman
농장 주인은 /   필킹턴씨라는 /   태평스러운 백수 농장 주인이었다 /

farmer / who spent most of his time / in fishing or hunting
대부분의 시간을 보내는 /   낚시와 사냥을 하는데 /

/ according to the season. The other farm, / which was
계절에 따라   다른 농장은 /   핀치필드라고 불렸던 /

called Pinchfield, / was smaller and better kept.
규모가 더 작고 더 잘 관리되었다

Its owner was a Mr. Frederick, / a tough, shrewd man, /
그 농장의 주인은 프레데릭씨였다 /   억세고 영리한 사람인 /

perpetually involved in lawsuits /
끊임없이 소송에 연루되었고 /

and with a name for driving hard bargains.
자신에 유리한 조건으로 거래(흥정)하기로 유명했다

These two disliked each other so much / that it was
이 두 농장 주인들은 서로 너무 싫어했다 /   그래서 어려웠다 /

difficult / for them / to come to any agreement, /
그들이 /   어떤 합의에 이르는 것은 /

even in defense of their own interests.
심지어 자신들의 이익을 지켜야 할 때도

county (영국의 최대 행정단위) 주 instruction 명령 mingle 어울리다, 교제하다 taproom 술집, 바
complain 푸념하다, 불평하다 monstrous 터무니없는, 어처구니없는 injustice 부당한 일, 비행, 불공평
turn out 쫓아내다 good-for-nothing 변변치 않은, 쓸모없는 somehow 어떻게 해서든, 그럭저럭
adjoin 인접하다 permanently 언제나, 영원히 terms (사람의) 사이, 관계 be on bad terms 관계가 나쁘다
neglect 소홀히 하다 overgrown 무성한 woodland 산림(지대) pasture 목초지 shrewd 영리한
perpetually 끊임없이, 영구히 name 평판, 명성 drive a hard bargain 자신에게 유리한 조건으로 거래(흥정)하다
in defense of ~을 지키는, 옹호하는

Nevertheless, / they were both thoroughly frightened /
그럼에도 불구하고 / 그들 모두가 완전히 겁먹고 있었다 /

by the rebellion on Animal Farm, and very anxious to
동물 농장의 반란 때문에 / 그래서 못하게 하려고 무척 애썼다 /

prevent / their own animals from learning /
자신들의 동물들이 아는 것을 /

too much about it. At first they pretended to laugh to scorn
반란에 대해 너무 많이 처음에 그들은 비웃으며 무시했다 /

/ the idea of animals managing a farm / for themselves.
동물들이 농장을 경영한다는 생각을 / 스스로

The whole thing would be over / in a fortnight, /
모든 일이 끝날 것이라고 / 2주일만 지나면 /

they said. They put it about / that the animals on the
그들은 말했다. 그들은 소문을 퍼뜨렸다 / 매너 농장에 있는 동물들은 /

Manor Farm / (they insisted on / calling it the Manor
(그들은 고집했다 / 동물 농장을 매너 농장으로 부르길 /

Farm; / they would not tolerate / the name "Animal
그들은 참을 수 없었기 때문이었다 / "동물 농장" 이라는 이름을)

Farm") were perpetually fighting / among themselves /
끊임없이 싸우고 있다는 (소문을) / 저희들끼리 /

and were also rapidly starving to death.
빨리 굶어 죽을 것이라는 (소문을 퍼뜨렸다)

When time passed / and the animals had evidently not
시간이 흘렀고 / 동물들이 아무래도 굶어죽을 것 같지 않았을 때 /

starved to death, / Frederick and Pilkington changed their
프레데릭과 필킹턴은 태도를 바꾸고 /

tune / and began to talk / of the terrible wickedness /
이야기하기 시작했다 / 끔찍한 악행에 대해 /

that now flourished on Animal Farm.
지금 동물 농장에서 한창 발생하는

It was given out that / the animals there / practiced
(소문이) 퍼졌다 / 동물 농장에 있는 동물들이 / 동족끼리 잡아먹고 /

cannibalism, / tortured one another / with red-hot
서로 고문하고 있다고 / 붉게 달군 말편자로 /

horseshoes, / and had their females in common.
암컷을 공동 소유한다는

This was what came / of rebelling against the laws of
이런 일은 발생한 것이라고 / 자연의 법칙에 역행한 결과로 /

Nature, / Frederick and Pilkington said.
프레데릭과 필킹턴은 말했다

However, these stories were never fully believed.
그러나 이런 이야기는 전적으로(곧이곧대로) 믿어지지 않았다.

Rumors of a wonderful farm, / where the human beings
놀라운 농장에 대한 소문은 / 그곳에서 인간이 쫓겨났고 /

had been turned out / and the animals managed their
동물들이 자신들의 일을 관리한다는 (소문은) /

own affairs, / continued to circulate / in vague and
계속 퍼져나갔다 / 애매하고 왜곡된 형태로 /

distorted forms, / and throughout that year /
그리고 그해 내내 /

a wave of rebelliousness ran / through the countryside.
물밀 듯이 반항적인 분위기가 퍼져나갔다 / 그 지방 전체로

Bulls / which had always been tractable / suddenly
황소들은 / 늘 다루기 쉬웠던 / 갑자기 사나워졌고 /

turned savage, / sheep broke down hedges /
양들은 울타리를 부수고 / 뜰에 있는 채소를 모두 먹어치웠고 /

and devoured garden vegetables, / cows kicked the pail
암소들이 양동이를 발로 차서 넘어뜨렸고 / 사냥 말들은 담장을 넘으려 하지 않고 /

over, / hunting horses refused their fences /
말에 탄 사람들을 내동댕이쳤다 /

and shot their riders / on to the other side.
담장 반대쪽으로 /

Above all, the tune and even the words /
무엇보다도 노래 가락과 가사까지도 /

of 'Beasts of England' / were known everywhere.
"영국의 동물들" 이라는 / 사방에 알려졌다

It had spread / with astonishing speed.
그것은 퍼졌다 / 엄청난 속도로

anxious 열망하는, 매우 ~하고 싶어 하는 laugh to scorn ~을 비웃다 fortnight 2주일간
insist on ~을 주장하다, 고집하다 tolerate 참다, 견디다 perpetually 끊임없이, 계속, 부단히
evidently 아무래도 (~인 것 같다) change one's tune 태도(견해)를 바꾸다 wickedness 악행, 부도덕한 일
flourish 번영하다, 무성해지다 cannibalism 동족끼리 잡아먹음, 식인 torture 고문하다, 괴롭히다
circulate (소문이) 돌다, 퍼지다 vague 애매한, 모호한 distorted 왜곡된 rebelliousness 반항적인 분위기(상태)
tractable 다루기 쉬운, 유순한 savage 사나운, 잔인한 devour 먹어치우다, 게걸스럽게 먹다
shoot(shoot-shot-shot) 내던지다 astonishing 엄청난, 놀라운

SCENE 2

The human beings could not contain / their rage /
인간들은 참을 수 없었다 /   분노를 /

when they heard this song, / though they pretended to
그들이 이 노래를 들으면 /   비록 인간들은 믿고 있는 체했지만 /

think / it merely ridiculous.
그 노래가 단지 엉뚱하다고

They could not understand, / they said, /
그들은 이해 할 수 없다고 /   그들이 말했다 /

how even animals could bring themselves to sing /
어떻게 동물이라 할지라도 부르고 싶은 마음이 생길지 /

such contemptible rubbish.
그토록 하찮고 쓰레기 같은 것(노래)을 /

Any animal / caught singing it / was given a flogging /
어떤 동물이든 /   그런 노래를 부르다가 잡히면 / 매질 당했다 /

on the spot. And yet the song was irrepressible.
즉석에서   하지만 그 노래를 억누를(막을) 수 없었다.

The blackbirds whistled it / in the hedges, /
지빠귀는 그 노래를 지저귀며 불렀고 /   울타리에서 /

the pigeons cooed it / in the elms, / it got into /
비둘기들은 구구 울며 불렀고 /   느릅나무에서 /   그 노래는 스며들었다 /

the din of the smithies / and the tune of the church bells.
대장간의 소음과 /   교회 종의 박자에도

And when the human beings listened / to it, /
그리고 인간들이 들을 때 /   그 노래를 /

they secretly trembled, / hearing in it /
그들은 남몰래 떨었고 /   노래 속에서 들을 수 있었다 /

a prophecy of their future doom.
인간의 미래 운명에 대한 예언을

Early in October, / when the corn was cut and stacked /
10월 초순 /   곡식은 잘라서 쌓아놓고 /

and some of it / was already threshed, / a flight of pigeons
그 중 일부는 /   탈곡되었을 때 /   한 무리의 비둘기들이 왔다 /

came / whirling through the air / and alighted in the yard
공중을 빙글빙글 돌면서 /　　　　그리고 동물 농장의 마당에 내려앉았다 /

of Animal Farm / in the wildest excitement.
　　　　　　　　매우 흥분하여

Jones and all his men, / with half a dozen others /
존스와 그의 일꾼들이 /　　　여섯 명의 다른 사람들과 함께 /

from Foxwood and Pinchfield, / had entered the five-
팍스우드와 핀치필드에서 /　　　다섯 개의 빗장이 달려있는 문으로

barred gate / and were coming up the cart-track /
들어왔고 /　　마찻길로 다가오고 있다고 /

that led to the farm. They were all carrying sticks, /
농장으로 통하는　　그들 모두가 몽둥이를 갖고 있었다 /

except Jones, / who was marching ahead / with a gun in
존스를 제외하고 /　　앞에서 걷고 있는 /　　　손에 총을 들고

his hands. Obviously / they were going to attempt /
분명히 /　　　그들은 시도하고 있었다 /

the recapture of the farm.
농장을 다시 빼앗으려고

This had long been expected, / and all preparations had
이런 일은 오래전에 예상되었다 /　　　그래서 모든 준비가 되어 있었다

been made. Snowball, / who had studied an old book of
스노볼이 /　　(어떤 스노볼?) 줄리어스 시저의 전투에 대한 낡은 책을 연

Julius Caesar's campaigns / which he had found in the
구한 /　　　　(어떤 책?) 그가 농장 주택에서 발견했던 /

farmhouse, / was in charge of the defensive operations.
　　　　　　(스노볼이) 수비 작전을 담당했다

He gave his orders / quickly, / and in a couple of minutes /
그는 명령을 내렸다 /　　재빨리 /　　그리고 2~3분 만에 /

every animal was at his post.
모든 동물들은 자신들이 맡은 자리에 있었다(자리로 갔다)

contain 억제하다, 참다 ridiculous 엉뚱한, 터무니없는 bring ～하고 싶은 마음이 생기게 하다
contemptible 한심한, 하찮은 flogging 매질 coo (비둘기가) 구구 울다 elm 느릅나무 din 소음
smithy 대장간 tune (노래의) 박자, (노래의) 가락 prophecy 예언 corn 곡식, 곡물 thresh 탈곡하다
whirl 선회하다, 빙글 빙글 돌다 alight (새가) 내려앉다 attempt 을 시도하다 recapture 탈환, 다시 찾기
in charge of ～을 담당한 operation 작전 post 맡은 위치(자리)

As the human beings approached / the farm buildings, /
인간들이 다가오고 있을 때 / 농장 건물로 /

Snowball launched / his first attack. All the pigeons, /
스노볼은 시작했다 / 첫 번째 공격을. 모든 비둘기들은 /

to the number of thirty-five, / flew to and fro / over the
35마리나 되는 / 이리저리로 날아다녔고 / 인간들 머리 위에서 /

men's heads / and muted upon them / from mid-air; /
머리 위에 똥을 쌓다 / 공중에서 /

and while the men were dealing with this, / the geese, /
그리고 인간들이 이런 상황에 대처하고 있는 동안 / 거위들은 /

who had been hiding behind the hedge, / rushed out and
(어떤 거위들?) 울타리 뒤에 숨어있던 / (그 거위들이) 달려 나와서

pecked viciously / at the calves of their legs.
맹렬하게 쪼았다 / 인간들의 종아리를

However, this was only a light skirmishing maneuver, /
그러나 이것은 단지 가볍게 충돌하는 작전에 불과했다 /

intended to create / a little disorder, / and the men easily /
일으킬 의도였던 / 약간의 혼란을 / 그리고 인간들은 쉽게 /

drove the geese off / with their sticks. Snowball now
거위를 쫓아버렸다 / 몽둥이로 스노볼은 이제 시작했다 /

launched / his second line of attack. Muriel, Benjamin,
두 번째 방어선의 공격을. 뮤리엘, 벤자민과

and all the sheep, / with Snowball at the head of them, /
모든 양들은 / 스노볼이 선두에 선채로 /

rushed forward and prodded / and butted / the men from
앞으로 돌진하여 찌르고 / 들이받았다 / 인간을 사방에서 /

every side, / while Benjamin turned around and
한편 벤자민은 뒤로 돌아서면서

lashed at them / with his small hoofs. But once again the
인간들을 때렸다(걷어찼다) / 그의 작은 발굽으로 그러나 이번에도 인간들은 /

men, / with their sticks and their hobnailed boots, /
몽둥이를 들고 징을 박은 구두를 신은 /

were too strong / for them; / and suddenly, / at a squeal
너무나 강했다 / 동물들에게 / 그리고 갑자기 / 스노볼의 비명소리를 듣자 /

from Snowball, / which was the signal for retreat, / all the
그 비명소리는 후퇴하라는 신호였던 /

animals turned and fled / through the gateway into the yard.
모든 동물들은 돌아서 달아났다 / 대문을 통해 마당 안으로

The men gave a shout of triumph.
인간들은 승리의 함성을 질렀다

They saw, / as they imagined, / their enemies in flight, /
그들은 보았다 /　　그들이 예상했던 대로 /　　그들의 적들이 도주하는 것을 /

and they rushed after them / in disorder.
그래서 그들은 동물들을 쫓아갔다 /　　무질서하게

This was just / what Snowball had intended.
이것이 바로 /　　스노볼이 의도했던(계획했던) 것이었다.

As soon as they were / well inside the yard, /
그들이 들어오자마자 /　　마당 안쪽까지 깊숙이 /

the three horses, the three cows, and the rest of the pigs, /
세 마리의 말,　　세 마리의 암소　　그리고 나머지 돼지들은 /

who had been lying in ambush / in the cowshed, /
잠복하고 있던 /　　외양간에서 /

suddenly emerged in their rear, / cutting them off.
갑자기 인간들의 뒤에 나타났다 /　　(그리고 동물들은) 인간들의 퇴로를 차단했다

Snowball now gave the signal / for the charge.
스노볼은 이제 신호를 보냈다 /　　돌격하라는

He himself dashed straight / for Jones. Jones saw /
자기 자신도 곧바로 돌진했다 /　　존스를 향하여　존스는 보았다 /

him coming, / raised his gun and fired.
그가 오는 것을 /　　그리고 그는 총을 들어 발사했다

The pellets scored / bloody streaks / along Snowball's
탄알은 자국을 냈다 /　　피투성이의 줄무늬 (자국을) / 스노볼의 등을 따라 /

back, / and a sheep dropped dead.
　　그리고 한 마리의 양이 쓰러지면서 죽었다.

Without halting for an instant, / Snowball flung his ninety
잠시도 머뭇거리지 않고 /　　스노볼은 자신의 90킬로그램 되는 몸을 던졌

kilogram body / against Jones's legs. Jones was hurled /
다(날렸다) /　　존스의 다리에　　존스는 내팽개쳐졌다 /

into a pile of dung / and his gun flew out / of his hands.
똥 더미 속으로 /　　그리고 그의 총은 빠져나갔다 /　　손에서

approach 접근하다, 다가가다 launch 시작하다 mute (새가) 똥을 누다 viciously 난폭하게, 맹렬하게
skirmish 충돌하다, 작은 접전을 하다 maneuver 기동 작전 prod 찌르다, 쑤시다 lash ~을 때리다
squeal 비명(소리) retreat 후퇴, 퇴각 in disorder 무질서하게, 혼란스럽게 lie in ambush 매복하다
emerge 나타나다 rear 후미, 뒤쪽 pellet 탄알 score ~에 자국을 내다, 표시를 내다 halt 머뭇거리다, 망설이다
hurl 던지다

SCENE 3

But the most terrifying spectacle of all was Boxer, /
정말로 모든 것들 중에 가장 무서운 광경은 박서였다 /

rearing up on his hind legs / and striking out /
그는 뒷다리로 곧바로 서서 /   때리려고 대들었다 /

with his great iron-shod hoofs / like a stallion.
쇠로 편자를 박은 큰 발굽으로 /   종마처럼

His very first blow took / a stable-man from Foxwood on
그의 첫 번째 일격은 향했다 /   팍스우드에서 온 마부의 두개골로 /

the skull / and stretched him lifeless / in the mud.
그래서 그를 힘없이 대자로 뻗게 했다 /   진흙 속에.

At the sight, / several men dropped their sticks /
이 광경을 보았을 때 / 몇 명의 일꾼들은 몽둥이를 버리고 /

and tried to run. Panic overtook them, / and the next
도망치려했다.   공포가 그들을 사로잡았고 /   바로 다음에 모든 동물들이 /

moment all the animals together / were chasing them /
인간들을 뒤쫓아 다녔다 /

round and round the yard.
마당을 빙빙 돌며

They were gored, kicked, bitten, trampled on.
그들은 (뿔에) 찔리고,   (발에) 차이고, 물리고, (발에) 짓밟혔다

There was not an animal / on the farm / that did not take
한 마리의 동물도 없었다 /   농장에는 /   복수를 하지 않은 (동물이) /

vengeance / on them / after his own fashion.
그들에게 /   자기 나름대로

Even the cat suddenly leapt / off a roof onto a cowman's
심지어 고양이도 갑자기 뛰어내렸다 /   지붕에서 목축업자의 어깨로 /

shoulders / and sank her claws in his neck, /
그리고 발톱으로 목을 찔렀다 /

at which he yelled horribly. At a moment when the
그러자 그는 끔찍하게 소리쳤다.   (포위망에 도망갈) 틈이 생긴 순간 /

opening was clear, / the men were glad enough / to rush
인간들은 아주 기꺼이 /

out of the yard / and make a bolt / for the main road.
마당에서 달려 나갔다 /   그리고 도망쳤다 /   큰 길을 향해

but (강조하기 위해) 정말로, 그렇지만 rear up (말이) 뒷다리로 서다 strike out ∼에게 때리려고 대들다
shoe(shoe-shod-shod) 말에 편자를 박다 iron-shod 쇠로 편자를 박은 stallion 종마, 씨말 stable-man 마부
skull 두개골 gore 뿔로 찌르다, 받다 trample 짓밟다 vengeance 복수 glad 기꺼이 ∼하는 make a bolt
도망가다(치다)

And so within five minutes of their invasion /
그래서 그들이 침입한지 5분 만에 /

they were in ignominious retreat / by the same way /
그들은 치욕스럽게 후퇴했다 /　　　　　　　　　같은 길로 /

as they had come, / with a flock of geese / hissing after
그들이 왔던 것과 /　　　　(이때) 한 떼의 거위들이 /　　　　그들을 쉿 소리를 내며

them / and pecking at their calves / all the way.
쫓아가고 / 그들의 종아리를 쪼아댔다 /　　　　계속

All the men were gone / except one. Back in the yard
모든 인간들은 달아났다 /　　　　한 명만 빼고.　　마당 안에서 박서는 /

Boxer / was pawing with his hoof / at the stable-man /
그의 발로 만지고 있었다 /　　　　　마부를 /

who lay face down in the mud, / trying to turn him
'얼굴을 진흙에 박고 누워있던　　　　　(그리고) 그를 뒤집으려 했다.

over. The boy did not stir. "He is dead," said Boxer
그 소년은 조금도 움직이지 않았다.　　"그는 죽었어,"　　박서는 슬프게 말했다.

sorrowfully. "I had no intention of doing that.
　　　　　　"그렇게 할 의도는 없었는데.

I forgot / that I was wearing iron shoes.
나는 잊고 있었어 / 내가 쇠로 된 편자를 달고 있는 것을

Who will believe / that I did not do this / on purpose?"
누가 믿을까 /　　　　　내가 이런 짓을 하지 않았다는 것을 / 고의로

"No sentimentality, comrade!" cried Snowball /
"감상적인 언동은 금물이에요, 동지여!"　　스노볼이 소리쳤다 /

from whose wounds the blood was still dripping.
(어떤 스노볼?) 그의 상처에서 피가 아직도 흘러내리고 있던

"War is war. The only good human being is a dead one."
"전쟁은 전쟁입니다. 오직 좋은 인간이란 죽은 인간뿐입니다."

"I have no wish to take life, / not even human life,"
"나는 생명을 빼앗으려 하지 않았는데, /　　　인간의 생명일지라도,"

repeated Boxer, / and his eyes were full of tears.
박서는 반복하여 말했다 /　　그리고 그의 눈은 눈물로 가득차 있었다.

"Where is Mollie?" exclaimed somebody.
"몰리가 어디에 갔지?"　누군가 소리쳤다.

Mollie in fact was missing.
실제로 몰리는 보이지 않았다.

For a moment there was great alarm; / it was feared /
잠시 동안 큰 불안감이 있었다(크게 놀랐다) /   걱정했다 (무엇을?) /

that the men might have harmed / her in some way, /
인간들이 상처를 입힌 것 아닌지 /   그녀에게 어떤 식으로든 /

or even carried her off with them.
아니면 그녀를 (납치하여) 데리고 갔을지도 모른다고 (걱정했다) /

In the end, however, she was found / hiding in her stall /
그러나 결국 몰리는 발견되었다 /   축사에 숨어 있는 것이 /

with her head buried among the hay / in the manger.
머리를 건초 속에 숨긴 채로 /   여물통에 있는

She had taken to flight / as soon as the gun went off.
그녀는 도망쳤다 /   총이 발사되자마자

And when the others came back / from looking for her, /
그리고 다른 동물들이 돌아왔을 때 /   그녀를 찾으러 갔다가 /

it was to find / that the stable-man, / who in fact was
알게 되었다 /   (어떤 사실을) 마부는 /   사실 기절하기만 했던 /

only stunned, / had already recovered and made off.
이미 회복하여 도망쳤다는 것이

comma(,) 동사 ting의 패턴; comma(,)를 기준으로 앞에 나온 명사를 설명한다. 즉 관계대명사가 앞에 나온 명사를 설명해주는 것과 비슷하다. 아래 예문을 보면, comma(,) 동사 ting의 패턴은 "Boxer"를 더 자세히 설명한다. 그래서 자연스럽게 "그런데 박서는 ~하다"라고 해석한다.

예) The most terrifying spectacle of all was Boxer, / rearing up on his hind legs /
가장 무서운 광경은 박서였다 /   박서는 뒷다리로 곧바로 서서 /
and striking out / with his great iron-shod hoofs / like a stallion.
때리려고 대들었다 / 쇠로 편자를 박은 큰 발굽으로 / 종마처럼

invasion 침입, 침략 ignominious 수치스러운, 굴욕적인 retreat 후퇴, 퇴각 hiss 쉿 소리를 내다
paw 발로 만지다 stir 움직이다 sorrowfully 슬프게 shoe (말의) 편자 sentimentality 감상적인 언동
It is feared that ~가 아닌지 염려되다, 걱정하다 manger 여물통 go off (총이) 발사되다 stunned 기절한
make off 도망치다, 도주하다

SCENE 4

The animals had now reassembled / in the wildest
동물들은 이제 다시 모였다 /   몹시 흥분한 상태로 /

excitement, / each recounting / his own exploits /
(그리고) 각자가 자세히 말하고 있었다 / 자신의 업(공)적을 /

in the battle / at the top of his voice.
전투에서 이룩한 /   큰 목소리로

An impromptu celebration of the victory was held /
즉흥적인 승리 축하행사가 열렸다 /

immediately. The flag was run up / and 'Beasts of
곧바로   깃발이 게양되었고 /   '영국의 동물들' 을 불렀다 /

England' was sung / a number of times, / then the sheep
여러 번 /   그 다음에 죽은 양에게는 /

who had been killed / was given a solemn funeral, /
엄숙한 장례식을 치뤄줬고 /

a hawthorn bush being planted / on her grave.
서양 산사나무 관목이 심어졌다 /   양의 무덤에

At the graveside Snowball / made a little speech, /
무덤가에서 스노볼은 /   짧게 연설을 했다 /

emphasizing the need / for all animals / to be ready to
(그때 그는) 필요성을 강조했다 /   모든 동물들이 /   죽을 각오를 해야 되는 (필요성

die / for Animal Farm / if need be.
을) /   동물 농장을 위해 /   필요하다면

The animals decided unanimously / to create a military
동물들은 만장일치로 결정했다 /   무공 훈장(전투에서 공을 세운 자를

decoration, / "Animal Hero, First Class," / which was
위한 훈장)을 만들기로(제정하기로) /   "동물 영웅, 일급" 은 /   주었다 /

conferred / there and then / on Snowball and Boxer.
그곳에서 그때 (즉시 그 자리에서) / 스노볼과 박서에게

It consisted of a brass medal (they were really some old
그 훈장은 놋쇠 메달로 만들었다 (그들은 정말로 낡은 놋쇠 판이었다 /

horse-brasses / which had been found in the harness-
마구 창고에서 발견된)

room), to be worn on Sundays and holidays.
일요일과 휴일에 달수 있는

There was also "Animal Hero, Second Class," /
또한 "동물 영웅, 이급"이 있었다 /

which was conferred posthumously / on the dead sheep.
그것을 사후에 주었다 /   죽은 양에게

There was much discussion / as to what the battle should
많은 논의가 있었다 /   전투를 무엇이라고 부를 것인지에 대한 (논의가)

be called. In the end, it was named the Battle of the
결국, 그것은 외양간 전투라고 불리게 되었다 /

Cowshed, / since that was where / they had ambushed /
왜냐하면 그곳에서 /   매복 공격을 했기 때문에 /

Mr. Jones and his men. Mr. Jones's gun had been found /
존스씨와 그의 부하에게.   존스씨의 총이 발견되었다 /

lying in the mud, / and it was known / that there was a
진흙 속에 있는 것이 /   그리고 알게 되었다 /   보관된 탄약통이 있다는 것을 /

supply of cartridges / in the farmhouse.
                     농장 주택 안에

It was decided to / set the gun up / at the foot of the
결정되었다 /   총을 세워두기로 /   깃대 아래에 /

Flagstaff, / like a piece of artillery, / and to fire it twice a
대포 1문처럼 /   그리고 일년에   두 차례 발포하기로 (결정되었다) /

year / —once on October the twelfth, / the anniversary of
한 번은 10월 12일에 /   외양간 전투 기념일인 /

the Battle of the Cowshed, / and once on Midsummer Day,
                          그리고 또 한번은 세례요한 축일에 /

/ the anniversary of the Rebellion.
반란 기념일인

ready; ~할 준비가 된, ~할 각오(마음의 준비)가 된

사람이 어떤 일을 할 준비가 되어 있으면, "be ready to +동사" 패턴의 문장을 사용할 수 있다. 그리고 사람이 어떤 일을 할 마음의 준비가 되어 있으면, 그는 뭔가를 할 각오가 되어 있는 것이다. 그래서 "be ready to"를 "~할 각오가 되어 있다"라고 해석한다.

예) All animals / were ready to die / for Animal Farm / if need be.
모든 동물들이 / 죽을 각오가 되어있었다 / 동물 농장을 위해 / 필요하다면

recount 자세히 말하다 exploit 업적, 공훈 impromptu 즉흥적인 solemn 엄숙한 hawthorn 서양 산사나무
unanimously 만장일치로 decoration 훈장 confer 수여하다, 주다 consist of ~으로 만들어지다, 구성되다
posthumously 사후에 as to ~에 대해 ambush 매복하다 supply 비축, 보관 cartridge 탄약통 artillery 대포
a piece of artillery 대포 1문 anniversary 기념일 Midsummer Day 세례요한 축일

Quiz 4

A. 내용 이해하기

다음 문장을 읽고 본문의 내용과 맞으면 T(True), 틀리면 F(False)를 쓰세요.

1. The neighboring farmers at first are very troubled about the rebellion.

2. The tune of "Beasts of England has become known to every animal in the county.

3. One day, Jones, his men and some neighboring farmers attack Animal Farm, and they gain an easy victory.

4. A medal for "Animal Hero, First Class" is conferred on a pig that died.

B. 단어

다음 제시된 단어의 설명을 읽고, 어떤 단어의 정의를 설명하는지 아래의 박스에서 찾아 써 보세요.

1. a statement telling you what you must do; order

2. to be right next to and connected to a building, room, or piece of land

3. wanting to do something very much

4. to control or hide a strong feeling

5. a movement away from a place after a defeat in battle

6. to throw something using a lot of force because you are angry

7. to come out somewhere or from behind something

8. a male horse that is fully grown, especially one that is used for producing young horses

9. a long low open container from which cows or horses eat

10. to tell someone what happened in detail

---

anxious   hurl   stallion   retreat   adjoin

instruction   recount   manger   emerge   contain

Answer   A. 1. F 2. T 3. F 4. F

B. 1. instruction 2. adjoin 3. anxious 4. contain 5. retreat 6. hurl 7. emerge 8. stallion 9. manger

10. recount

C. 직독직해

1. Snowball flung his ninety kilogram body / against Jones's legs.

   →

2. It was feared / that the men might have harmed / her in some way.

   →

3. An impromptu celebration of the victory was held / immediately.

   →

4. It was decided to / set the gun up / at the foot of the Flagstaff.

   →

D. 동시통역

1. 인간들은 참을 수 없었다 / 분노를 / 그들이 이 노래를 들으면

   →

2. 모든 인간들은 달아났다 / 한명만 빼고

   →

3. 결국 몰리는 발견되었다 / 축사에 숨어 있는 것이

   →

4. 동물들은 이제 다시 모였다 / 몹시 흥분한 상태로

   →

Answer

C. 1. 스노볼은 자신의 90킬로그램 되는 몸을 던졌다(날렸다) / 존스의 다리에   2. 걱정했다 (무엇을?) / 인간들이 상처를 입힌 것 아닌지 / 그녀에게 어떤 식으로든   3. 즉흥적인 승리 축하행사가 열렸다 / 곧바로
4. 결정되었다 / 총을 세워두기로 / 깃대 아래에

D. 1. The human beings could not contain / their rage / when they heard this song.   2. All the men were gone / except one.   3. In the end she was found / hiding in her stall.   4. The animals had now reassembled / in the wildest excitement.

Chapter 5

SCENE 1

As winter drew on, / Mollie became more and more
겨울이 다가올수록 /　　　　　몰리는 더욱더 다루기 힘들어졌다

troublesome. She was late for work / every morning /
　　　　　　　그녀는 일터에 늦게 왔다 /　　　　매일 아침 /

and excused herself / by saying / that she had overslept, /
그리고 핑계를 댔다 /　　　(어떻게?) 말하며 / 그녀가 늦잠을 잤다고 /

and she complained of / mysterious pains, / although her
게다가 그녀는 불평했다 /　　　　원인을 알 수 없는 통증에 대해 / 비록 그녀의 식욕은

appetite was excellent. On every kind of pretext /
왕성했지만　　　　　　온갖 종류의 핑계로 /

she would run away from work / and go / to the drinking
그녀는 일터에서 빠져나가서 /　　　　　갔다 /　　식수용 작은 연못으로 /

pool, / where she would stand foolishly gazing /
　　　그곳에서 그녀는 멍청하게 바라보면서 서 있곤 했다 /

at her own reflection in the water. But there were also
물에 비친 자신의 모습을　　　　　　　그러나 소문도 있었다 /

rumors / of something more serious.
　　　더 심각한 일에 대한

One day, / as Mollie strolled blithely / into the yard, /
어느 날 /　　몰리가 유쾌하게 걸어 올 때 /　　즐겁게 마당으로 /

flirting her long tail / and chewing at a stalk of hay, /
긴 꼬리를 흔들고 /　　　　건초 줄기를 씹으면서 /

Clover took her aside.
클로버가 그녀를 한쪽으로 데리고 갔다.

"Mollie," she said, / "I have something very serious /
"몰리," 　　그녀가 말했다 / "나는 진지한 것이 있어 /

to say to you. This morning I saw / you looking over the
너에게 말할　　　오늘 아침 나는 보았어 /　　네가 울타리 너머로 쳐다보고 있는

hedge / that divides Animal Farm from Foxwood.
것을 /　　동물 농장과 팍스우드를 구분하는.

One of Mr. Pilkington's men was standing / on the other
필킹턴씨의 일꾼 중 한명이 서있었어 /　　　　　　　　울타리 반대편에

side of the hedge. And —I was a long way away, /
그리고 나는 멀리 떨어져 있었어 /

but I am almost certain / I saw / this / —he was talking
그러나 나는 거의 확신해 /　　내가 봤다고 / 다음과 같은 것을 / 그는 너에게 말을

to you / and you were allowing / him to stroke your nose.
걸고 있었고 / 너는 허락하고 있었지 /　　그가 네 코를 쓰다듬는 것을.

What does that mean, Mollie?"
그건 어떻게 된 일이야, 몰리?

"He didn't! I wasn't! It isn't true!" cried Mollie, /
"그는 그러지 않았어요! 나도(그가 그렇게 하도록 허락하지) 않았어요! 그것은 사실이 아니에

beginning to prance about / and paw the ground.
요!" 몰리가 소리쳤다 / (그리고) 주변을 껑충거리며 뛰기 시작했고 / 발로 땅바닥을 긁었다

"Mollie! Look me in the face. Do you give me your word
"몰리!　　　나를 똑바로 쳐다봐.　　　　너 자신의 명예를 걸고 약속할 수 있니 /

of honor / (that) that man was not stroking your nose?"
　　　　　그 일꾼이 너의 코를 쓰다듬지 않았다고?

"It isn't true!" repeated Mollie, / but she could not look
"사실이 아니라니까요!" 몰리는 되풀이하여 말했다 / 그러나 그녀는 클로버를 똑바로 쳐다볼

Clover in the face, / and the next moment she took to her
수 없었다 /　　　　　그리고 다음 순간 그녀는 달아나버렸고 /

heels / and galloped away into the field.
　　　　들판을 향해 전속력으로 달렸다.

A thought struck Clover. Without saying anything to the
한 가지 생각이 클로버에게 떠올랐다.　　다른 동물들에게 아무 말도 하지 않고 /

others, / she went to Mollie's stall / and turned over the
　　　그녀는 몰리의 축사로 가서 /　　　　짚을 뒤집었다 /

straw / with her hoof. Hidden under the straw was /
　　　발굽으로　　　　　짚 아래 숨겨져 있었다 /

a little pile of lump sugar / and several bunches of ribbon
각설탕의 작은 더미와 /　　　　여러 색의 리본 몇 다발이

of different colors.

troublesome 다루기 힘든, 성가신 pretext 핑계, 구실 gaze 바라보다, 응시하다 stroll 한가롭게 걷다, 산책하다
blithely 유쾌하게 flirt (꼬리를) 흔들다 prance 껑충거리며 뛰다 paw 발로 만지다(긁다)
word of honor 명예를 건 약속 take to one's heels 달아나다, 도망치다 gallop 전속력으로 달리다
strike 생각이 떠오르다(strike-struck-struck) stall 축사 bunch 다발, 송이

Three days later Mollie disappeared. For some weeks /
3일 후에 몰리는 사라졌다.　　　　　　　　　　몇 주 동안 /

nothing was known / of her whereabouts, /
어떤 것도 알 수 없었다 /　　　　그녀의 행방에 대해 /

then the pigeons reported / that they had seen her /
그런데 비둘기들이 전했다 /　　　　자신들이 그녀를 봤다고 /

on the other side of Willingdon. She was between the
윌링던의 반대쪽에서　　　　　　그녀는 세련된 이륜마차의 채(굴대) 사이에 있었다

shafts of a smart dogcart / painted red and black, /
(마차를 끌고 있었다)　　　　　/ 붉은 색과 검은 색으로 칠해진 /

which was standing outside a public-house.
그리고 그 마차는 술집 밖에 서있었다

A fat red-faced man / in check breeches and gaiters, /
뚱뚱하고 붉은 얼굴을 한 남자가 /　체크무늬 승마바지를 입고 각반을 신은 /

who looked like a publican, / was stroking her nose /
술집 주인처럼 보였던 /　　　　(그 남자가) 그녀의 코를 쓰다듬고 /

and feeding her with sugar. Her coat was newly clipped /
설탕을 먹이고 있었다.　　　　몰리의 털은 새롭게 잘렸고 /

and she wore a scarlet ribbon / round her forelock.
주홍색 리본을 달고 있었다 /　　　　앞머리 둘레에

She appeared to be enjoying herself, / so the pigeons
그녀는 삶을 즐기는 것처럼 보였다고 /　　　그렇게 비둘기들이 말했다

said. None of the animals ever mentioned / Mollie again.
어떤 동물들도 결코 말하지 않았다 /　　　　몰리라는 이름을 다시

In January / there came bitterly hard weather.
1월에는 /　　　지독하게 혹독한 날씨가 닥쳐왔다

The earth was like iron, / and nothing could be done /
땅은 쇠같이 단단하고 /　　　어떤 일도 할 수 없었다 /

in the fields. Many meetings were held / in the big barn, /
들판에서　　　여러 차례의 회의가 열렸고 /　　　큰 헛간에서 /

and the pigs occupied themselves / with planning out /
돼지들은 몹시 바빴다 /　　　　계획하는 데 /

the work of the coming season. It had come to be
다가올 계절(봄)에 해야 할 일을　　　받아들여야만 했다 /

accepted / that the pigs, / who were manifestly cleverer
돼지들이 /　　　분명하게도 다른 동물들보다 더 영리했던 /

than the other animals, / should decide / all questions of
결정해야 한다는 것을 /   당연히 농장 정책의 모든

farm policy, though their decisions had to be ratified /
문제를   비록 그들의 결정은 승인받아야 했지만 /

by a majority vote.
과반수 찬성투표에 의해

"AS"라는 접속사에는 "때(~하고 있을 때), 이유(~이기 때문에), 양보(비록 ~이지만), 비례
(~함에 따라, ~할수록)의 의미로 사용된다. 아래의 예문의 "as"는 "비례"의 의미가 있다.
그래서 "AS winter drew on"을 "겨울이 다가올수록, 겨울이 다가 옴에 따라"라고 해석
한다. 즉 겨울이 다가오는 사건이 진행되는 정도에 비례에 따라, 몰리를 다루는 것은 힘들
어진다는 의미다. 겨울이 더 가까워질수록 몰리는 점점 더 다루기 힘들어진다는 말이다.

예) As winter drew on, / Mollie became more and more troublesome.
　　겨울이 다가올수록 / 몰리는 더욱더 다루기 힘들어졌다

whereabouts 행방, 있는 곳 report (소식을) 전하다 shaft (수레의) 채, 굴대 public-house 술집
breech 체크무늬 바지 gaiters 각반 publican 선술집 주인 clip ~을 자르다 scarlet 주홍색의 forelock 앞머리
bitterly 지독하게 hard (날씨가) 혹독한 occupy oneself 바쁘다 manifestly 분명히, 확실하게 ratify 승인하다
majority 과반수

SCENE 2

This arrangement would have worked well enough /
이러한 결정은 상당히 성공했을 것이다 /

if it had not been for the disputes / between Snowball and
언쟁이 없었더라면 /　　　　　　　　　　　스노볼과 나폴레옹 사이에.

Napoleon. These two disagreed / at every point /
이 두 동물은 의견이 일치하지 않았다 / 모든 문제점에 대해 /

where disagreement was possible.
의견 불일치가 가능한(의견이 맞설만한)

If one of them suggested / sowing a bigger acreage with
만일 둘 중 하나가 제안하면 /　　　　　더 큰 면적에 보리를 심자고 /

barley, / the other was certain to demand /
다른 한편은 틀림없이 요구했다 /

a bigger acreage of oats, / and if one of them said /
더 큰 면적에 귀리를 심자고 /　　　그리고 둘 중 하나가 말한다면 /

that such and such a field was just right / for cabbages, /
이러이러한 밭이 꽤 적절하다고 /　　　　　　　양배추를 심기에 /

the other would declare / that it was useless /
다른 하나는 주장하곤 했다 /　　　그 밭은 쓸모없다고 /

for anything except roots.
뿌리달린 식물(근채류)을 제외한 어떤 것에도

Each had his own following, / and there were some violent
각각은 자신만의 지지자가 있었고 /　　　몇 차례의 격렬한 논쟁이 있었다.

debates. At the Meetings / Snowball often won over the
회합에서 /　　　　　스노볼은 자주 과반수를 자기편으로 끌어들였다 /

majority / by his brilliant speeches, / but Napoleon was
멋진 연설로 /　　　　　　　그러나 나폴레옹은 더 능숙했다

better / at canvassing support for himself / in between
/ 지지를 부탁하며 돌아 다니는 일에 /　　　회합 사이 (틈틈이)

times. He was especially successful / with the sheep.
그(나폴레옹)는 특히 성공했다 /　　　양의 지지를 얻는데

Of late the sheep had taken to / bleating /
최근에 양들은 버릇이 생겼다 /　　　매하며 외치는 (버릇이) /

"Four legs good, two legs bad" / both in and out of season,
"네다리는 좋고, 두 다리는 나쁘다" 라고 /　　　때를 가리지 않고 언제나 /

/ and they often interrupted the Meeting / with this.
그리고 양들은 자주 회의를 방해했다 / 이런 울음소리로

It was noticed / that they were especially liable to break
발견 되었다 / 특히 그들은 걸핏하면 (외치기) 시작하는 것을 /

into / "Four legs good, two legs bad" /
"네 다리는 좋고, 두 다리는 나쁘다"라고 /

at crucial moments in Snowball's speeches.
스노볼이 연설하는 도중 중요한 순간에

Snowball had made a close study / of some back
스노볼은 세심하게 연구하였다 / 몇 권의 지난 호(묵은 잡지)를 /

numbers / of the 'Farmer and Stockbreeder' /
'농장 경영자와 축산업자'라는 /

which he had found in the farmhouse, / and was full of
그가 농장 주택에서 발견했던 / 그래서 계획이 많았다 /

plans / for innovations and improvements.
혁신하고 개선할 수 있는

He talked learnedly / about field drains, silage, and basic
그는 잘 알고 있는 것같이 말했고 / 밭의 배수로, 목초 보존법과 (비료용) 염기성 슬래그에 대해 /

slag, / and had worked out a complicated scheme /
그리고 복잡한 계획을 세웠다 /

for all the animals / to drop their dung / directly in the
모든 동물들이 / 똥을 누는 (계획을) / 직접 밭에 가서 /

fields, / at a different spot every day, / to save the labor of
다른 장소에 매일 / (짐수레로) 운반하는 수고를 덜기

cartage. Napoleon produced no schemes of his own, /
위해 나폴레옹은 자신의 계획을 세우지 못했다 /

but said quietly / that Snowball's would come to nothing, /
그러나 조용히 말했다 / 스노볼의 계획은 실패로 끝날 것이라고 /

and seemed to be bidding his time.
그리고 자신의 때를 기다리는 듯 했다.

But of all their controversies, / none was so bitter /
그러나 그들의 모든 논쟁 중에서 / 어떤 것(논쟁)도 그렇게 격렬하지 않았다 /

as the one that took place / over the windmill.
발생한 것(논쟁) 만큼 / 풍차에 대해

disagree (의견이) 일치하지 않다 point 문제점, 논점 acreage 면적 barley 보리 oat 귀리 such and such 이러이러한
declare 주장하다, 확실히 말하다 root 뿌리달린 식물(근 식물) win over 설득하다, 자기편으로 끌어들이다
canvass (지지를) 부탁하며 돌다 both in and out of season 때를 가리지 않고 언제나 liable ~할 것 같은,
걸핏하면 ~하는 break into 시작하다 crucial 중요한 back number (잡지) 지난(과월) 호 stockbreeder 축산업자
innovation 혁신 drain 배수로 silage 목초의 보존법 basic slag (비료용) 염기성 슬래그 scheme 계획
cartage 운송 come to nothing 실패로 끝나다 bide one's time 때를 기다리다 bitter (논쟁이) 격렬한

In the long pasture, / not far from the farm buildings, /
기다란 목초지 안에는 / 농장 건물에서 멀지 않은 곳에 /

there was a small knoll / which was the highest point /
작은 언덕이 있었다 / 가장 높은 곳인 /

on the farm. After surveying the ground, / Snowball
농장에서 그 지형을 조사한 후 / 스노볼은 선언했다 /

declared / that this was just the place / for a windmill, /
이곳이 아주 적당한 곳이라고 / 풍차를 만들기에 /

which could be made to operate a dynamo /
그리고 그 풍차로 발전기를 움직여서 /

and supply the farm with electrical power.
농장에 전력을 공급할 수 있다고 (선언했다)

This would light the stalls / and warm them in winter, /
이것은 축사에 등불로 밝힐 수 있고 / 겨울에 그들을 따뜻하게 하고 /

and would also run / a circular saw, a chaff-cutter,
그리고 또한 가동시켜줄 것이다 / 둥근 기계톱, 여물 절단기,

a mangel-slicer, and an electric milking machine.
사탕무 써는 기계, 그리고 전기 착유기를

The animals had never heard of anything /
동물들은 어떤 것도 들어보지 못했다 /

of this kind before (for the farm was an old-fashioned
전에 이런 종류의 기계에 대해 (왜냐하면 동물 농장은 구식농장이었고 /

one / and had only the most primitive machinery), /
단지 원시적인 기계만 있었기 때문에) /

and they listened / in astonishment / while Snowball
그리고 그들은 들었다 / 놀라서 / 스노볼이 생각나게(떠오르게) 하

conjured up / pictures of fantastic machines /
는 동안에 / 멋진 기계의 모습이 /

which would do their work for them / while they grazed
(어떤 기계?) 그들을 위해(대신하여) 일을 해줄 / 그들이 한가롭게 풀을 뜯어 먹

at their ease / in the fields / or improved their minds /
고 있는 동안에 / 들판에서 / 또는 지성을 개발하는 동안에 /

with reading and conversation.
독서와 대화로

knoll 언덕 point 곳, 장소 dynamo 발전기 saw 톱 chaff-cutter 여물 절단기 mangel-slicer 사탕무 써는 기계
primitive 원시적인 machinery 기계 astonishment 놀람, 경악 conjure up 생각나게 하다 mind 지성

SCENE 3

Within a few weeks / Snowball's plans for the windmill /
몇 주 안에 / 스노볼의 풍차 건설계획은 /

were fully worked out. The mechanical details came
완전히 세워졌다 / 기계에 대한 세부 내용은 대부분 나왔다 /

mostly / from three books / which had belonged to
3권의 책에서 / (어떤 책?) 존스씨의 소유였던 /

Mr. Jones / —'One Thousand Useful Things /
'천 가지 유용한 일 /

to Do About the House', 'Every Man His Own
주택에 관련되어 할 수 있는' '누구나 직접 벽돌을 쌓을 수 있다'

Bricklayer', and 'Electricity for Beginners'.
그리고 '초보자를 위한 전기'라는 책인

Snowball used as his study / a shed / which had once
스노볼은 그의 서재로 사용했다 / 창고를 / (어떤 창고?) 예전에 인공부화기를 놓아

been used for incubators / and had a smooth wooden
두기 위해 사용되었고 / 부드러운 나무 바닥이 있었던 /

floor, / suitable for drawing on.
제도하기에 적합한

He was closeted there / for hours at a time.
그는 그곳에 틀어박혀 있있다 / 한번에 여러 시간동안

With his books held open / by a stone, / and with a piece
그의 책은 펼쳐 놓고 / 돌멩이로 / 그리고 한조각의 분필을 꽉 잡고 /

of chalk gripped / between the knuckles of his trotter, /
발의 관절(발가락) 사이로 /

he would move / rapidly to and fro, / drawing in line
그는 움직이곤 했다 / 여기저기로 / 선을 계속 그려 넣고 /

after line / and uttering little whimpers of excitement.
흥분하여 작은 소리로 코를 킹킹거리면서

Gradually the plans grew / into a complicated mass
서서히 설계도는 변하였다 / 복잡하게 많은 크랭크와 톱니바퀴 있는 (설계도로) /

of cranks and cog-wheels, / covering more than half
(그리고) 마루바닥의 반 이상을 덮었다 /

bricklayer 벽돌 쌓는 사람 electricity 전기 shed 창고 incubator 인공부화기 suitable 적합한 closet 방에 틀어박히다
knuckle (손가락) 관절 trotter (돼지의) 족, 발 whimper 킹킹거리는 소리 cog-wheel 톱니바퀴

the floor, / which / the other animals found / completely
이것을 / 다른 동물들은 생각했다 / 완전히 이해할 수 없

unintelligible / but very impressive. All of them came to
지만 / 매우 인상적이라고 / 모든 동물들이 보러 왔다 /

look / at Snowball's drawings / at least once a day.
스노볼의 설계도를 / 적어도 하루에 한번씩

Even the hens and ducks came, / and were at pains not to
심지어 암탉과 오리들도 왔고 / 밟지 않으려고 애를 썼다 /

tread / on the chalk marks. Only Napoleon held aloof.
분필 표시를 / 단지 나폴레옹만 무관심했다

He had declared himself / against the windmill / from the
그는 직접 말했다 / 풍차에 대해 반대한다고 / 처음부터

start. One day, however, / he arrived unexpectedly /
그런데 어느 날 / 그는 갑자기 왔다 /

to examine the plans. He walked heavily / round the shed,
설계도를 보려고 / 그는 육중하게 걸었다 / 창고 둘레를 /

/ looked closely / at every detail of the plans /
그리고 세밀히 보았다 / 설계도의 모든 자세한 내용을 /

and snuffed at them once or twice, / then stood for a little
그리고 한 두 번씩 설계도의 냄새를 맡고서 / 그 다음에 잠시 서있었다 /

/ while contemplating them / out of the corner of his eye; /
곰곰이 생각하는 동안에 / 곁눈질로 (설계도를) 보면서 /

then suddenly he lifted / his leg, / urinated over the plans,
그런 다음 갑자기 그는 들었고 / 자신의 다리를 / 설계도 위에 오줌을 싸고 /

/ and walked out / without uttering a word.
걸어 나갔다 / 한 마디도 말하지 않고

The whole farm was deeply divided / on the subject of the
농장 전체가 심각하게 분열되었다(찬반 두 파로 갈라졌다) / 풍차 문제에 대해

windmill. Snowball did not deny / that to build it / would
스노볼은 부정하지 않았다 / 풍차를 건설하는 것이 /

be a difficult business. Stone would have to be carried /
어려운 사업이라는 것을 / 돌을 옮겨서 /

and built up into walls, / then the sails would have to be
벽을 쌓아 올려야만 하고 / 그런 다음에 (풍차) 날개를 만들어야 했다 /

made / and after that / there would be need / for dynamos
그 후에는 / 필요할 것이다 / 발전기와 전기선이

and cables.

(How these were to be procured, / Snowball did not say.)
(어떻게 이와 같은 것을 구할지 / 스노볼은 말하지 않았다)

But he maintained / that it could all be done / in a year.
그러나 그는 주장했다 / 그것(풍차건설)은 모두 끝날 것이라고 / 일년 내에

And thereafter, / he declared, / so much labor would be
그리고 그 후에 / 그는 주장했다 / 매우 많은 노동력이 줄어들며 /

saved / that the animals would only need to work /
그러면 동물들은 일하기만 하면 될 것이라고 /

three days a week. Napoleon, on the other hand, argued /
일주일에 3일씩 / 다른 한편 나폴레옹은 주장했다 /

that the great need of the moment / was to increase food
지금 당장 절실히 필요한 것은 / 식량생산을 증가시키는 것이라고 /

production, and that / if they wasted time /
또한 (주장했다) / 그들이 시간을 낭비하면 /

on the windmill / they would all starve to death.
풍차를 만드는 일에 / 그들은 굶어 죽을 것이라고 (주장했다)

The animals formed themselves / into two factions /
동물들은 나눠졌다 / 두 개의 파벌로 /

under the slogan, / "Vote for Snowball and the three-day
슬로건에 따라 (어떤 슬로건?) / "스노볼에게 찬성의 표를 던지고 주 3일 노동을"과

week" and "Vote for Napoleon and the full manger."
"나폴레옹에게 찬성의 표를 던지고 풍족한 여물통"이라는

Benjamin was the only animal / who did not side /
벤자민은 유일한 동물이었다 / 편에 서지 않았던 /

with either faction. He refused to believe /
어느 파벌의 / 그는 믿지 않았다 /

either that food would become more plentiful /
식량이 더 많아 진다는 것도 /

or that the windmill would save work.
또는 풍차가 노동을 줄여준다는 것도

Windmill or no windmill, / he said, / life would go on /
풍차가 있든 없든 간에 / 그는 말했다 / 삶은 지속될 것이라고 /

as it had always gone on / —that is, badly.
언제나 그랬듯이 / 보다 정확히 말하면 형편없는 상태로

SCENE 4

Apart from the disputes / over the windmill, /
논쟁 이외에도 / 풍차를 둘러싼 /

there was the question / of the defense of the farm.
문제가 있었다 / 농장을 방어하는.

It was fully realized / that though the human beings had
충분히 알고 있었다 / 비록 인간들이 패배했지만 /

been defeated / in the Battle of the Cowshed /
외양간 전투에서 /

they might make another and more determined attempt /
그들은 또다시 보다 단호한 시도를 할 수도 있다는 것을 /

to recapture the farm / and reinstate Mr. Jones.
농장을 되찾아(탈환하여) / 존스씨를 복귀시키려고

They had all the more reason / for doing so / because the
인간들은 더욱더 많은 이유가 있었다 / 그렇게 할 / 왜냐하면 자신들이

news of their defeat / had spread across the countryside /
패배했다는 소식이 / 지방 곳곳으로 퍼져가서 /

and made / the animals on the neighbouring farms /
하게했기 때문에 / 이웃농장에 있는 동물들이 /

more restive than ever. As usual, / Snowball and
지금까지 어느 때보다 더욱더 불안하게 (했기 때문에). 평소처럼(언제나 그랬듯이) / 스노볼과

Napoleon were in disagreement.
나폴레옹은 의견이 맞지 않았다.

According to Napoleon, / what the animals must do /
나폴레옹에 의하면 / / 동물들이 해야 할 일은 /

was to procure firearms / and train themselves /
총기를 구해서 / 훈련하는 것이다 /

in the use of them. According to Snowball, / they must
총기를 사용할 수 있도록. 스노볼에 의하면 / 그들은 보내서 /

send out / more and more pigeons / and stir up rebellion /
더욱더 많은 비둘기를 / 반란을 선동해야 하는 것이었다 /

among the animals / on the other farms.
동물들 사이에서 / 다른 농장에 있는

The one argued / that if they could not defend themselves
전자(나폴레옹)는 주장했다 / 만일 (그들이) 스스로 방어할 수 없으면 /

/ they were bound to be conquered, / the other argued /
(자신들은) 틀림없이 정복당할 것이라고 /　　　후자(스노볼)는 주장했다 /

that if rebellions happened / everywhere / they would
만일 반란이 일어난다면 /　　　여기저기서 /　　　(자신들은) 필요가 없다

have no need / to defend themselves.
고 /　　　스스로를 방어할

The animals listened first to Napoleon, /
동물들은 처음에는 나폴레옹의 말에 경청했고 /

then to Snowball, / and could not make up their minds /
다음에 스노볼의 말에(경청했다) / 그 다음에 결정할 수 없었다 /

which was right; / indeed, they always found /
어느 쪽이 옳은지 /　　　사실 그들은 언제나 알게 되었다 /

themselves in agreement / with the one who was
자신들이 동의하게 된다는 것을 /　　　이야기하고 있는 자의 의견에 /

speaking / at the moment. At last the day came /
언제 어느 때라도.　　　드디어 날이 되었다 /

when Snowball's plans were completed. At the Meeting /
스노볼의 설계도가 완성된 (날이)　　　회의에서 /

on the following Sunday / the question of whether or
다음 일요일의 /　　　시작해야 하느냐 마느냐에 대한 문제는 /

not to begin / work on the windmill / was to be put to
풍차를 건설하는 일을 /　　　표결에 부칠 예정이었다.

the vote. When the animals had assembled / in the big
동물들이 모였을 때 /　　　큰 헛간에 /

barn, / Snowball stood up / and, though occasionally
스노볼은 일어서서 /　　　비록 가끔씩 방해 받았지만 /

interrupted / by bleating from the sheep, / set forth his
양들의 울음소리 때문에 /　　　자신의 이유를 말했다 /

reasons / for advocating the building of the windmill.
풍차 건설을 주장하는

Then Napoleon stood up / to reply.
그러자 나폴레옹이 일어섰다 /　　　대답하려고

He said very quietly / that the windmill was nonsense /
그는 매우 조용히 말했다 / 풍차는 가치 없는 것이라고 /

and / that he advised nobody / to vote for it,
그리고 (말했다) / 누구에게도 조언하지 않는다고 / 풍차 건설에 찬성투표를 하라고 /

apart from ~을 제외하고 dispute 논쟁 recapture 다시 찾다, 탈환하다 reinstate 복귀시키다 restive 불안한 procure 얻다, 획득하다 firearm 총기(류) stir up 선동하다 bound 틀림없이 ~하는 put to the vote 표결에 부치다 set forth (의견을) 확실히 말하다 advocate 주장하다

and promptly sat down again; / he had spoken for barely
그러고 나서 곧바로 다시 앉았다 /　　　　　　그는 겨우 30초 동안 말하고 /

thirty seconds, / and seemed almost indifferent /
거의 무관심해보였다 /

as to the effect he produced.
자신의 발언이 불러일으킨 효과에 대해서는

At this Snowball sprang to his feet, / and shouting down
이 말을 듣자 스노볼은 갑자기 일어서서 /　　　　　양들에게 조용히 하라고 말하고 /

the sheep, / who had begun bleating again, /
(어떤 양?) 또다시 소리치기 시작했던 /

broke into a passionate appeal / in favor of the windmill.
(스노볼은) 열정적으로 호소하기 시작했다 /　　　풍차를 지지해달라고

Until now / the animals had been about equally divided /
이때까지만 해도 /　동물들은 거의 반반으로 나누어져 있었다 /

in their sympathies, / but in a moment /
(두 의견에 대해) 그들이 공감하여 지지태도는 / 하지만 잠시 후 /

Snowball's eloquence had carried them away.
스노볼의 달변(말재주)은 동물들을 흥분시켰다

In glowing sentences / he painted a picture of Animal
열의에 찬 문장으로 /　　　　　그는 농장의 모습을 설명했다 /

Farm / as it might be / when sordid labor was lifted /
존재하게 될 /　　　천한 노동이 제거될 때 /

from the animals' backs. His imagination had now run
동물들의 등에서　　　　　　(사실처럼 느끼게 하는) 그의 묘사는 이제 훨씬 뛰어

far beyond / chaff-cutters and turnip-slicers.
넘었다 /　　　여물 절단기와 순무 써는 기계를

Electricity, he said, / could operate / threshing machines,
전기는 /　　　그는 말했다 / 작동하게 할 수 있다 /　　탈곡기,

ploughs, harrows, rollers, and reapers and binders, /
쟁기,　　　써레,　　　땅을 고르는 기계, 수확하는 기계, 곡식을 단으로 묶는 기계를 /

besides supplying every stall with its own electric light,
또한 모든 축사에 공급할 것이다 /　　　　　　전등,

hot and cold water, and an electric heater.
냉온수,　　　　　　그리고 전기 냉방장치를

By the time he had finished speaking, / there was no
그가 연설을 마쳤을 때 /　　　　　의심의 여지가 없었다 /

doubt / as to which way the vote would go.
어느 편으로 표가 갈지 /

But just at this moment / Napoleon stood up /
그런데(화제전환) 바로 이때 /　　　　　　나폴레옹이 일어서서 /

and, casting a peculiar sidelong look / at Snowball, /
독특한 곁눈질로 보더니 /　　　　　　　　　스노볼을 /

uttered a high-pitched whimper / of a kind no one had
고음의 낑낑거리는 소리를 냈다 /　　　　　여태껏 누구도 들어보지 못한 종류의

ever heard / him utter before. At this / there was a terrible
(소리를) /　　전에 그가 입 밖으로 내뱉는 것을. (나폴레옹이 내는)이런 소리를 듣고 / (개가)

baying sound / outside, / and nine enormous dogs /
끔찍하게 짖는 소리가 들렸다 / 밖에서 /　그리고 거대한 아홉 마리의 개가 /

wearing brass-studded collars / came bounding into the
놋쇠로 장식한 개 목걸이를 단 /　　　　　헛간으로 뛰어 들어왔다

barn. They dashed straight / for Snowball, / who only
그들은 곧바로 달려갔다 /　　　　스노볼을 향해 /　　그때 그는 자리에서

sprang from his place / just in time / to escape / their
벌떡 일어났다 /　　　　　　　제시간에 맞춰 /　　피하려고 /　　물어뜯으려는

snapping jaws. In a moment he was out of the door /
개의 입을.　　　　순간적으로 그는 문밖으로 나갔고 /

and they were after him. Too amazed and frightened /
개들은 그를 쫓아가고 있었다.　　　너무나 놀라고 겁먹어서 /

to speak, / all the animals crowded through the door /
말을 못하던 /　　모든 동물들은 문을 지나서 몰려 나갔다 /

to watch the chase.
개의 추적을 보려고

Key Expression 🔑

The one ~, the other; 전자는 ~하고, 후자는 ~하다

두 가지 상황 중에 한 상황과 다른 상황을 비교하여 말할 때, "앞에 것(사람)은 ~이고, 뒤의 것(두 번째 사람)은 ~이다"라는 의미다. 동물 농장에서는 나폴레옹과 스노볼이 각각 다른 주장을 한다. 그래서 전자는 나폴레옹의 주장을 의미하고, 후자는 스노볼의 주장을 의미한다.

promptly 즉시, 곧바로 barely 겨우, 간신히 shout down 조용히 하라고 말하다 passionate 열정적인
appeal 호소 sympathy 지지, 동정 eloquence 달변(말재주) carry away ~을 흥분시키다, 열광시키다
glowing 열의에 찬, 열정적인 sordid 천한, 지저분한 imagination (사실처럼 느껴지게 하는) 묘사
chaff-cutter 여물 절단기 turnip-slicer 순무 써는 기계 threshing machine 탈곡기 plough 쟁기
harrow 써레 roller 땅을 고르는 기계 reaper 수확하는 기계 binder 곡식을 단으로 묶는 기계
utter 소리를 내다(지르다) whimper 낑낑거리는 소리 bay (개가) 짖다 enormous 거대한
brass-studded 놋쇠로 장식한 bound 뛰어 오르다 dash 달려가다, 질주하다 snapping 물어뜯으려는
crowd 몰려 들어가다, 나가다

SCENE 5

Snowball was racing / across the long pasture /
스노볼은 달려가고 있었다 /　　　긴 목초지를 가로질러 /

that led to the road. He was running / as only a pig can
(어떤 목초지?) 큰길로 통하는　그는 달리고 있었다 /　　돼지가 최대한 달릴 수 있는 속력

run, / but the dogs were close / on his heels.
으로 /　그러나 개들은 가까이 추적했다 /　　그의 바로 뒤까지.

Suddenly he slipped / and it seemed certain /
갑자기 그는 미끄러졌고 /　　확실해 보였다 /

that they had him. Then he was up again, /
개들이 그를 붙잡은 것이.　　그리고 나서 그는 다시 일어나서 /

running faster than ever, / then the dogs were gaining on
어느 때보다 더 빨리 달리고 있었다 /　　그러자 개들은 그를 다시 따라붙고 있었다.

him again. One of them all but closed his jaws /
개들 중 한 마리가 거의 물 뻔했다 /

on Snowball's tail, / but Snowball / whisked it free /
스노볼의 꼬리를 /　　그러나 스노볼은 /　민첩하게 움직여서 개의 입에서 벗어났다 /

just in time. Then he put on an extra spurt /
겨우 제 때에.　　그리고 그는 더욱더 전력으로 달리고 /

and, with a few inches to spare, / slipped through a hole /
몇 인치 차이로 개에게 물리지 않고 /　　구멍으로 빠져나갔다 /

in the hedge / and was seen no more.
울타리에 있는 /　　그리고 더 이상 눈에 띄지 않았다.

Silent and terrified, / the animals crept back / into the
말없이 겁에 질려있던 /　　동물들은 다시 기어 들어왔다 /　　헛간으로

barn. In a moment the dogs came bounding back.
곧 개들은 뛰어 돌아왔다

At first no one had been able to imagine /
처음에 아무도 상상할 수 없었다 /

where these creatures came from, / but the problem was
어디서 이 동물(개)들이 왔는지 /　　하지만 그 문제는 곧 해결되었다 /

soon solved: / they were the puppies /
그들은 강아지였다 /

whom Napoleon had taken away / from their mothers /
(어떤 강아지?) 그들을 나폴레옹이 뺏어가서 / 어미로부터 /

and reared privately. Though not yet full-grown, /
남몰래 길렀다 / 비록 아직 완전히 성장하지 않았지만 /

they were huge dogs, / and as fierce-looking / as wolves.
그들은 거대한 개였고 / 사나워 보였다 / 늑대처럼.

They kept close / to Napoleon.
그들은 계속 가까이 붙어있었다 / 나폴레옹 곁에.

It was noticed / that they wagged their tails /
알게 되었다 / 그들이 꼬리를 흔든다는 것을 /

to him in the same way / as the other dogs had been used
그에게 같은 방식으로 / 다른 개들이 전에 했던 것처럼 /

to do / to Mr. Jones.
존스씨에게

Napoleon, / with the dogs following him, / now mounted
나폴레옹은 / 개들이 그를 따라다니는 / 이제 올라갔다 /

on / to the raised portion of the floor / where Major had
바닥이 솟은 부분(단)으로 / 메이저가 전에 서있던 (부분으로) /

previously stood / to deliver his speech. He announced /
연설을 하려고 / 그는 큰소리로 발표했다(알렸다) /

that from now on / the Sunday-morning Meetings would
이제부터 / 일요일 아침 회합은 폐지될 것이라고

come to an end. They were unnecessary, / he said, /
그들은 필요 없다고 / 그는 말했다 /

and wasted time. In future all questions / relating to the
시간낭비를 했다고. / 앞으로 모든 문제는 / 농장 운영에 관련된 /

working of the farm / would be settled / by a special
결정될 것이다(라고 말했다) / 돼지 특별위원회에 의하여 /

committee of pigs, / presided over by himself.
자신이 직접 관리하는

These would meet in private / and afterwards
이 위원회는 은밀히 만날 것이고 / 나중에

communicate their decisions / to the others.
결정사항을 전달해줄 것이다 / 다른 동물들에게.

race 달려가다 have ~을 붙잡다 gain on ~를 따라붙다, 다가가다 all but 거의 whisk 민첩하게 움직이다
spurt 전력 질주 rear (동물을) 기르다, 사육하다 wag (꼬리를) 흔들다 mount 올라가다, 오르다 portion 부분
previously 전에 deliver (연설을) 하다, 전달하다 preside 관리하다, 주재하다

The animals would still assemble / on Sunday mornings /
동물들은 여전히 모일 것이다 / 일요일 아침에 /

to salute the flag, / sing 'Beasts of England', / and receive
깃발에 경례하기 위해 / '영국의 동물들' 을 노래하기 위해 / 그리고 그 주일의

their orders for the week; / but there would be no more
(작업) 명령을 받으려고 / 그러나 더 이상 토론은 없을 것이다.

debates.

In spite of the shock / that Snowball's expulsion had
충격에도 불구하고 / (어떤 충격?) 스노볼의 추방이 그들에게 주었던 /

given them, / the animals were dismayed / by this
동물들은 당황했다 / 이런 발표로 인해

announcement. Several of them would have protested /
몇몇 동물들은 항의했을 것이다 /

if they could have found / the right arguments.
만일 그들이 찾을 수 있었다면 / 적절한 이유(의견)를

Even Boxer was vaguely troubled.
심지어 박서도 뭔가 모르게 불안했다

He set his ears back, / shook his forelock several times, /
그는 귀를 뒤로 젖히고 / 앞머리를 몇 번씩 흔들었고 /

and tried hard / to marshal his thoughts; / but in the end /
애를 썼다 / 생각을 정리해보려고 / 그러나 결국 /

he could not think of / anything to say. Some of the pigs
그는 생각해내지 못했다 / 말할 만한 어떤 것도. 하지만 몇몇 돼지 들은 /

themselves, however, / were more articulate.
더 명확하게 말(발언)할 수 있었다

Four young porkers / in the front row / uttered shrill
네 마리의 어린 식용돼지는 / 앞줄에 있던 / 반대한다는 뜻으로

squeals of disapproval, / and all four of them sprang to
날카로운 비명소리를 냈다 / 그리고 네 마리 모두가 벌떡 일어서서 /

their feet / and began speaking at once.
갑자기 말하기 시작했다

But suddenly the dogs / sitting round Napoleon / let out /
그러나 갑자기 개들은 / 나폴레옹 주변에 앉아 있던 / 냈다 /

deep, menacing growls, / and the pigs fell silent / and sat
굵고 위협적인 으르렁거리는 소리를 / 그러자 돼지들은 조용해졌고 / 다시 앉았다.

down again.

Then the sheep broke out / into a tremendous bleating /
그 다음에 양들은 시작했다 /　　　　　　엄청나게 큰소리로 외치기 /

of "Four legs good, two legs bad!" / which went on /
'네 다리는 좋고, 두 다리는 나쁘다!'라고 /　　　이런 외침은 지속되었다 /

for nearly a quarter of an hour / and put an end to any
거의 15분 동안 /　　　　　　　　　그래서 토론할 기회를 없앴다

chance of discussion.
(기회도 없어졌다)

분사구문이란? 형용사, 현재분사, 과거분사로 시작하여 comma(,)가 나오고, 다시 새로운 문장으로 시작한다. 대부분 접속사와 주어가 없어지고, 동사부분에 분사나 형용사만 있어도 문장을 이해할 수 있다고 생각하기 때문에 분사구문을 사용한다. 이런 문장을 이해하려면 논리적 사고가 필요하기 때문에 문어체에만 사용된다. 그리고 분사구문에서 생략된 접속사는 상황에 따라 "때, 이유, 조건, 동시상황, 연속동작" 등 다양한 의미로 사용되기 때문에 어렵게 느껴질 수 있다. 간단하게 앞에 나온 분사나 형용사를 주절의 주어와 연결하고 상황에 적절한 접속사를 찾는다. 예를 들어 아래의 예문을 해석하려면, "Silent and terrified"의 주어는 "the animals"이라는 것을 찾고, 동물들이 "말없고, 놀랐기 때문에" 헛간으로 다시 기어갔구나!"라고 이해하면 된다. 생략된 접속사는 "이유"를 의미하는 접속사다.

예) Silent and terrified, / the animals crept back / into the barn.
　　말없이 겁에 질려있던 / 동물들은 다시 기어 들어왔다 / 헛간으로

salute 경례하다 dismayed 당황한, 깜짝 놀란 argument 이유, 논점 marshal (생각을) 정리하다
articulate 분명히 말(발언) 할 수 있는 porker 식용돼지 disapproval 반대, 불찬성 let out (소리를) 내다
menacing 위협적인 growl (개가) 으르렁거리는 소리 break out (into) 갑자기 ~하기 시작하다

SCENE 6

Afterwards Squealer was sent / round the farm /
나중에 스퀼러를 보냈다 /　　　　　　농장 주변으로 /

to explain the new arrangement / to the others.
새로운 결정(계획)을 설명해주라고 /　　　　다른 동물들에게

"Comrades," he said, / "I trust / that every animal here
"동지 여러분" 그는 말했다 /　　"저는 생각합니다 / 여기에 계신 모든 동물들은 알고 있다고 /

appreciates / the sacrifice / that Comrade Napoleon has
희생을 /　　　　　나폴레옹 동지가 치른 /

made / in taking this extra labor upon himself.
　　　　직접 특별히 수고할 때(수고하는 동안에)

Do not imagine, comrades, / that leadership is a
생각하지 마십시오,　　동지 여러분 /　　지도자의 지위(지도자의 역할을 하는 것이)가

pleasure!
즐거운 일이라고!

On the contrary, / it is a deep and heavy responsibility.
오히려 /　　　　　　　그것은 중대하고 막대한 책임을 져야 하는 일입니다.

No one believes more firmly / than Comrade Napoleon /
누구도 더 확고하게 믿고 있지 않습니다 /　　나폴레옹 동지보다 /

that all animals are equal.
모든 동물이 동등하다고 /

He would be only too happy / to let you make your
그분은 몹시 행복할 것입니다 /　　　여러분들이 결정할 수 있도록 한다면 /

decisions / for yourselves.
　　　　　스스로

But sometimes you might make the wrong decisions, /
하지만 가끔씩 여러분들은 잘못된 결정(판단)을 할 수 있습니다. /

comrades, / and then where should we be?
동지 여러분, /　　그렇다면 우리는 어떤 상황에 있을까요?

Suppose / you had decided to follow Snowball, /
가정해봅시다 /　여러분들이 스노볼을 따르기로 결정했다고 /

with his moonshine of windmills / —Snowball, / who, as
풍차와 같은 허튼소리를 하는 /　　　　　　스노볼을 /　　우리가 이제

we now know, / was no better than a criminal?"
아는 것처럼 /　　　범죄자와 다름없는"

"He fought bravely / at the Battle of the Cowshed,"
"그는 용감하게 싸웠습니다 /   외양간 전투에서"

said somebody.
누군가가 말했다.

"Bravery is not enough," said Squealer. /
"용감한 행위만으로는 충분하지 않습니다," 스퀼러가 말했다 /

"Loyalty and obedience are more important.
"충성과 복종이 더 중요합니다.

And as to the Battle of the Cowshed, / I believe /
그리고 외양간 전투에 대해서는 /   저는 믿고 있습니다 /

the time will come / when we shall find / that Snowball's
시기가 올 것이라고 /   우리가 알게 될 /   그 전투에서 스노볼의 역할

part in it / was much exaggerated. Discipline, comrades,
이 /   상당히 과장되었다고   규율, 동지 여러분,

iron discipline! That is the watchword for today.
강철 같은 규율!   그것이 오늘의 표어입니다.

One false step, / and our enemies would be upon us.
한 걸음 잘못 내딛으면 /   우리의 적들은 /   우리에게 다가옵니다(다시 공격합니다)

Surely, comrades, you do not want Jones back?"
설마, 동지 여러분, 여러분들은 존스가 돌아오길 바라지 않겠지요?"

Once again this argument was unanswerable.
또다시 이런 주장에 반박할 수 없었다.

Certainly the animals / did not want / Jones back; /
틀림없이 동물들은 /   바라지 않았다 /   존스가 돌아오길 /

if the holding of debates on Sunday mornings /
만일 일요일 아침에 토론하는 것이 /

was liable to bring him back, / then the debates must
그를 다시 돌아오게 할 것 같으면, /   그렇다면 토론은 멈춰야한다.

stop. Boxer, / who had now had time / to think things
박서는 /   이제까지 시간이 있었던 /   상황을 곰곰이 생각해 볼 /

over, / voiced the general feeling / by saying: /
(동물들) 전체의 감정을 표현했다 /   이렇게 말하여 /

arrangement 결정, 합의, 계획 trust ~라고 생각하다, 확신하다 appreciate 이해하다, 알고 있다
sacrifice 희생 pleasure 즐거운 일, 유쾌한 것 responsibility 책임(져야 하는 일) only too 몹시
where 어떤 상황(처지)에 moonshine 허튼 소리 no better than ~와 다름없는 obedience 복종
discipline 규율 watchword 표어, 슬로건 be upon 다가가다(공격하다) surely 설마(아무려면)
unanswerable 반박할 수 없는 liable ~할 것 같은, ~하기 쉬운

"If Comrade Napoleon says it, / it must be right."
"나폴레옹 동지가 그렇게 말한다면 / 그 것(말)은 틀림없이 옳다"

And from then on / he adopted the maxim, /
그리고 그때부터 / 그는 격언을 채택했다 /

"Napoleon is always right," / in addition to his private
"나폴레옹은 언제나 옳다" 라는 / 자신의 개인적인 격언 이외에 /

motto / of "I will work harder."
"난 좀더 열심히 일해야지" 라는

By this time / the weather had broken / and the spring
이 무렵에 / 날씨가 갑자기 변하고(풀리고) / 봄철 밭갈이가 시작되었다.

ploughing had begun. The shed / where Snowball had
헛간은 / (그곳에서) 스노볼이 풍차 설계도를 작성

drawn his plans of the windmill / had been shut up /
했던 / 폐쇄되었고 /

and it was assumed / that the plans had been rubbed off /
생각했다 / 설계도가 지워졌다고 /

the floor. Every Sunday morning at ten o'clock /
마루에서. 일요일 아침마다 10시에 /

the animals assembled / in the big barn / to receive their
동물들이 모였다 / 큰 헛간에 / 그 주 (작업) 명령을 받기위해

orders for the week. The skull of old Major, /
메이저 영감의 해골은 /

now clean of flesh, / had been disinterred from the orchard
이제 살점이 남아있지 않은 / 과수원에서 파내서 /

/ and set up on a stump / at the foot of the flagstaff, / beside
나무 그루터기 위에 놓여졌다 / 깃대 밑 부분에 있던 / 총 옆

the gun. After the hoisting of the flag, / the animals were
깃발을 게양한 후 / 동물들은 줄지어 지나가야했다 /

required to file past / the skull / in a reverent manner /
해골을 / 존경하는 태도로 /

before entering the barn.
헛간으로 들어가기 전에

Nowadays they did not sit all together / as they had done in
이제는 그들 모두가 함께 앉지 않았다 / 과거에 했던 것처럼

the past.

Napoleon, / with Squealer and another pig named
나폴레옹은 / 스퀼러와 미니머스라 불리는 다른 돼지와 함께 /

Minimus, / who had a remarkable gift / for composing
(어떤 미니머스?) 뛰어난 재능이 있던 / 노래를 작곡하고 시를 쓰는

songs and poems, / sat on the front of the raised
일에 / (다른 부분보다) 높이 쌓은 연단 앞에 앉았다 /

platform, / with the nine young dogs /
아홉 마리의 어린 개와 함께 /

forming a semicircle round them, / and the other pigs
그들 주위에 반원을 형성하고 있는 / 그리고 다른 돼지들은 그 뒤에

sitting behind. The rest of the animals sat / facing them /
앉았다. 나머지 동물들은 앉았다 / 그들을 마주보고 /

in the main body of the barn.
헛간의 본체부분(중앙)에

Napoleon read out / the orders for the week /
나폴레옹은 큰소리로 읽었다 / 그 주의 지시사항을 /

in a gruff soldierly style, / and after a single singing of
군인처럼 거친 목소리로 / 그리고 ‘영국의 동물들’을 한번 부르고나서 /

‘Beasts of England’, / all the animals dispersed.
모든 동물들은 해산했다

"too"라는 단어는 주로 3가지 의미로 쓰인다. 첫째, "너무나, 지나치게"라는 의미로 쓰이면, "너무 ~해서 ~할 수 없다"라는 뜻이 된다. 둘째, "~도 또한"이라는 의미가 있다. 마지막으로 "정말로, 매우"라는 의미가 있다. 그래서 문장 안에 "too ~ to~"라는 표현이 있다고, 무조건 "너무 ~해서 ~할 수 없다"라는 의미가 아닐 때도 있다. 아래의 예문에 있는 "only too"는 "매우, 몹시"라는 의미로 사용된다.

예) He would be only too happy / to let you make your decisions / for yourselves.
그분은 몹시 행복할 것입니다 / 여러분들이 결정할 수 있도록 한다면 / 스스로

general 전체의, 많은 사람들의 공통적인 adopt 받아들이다, 채택하다 break (날씨가) 급변하다, 변하게 되다
ploughing 밭갈이 shed 헛간 disinter ~을 파내다, 발굴하다 stump (나무의) 그루터기
be required to ~하라고 지시받았다, ~을 해야 한다 reverent 존경하는 gruff (목소리가) 거친
disperse 해산하다, 흩어지다

SCENE 7

On the third Sunday / after Snowball's expulsion, /
세 번째 맞는 일요일에 /   스노볼이 추방되고 /

the animals were somewhat surprised / to hear Napoleon
동물들은 약간 놀랐다 /   나폴레옹이 발표하는 것을

announce / that the windmill was to be built / after all.
듣고서 /   풍차가 건설될 예정이라는 /   결국

He did not give any reason / for having changed his
그는 어떤 이유도 말(해명)하지 않았다 /   생각을 바꾼 (이유를) /

mind, / but merely warned the animals /
그러나 단지 동물들에게 경고했다 /

that this extra task would mean very hard work, /
이런 특별한 작업은 매우 힘든 노동을 하게 되고 /

it might even be necessary / to reduce their rations.
필요가 있을지도 모른다고 /   사료 배급을 감소할

The plans, however, / had all been prepared, /
그러나 그 계획은 /   모두 준비되었다 /

down to the last detail. A special committee of pigs /
마지막 세부내용까지   돼지 특별위원회는 /

had been at work upon them / for the past three weeks.
그 계획을 작성했던 것이다 /   지난 3주 동안에

The building of the windmill, / with various other
풍차를 건설하는 것(풍차 건설)은 /   다른 여러 개선 사업과 함께 /

improvements, / was expected to take two years.
2년 걸릴 것으로 예상되었다.

That evening Squealer explained / privately to the
그날 저녁에 스퀼러는 설명했다 /   다른 동물들에게 은밀히 /

other animals / that Napoleon had never in reality been
나폴레옹은 사실 반대하지 않았다고 /

opposed / to the windmill.
풍차(건설)에

On the contrary, / it was he / who had advocated it /
오히려 / 바로 그가 / 풍차 건설을 주장했고 /

in the beginning, / and the plan / which Snowball had
처음에 / 그리고 설계도는 / 스노볼이 작성했던 /

drawn / on the floor / of the incubator shed / had actually
바닥에 / 인공부화기가 있던 창고(인공부화장)의 / 사실 훔쳐간 것이

been stolen / from among Napoleon's papers.
었다 / 나폴레옹의 서류 속에서

The windmill was, in fact, / Napoleon's own creation.
풍차는 사실 / 나폴레옹 자신이(직접) 고안한 것이었다.

Why, then, / asked somebody, / had he spoken so
왜, 그렇다면 / 누군가가 물었다 / 그는 풍차를 그렇게 강하게 반대했었나요?

strongly against it? Here Squealer looked very sly.
이 시점에서(이때) 스퀼러는 매우 교활해보였다

That, / he said, / was Comrade Napoleon's cunning.
그것은 / 그는 말했다 / 나폴레옹 동지의 정교한 솜씨(계략이)였다

He had SEEMED to oppose / the windmill, / simply
그는 반대하는 것처럼 보였다 / 풍차를 / 단지 책략으로 /

as a maneuver / to get rid of / Snowball, / who was a
제거하려는 / 스노볼을 / 위험한 인물이며 /

dangerous character / and a bad influence.
나쁜 영향을 끼쳤던.

Now that Snowball was out of the way, /
스노볼이 방해가 되지 않으므로(제거되었기에) /

the plan could go forward / without his interference.
계획이 진행될 수 있었다 / 그의 방해 없이

This, / said Squealer, / was something called tactics.
이것은 / 스퀼러가 말했다 / 전술이라고 불리는 것이었다.

He repeated a number of times, / "Tactics, comrades,
그는 많이 반복하여 말했다(복창했다) / "전술, 동지 여러분, 전술!" 이라고 /

tactics!" / skipping round / and whisking his tail /
주위를 뛰어다니고 / 그리고 꼬리를 흔들면서 /

with a merry laugh.
즐거운 듯

---

expulsion 추방, 제명 task 일, 작업 mean ~가 되다, ~의 전조다 ration 배급(량) advocate 주장하다

sly 교활한 maneuver 책략, 기동작전 interference 방해 tactics 전술

The animals were not certain / what the word meant, /
동물들은 잘 알지 못했다 / 무엇을 그 단어(전술)가 의미했는지 /

but Squealer spoke so persuasively, / and the three dogs /
그러나 스퀼러는 매우 설득력 있게 말했고 / 세 마리의 개는 /

who happened to be with him / growled so threateningly, /
우연히 그와 함께 있었던 / 매우 위협적으로 으르렁거렸다 /

that they accepted / his explanation / without further
그래서 동물들은 받아들였다 / 그의 설명을 / 더 이상 질문을 하지 않고

questions.

"It is 주어 who(that)"는 다름 사람이 아닌 "바로 주어가"라는 의미로, 주어를 강조할 때 사용하는 패턴이다.
예) It was he / who(that) had advocated it / in the beginning.
　(다름 사람이 아닌) 바로 그가 / 그것(풍차 건설)을 주장했다 / 처음에

growl 으르렁거리다

Quiz 5

A. 내용 이해하기

다음 문장을 읽고 본문의 내용과 맞으면 T(True), 틀리면 F(False)를 쓰세요.

1. Snowball is greatly popular with the sheep, which take to bleating "Four legs good, two legs bad".

2. Snowball says that a certain spot in the pasture is perfect for a windmill.

3. Snowball announces that no more Meetings will be held, and a special committee of dogs will decide all questions of how to run the farm.

4. Snowball later explains to the other animals that Napoleon will bring Jones back.

B. 단어

다음 제시된 단어의 설명을 읽고, 어떤 단어의 정의를 설명하는지 아래의 박스에서 찾아 써 보세요.

1. a false reason that you give for an action in order to hide your real reason; an excuse

2. to look at something or something for a long period of time

3. to say what you think in a formal way

4. extremely important because something has a major effect on the result of other things

5. a low round hill; mound

6. a piece of equipment used for keeping eggs warm until they hatch

7. unfriendly or not wanting to be involved in something

8. to give back someone their previous job or position after it was taken away

9. to move something very quickly

10. to move your right hand to your head as a formal way of showing respect to an officer in the army

crucial knoll reinstate aloof pretext
declare whisk incubator gaze salute

Answer   A. 1. F 2. T 3. F 4. F
B. 1. pretext 2. gaze 3. declare 4. crucial 5. knoll 6. incubator 7. aloof 8. reinstate 9. whisk
10. salute

C. 직독직해

1. As winter drew on, / Mollie became more and more troublesome.

   →

2. At the Meetings / Snowball often won over the majority / by his brilliant speeches.

   →

3. They dashed straight / for Snowball, / who only sprang from his place.

   →

4. Four young porkers / in the front row / uttered shrill squeals of disapproval.

   →

D. 동시통역

아래에 제시된 직독직해를 보고, 영어로 말해보세요.

1. 다른 자(동물들)에게 아무 말도 하지 않고 / 그녀는 몰리의 축사로 갔다

   →

2. 작은 언덕이 있었다 / 가장 높은 곳인 / 농장에서

   →

3. 심지어 필요할 수도 있다 / 사료 배급을 감소할

   →

4. 나폴레옹은 사실 반대하지 않았다 / 풍차(건설)에

   →

Answer

C. 1. 겨울이 다가올수록 / 몰리는 더욱더 다루기 힘들어졌다   2. 회합에서 / 스노볼은 자주 과반수를 자기편으로 끌어들였다 / 멋진 연설로   3. 그들은 곧바로 달려갔다 / 스노볼을 향해 / 그 때 그는 자리에서 벌떡 일어났다   4. 네 마리의 어린 식용돼지는 / 앞줄에 있던 / 반대한다는 뜻으로 날카로운 비명소리를 냈다

D. 1. Without saying anything to the others, / she went to Mollie's stall.   2. There was a small knoll / which was the highest point / on the farm.   3. It might even be necessary / to reduce their rations.   4. Napoleon had never in reality been opposed / to the windmill.

𐄂 **Chapter 6** 𐄂

SCENE 1

All that year the animals worked / like slaves. But they
그 해 동안 내내 동물들은 일했다 / 노예처럼 그러나 그들은

were happy / in their work; / they grudged no effort or
만족했다 / 일을 하는 동안에 / 그들은 노력이나 희생을 꺼리지 않았다 /

sacrifice, / well aware / that everything / that they did /
잘 알고 있었기 때문에 / 모든 일이 / 자신들이 하는 /

was for the benefit of / themselves and those of their kind /
이득이 된다는 것을 / 자기 자신과 자기와 같은 자들(후손)에게 /

who would come after them, / and not /
자신들 뒤에 올 그리고 아니라는 것(을 잘 알고 있었기 때문에) /

for a pack of idle, thieving human beings.
게으르고 도둑질하는 인간 무리를 위한 것이

Throughout the spring and summer / they worked a sixty-
봄과 여름 내내 / 그들은 일주일에 60시간씩 일했고 /

hour week, / and in August Napoleon announced /
8월에 나폴레옹은 발표했다 /

that there would be work / on Sunday afternoons as well.
일이 있을 것이라고 / 일요일 오후에도

This work was strictly voluntary, / but any animal /
이 일은 엄밀히 (말하면) 자발적인 것이었다 / 그러나 어떤 동물일지라도 /

who absented himself from it / would have his rations /
일에 빠진 / 식량배급을 받았다 /

reduced by half. Even so, / it was found necessary /
반으로 줄어든. 그렇게 (일을) 하더라도 / 불가피하다고 알려졌다 /

to leave certain tasks / undone.
어떤 일은 남겨 놓은 것이 / 다 끝내지 못한 상태로.

The harvest was a little less successful / than in the
수확은 약간 덜 성공적이었다(감소했다) / 전년보다 /

previous year, / and two fields / which should have been
그리고 두 밭에는 / (어떤 밭?) 뿌리를 먹는 야채(근채류)의 씨를

sown with roots / in the early summer / were not sown /
뿌렸어야 했던 / 초여름에 / 씨앗을 뿌리지 못했다 /

because the ploughing had not been completed /
왜냐하면 밭갈이가 완성되지 못했기 때문에 /

early enough. It was possible to foresee / that the coming
(파종할 수 있도록) 충분히 일찍. 예측할 수 있었다 / 다가오는 겨울이 고생스러울

winter would be a hard one. The windmill presented
것임을. 풍차(건설 계획)는 예상치 못한 어려움을 초래했다

unexpected difficulties. There was a good quarry of
(어려움에 부딪쳤다) 질이 좋은 석회석 채석장이 있었다 /

limestone / on the farm, / and plenty of sand and cement
농장에 / 그리고 많은 모래와 시멘트가 발견되었다 /

had been found / in one of the outhouses, /
농장 부속건물 중에서 /

so that all the materials for building were / at hand.
그래서 모든 건설 자재는 / 언제든지 쓸 수 있었다.

But the problem / the animals could not at first solve /
그러나 문제는 / (어떤 문제?) 동물들이 처음에 해결 할 수 없는 /

was how to break up the stone / into pieces of suitable size.
돌을 쪼개는 방법이었다 / 적당한 크기의 조각으로.

There seemed no way / of doing this / except with picks
방법이 없어 보였다 / 이일을 할 / 곡괭이와 쇠 지렛대(를 사용하는

and crowbars, / which / no animal could use, /
것) 이외에는 / (그러나) 그런 도구를 동물을 사용할 수 없었다

because no animal could stand / on his hind legs.
왜냐하면 어떤 동물도 설수 없었기 때문에 / 뒷다리로만

Only after weeks of vain effort / did the right idea occur to
단지 몇 주간 헛된 노력을 하고나서 / 좋은 생각이 누군가에게 떠올랐다 /

somebody / -namely, / to utilize the force of gravity.
더 자세히 말하면 / 중력의 힘을 이용하자는 것이었다.

Huge boulders, / far too big to be used / as they were, /
큰 둥근 돌이 / 사용하기에 너무 컸던 / 있는 그대로 /

were lying all over / the bed of the quarry.
(큰 돌이) 사방에 널러 있었다 / 채석장 바닥에.

The animals lashed ropes round these, / and then all
동물들은 이돌 둘레에 밧줄로 묶었다 / 그리고 모두 다 함께 /

grudge 아까워하다, 꺼리다 benefit 이익, 이득이 되는 일 pack 무리, 그룹 strictly 엄밀하게 말하자면
foresee 예측하다 present (곤란, 어려움을) 초래하다 quarry 채석장 outhouse 부속건물
at hand 언제든지 쓸 수 있는 utilize 사용(이용)하다 gravity 중력 boulder 둥근 돌

together, / cows, horses, sheep, any animal /
암소, 말, 양, 어떤 동물이라도 /

that could lay hold of the rope / —even the pigs
밧줄을 잡을 수 있는 / 심지어 돼지들도 가끔 합세했다

sometimes joined in / at critical moments— /
중요한 순간에는 /

they dragged them / with desperate slowness /
그들은 돌을 끌어당겼다 / 절망적일 정도로 느리게 /

up the slope / to the top of the quarry, / where they were
비탈(경사지) 위로 / 채석장 꼭대기까지 가려고 / 그곳에서 돌을 넘어뜨렸다 /

toppled / over the edge, / to shatter to pieces below.
가장자리 너머로 / 아래에서 조각으로 부서지게 하기 위해

Transporting the stone / when it was once broken /
돌을 옮기는 것은 / 일단 조각으로 부서지면 /

was comparatively simple.
비교적 간단했다

The horses carried it off / in cart-loads, / the sheep
말들은 돌을 날랐다 / 짐마차로 실어 / 양들은 한 덩어리씩 끌어

dragged single blocks, / even Muriel and Benjamin
당겼다 / 심지어 뮤리엘과 벤자민도

yoked themselves into an old governess-cart /
자신을 낡은 이륜마차에 연결해서 /

and did their share. By late summer / a sufficient store of
자신들의 몫을 했다. 늦여름이 되었을 때 / 충분히 많은 양의 돌이 /

stone / had accumulated, / and then the building began, /
쌓였고 / 그래서 (풍차)건설이 시작되었다 /

under the superintendence of the pigs.
돼지들의 감독 아래에

"It is found"는 어떤 사실이 "알려지다, 밝혀지다"라는 의미며, "It is necessary"는 어떤 것이 "피할 수 없다, 불가피하다, 필요하다"라는 뜻이다. 두 패턴을 합치면, "It is found necessary"가 되며, 그 의미는 "어떤 것이 불가피하다"라는 뜻이다.

예) It was found necessary / to leave certain tasks / undone.
불가피하다고 알려졌다 / 어떤 일은 남겨 놓은 것이 / 다 끝내지 못한 상태로.

bed (하천의) 바닥 lash (밧줄을) 묶다 critical 중요한 desperate 절망적인 slope 비탈(경사지) topple 넘어뜨리다, 쓰러뜨리다 edge 가장자리, 테두리 shatter 부수다, 박살내다 transport 운반하다, 옮기다 comparatively 비교적으로 yoke (말을 수레에) 매다 a store of 많은 accumulate 쌓이다, 축적되다 superintendence 감독

SCENE 2

But it was a slow, laborious process. Frequently it took a
그러나 그 일은 느리고 힘든 과정이었다.　　　　　자주 하루 종일 지치도록 노력해야

whole day of exhausting effort / to drag a single boulder /
했다.　　　　　　　　　　　　　　/ 한 개의 둥근 돌을 끌어 올리는 것은 /

to the top of the quarry, / and sometimes / when it was
채석장 꼭대기까지 /　　　　　그리고 가끔씩 /　　　돌을 가장자리로 밀었을

pushed over the edge / it failed to break.
때 /　　　　　　　　돌이 쪼개지지 않았다

Nothing could have been achieved / without Boxer, /
어떤 일도 할 수 없었을 것이다 /　　　　박서가 없었더라면 /

whose strength seemed equal / to that of all the rest of the
그의 힘은 비슷해보였다 /　　　　나머지 모든 동물들의 힘을 모두 합친 것과

animals put together. When the boulder began to slip /
돌이 미끄러지기 시작하자 /

and the animals cried out in despair / at finding /
동물들이 절망하여 소리쳤을 때 /　　　　발견하고 /

themselves dragged down the hill, / it was always Boxer
자신들이 언덕 아래로 밀리고 있는 것을 /　　　언제나 박서가 /

who / strained himself against the rope / and brought the
　　전력을 다해 밧줄을 당겼다 /　　　　그리고 돌을 멈추게 했다

boulder to a stop. To see / him toiling / up the slope inch
　　　　　보는 것은(보면) / 그가 애를 쓰는 것을 / 조금씩 비탈길 위로 올라

by inch, / his breath coming fast, / the tips of his hoofs
가려고 /　　그의 호흡이 빨라지는 것을 (보면) /　발굽 끝이 지면을 움켜잡고 있는 것을

clawing at the ground, / and his great sides matted with
(보면) / 그리고 그의 커다란 옆구리가 땀으로 헝클어져 있는 것을 (보면) /

sweat, / filled everyone with admiration.
　　　　모든 자들의 마음을 감탄으로 가득 차게 했다.

Clover warned him sometimes / to be careful not to
클로버는 그에게 가끔씩 경고했다 /　　　무리를 하지 않도록 조심하라고 /

overstrain himself, / but Boxer would never listen to her.
　　　　　　　그러나 박서는 그녀의 말에 귀 기울이려하지 않았다.

---

strain 전력을 다하다, 최선을 다하다 claw 발톱으로 움켜잡다 overstrain 무리를 하다

His two slogans, / "I will work harder" and "Napoleon is
그의 두 표어는 / "난 좀더 열심히 일해야지." 와 "나폴레옹은 언제나 옳다." 라는 /

always right," / seemed to him a sufficient answer /
(표어는) 그에게 충분한 해결책인 듯 했다 /

to all problems. He had made arrangements / with the
모든 문제에 대한. 그는 약속(부탁)을 했다 / 수평아리와 /

cockerel / to call him / three-quarters of an hour earlier in
그를 깨워달라고 / 아침에 45분 더 일찍 /

the mornings / instead of half an hour.
30분 대신(30분이 아니라)

And in his spare moments, / of which there were not many
그리고 여가 시간에 / 요즘에는 많지 않지만 /

nowadays, / he would go alone / to the quarry, /
그는 홀로 가서 / 채석장에 /

collect a load of broken stone, / and drag it down /
많은 분량의 깨진 돌을 모으고 / 그것을 끌고 가곤했다 /

to the site of the windmill / unassisted.
풍차를 건설한 장소까지 / 누구의 도움을 받지 않고

The animals were not badly off / throughout that summer,
동물들의 생활은 어렵지 않았다 / 그해 여름 내내 /

/ in spite of the hardness of their work.
그들의 일이 힘들었지만.

If they had no more food / than they had had in Jones's
비록 그들이 더 많은 음식을 먹지 않았으나 / 존스시절에 먹었던 것 보다 /

day, / at least they did not have less.
최소한 그들은 더 적게 먹지도 않았다

The advantage / of only having to feed themselves, /
장점은 / 단지 자신들에게만 먹을 것을 주고 /

and not having to support / five extravagant human beings
부양할 필요가 없는 (장점은) / 다섯 명의 낭비가 심한 인간까지도 /

/ as well, / was so great / that it would have taken a lot of
게다가 / 너무나 컸다 / 그래서 많은 실패를 했을 것이다 /

failures / to outweigh it.
그 보다 더 가치 있는 것을 찾으려 했다면

And in many ways / the animal method of doing things /
그리고 여러 사항을 고려해보면 / 동물들이 일하는 방법이 /

was more efficient / and saved labor.
더 효율적이었고 / 노동력을 절약했다.

Such jobs as weeding, / for instance, / could be done /
잡초 뽑기와 같은 일들은 /   예를 들어 /   할 수 있었다 /

with a thoroughness / impossible to human beings.
철저하게 /   인간에게는 불가능할 정도로

And again, / since no animal now stole, / it was unnecessary
그리고 또한 /   동물들이 도둑질을 하지 않기 때문에 /   담장을 설치할 필요가 없었다 /

to fence off / pasture from arable land, / which saved a lot of
경작할 수 있는 땅의 목초지에 /   그래서 그(담장을 설치하지 않은)

labor / on the upkeep of hedges and gates.
것은 많은 노동력을 절약했다 / 울타리와 출입문을 유지할 때 필요한

Nevertheless, / as the summer wore on, / various unforeseen
그럼에도 불구하고 /   여름이 지나가면서 /   여러 가지 예상하지 못했던 부족

shortages / began to make themselves felt.
한 /   물품이 느껴지기(나타나기) 시작했다 /

There was need / of paraffin oil, nails, string, dog biscuits,
필요했다 /   파라핀유, 못, 줄, 개 비스킷과 말편자를 만들 쇠가 /

and iron for the horses' shoes, / none of which could be
                          그러나 이들 중 어떤 것도 생산되지 않았다 /

produced / on the farm. Later there would also be need /
농장에서.   나중에 또 필요할 것이다 /

for seeds and artificial manures, / besides various tools /
종자와 인공 비료가 /   여러 도구 외에 /

and, finally, the machinery / for the windmill.
그리고 마침내 기계가 (필요할 것이다) /   풍차에 필요한

How these were to be procured, / no one was able to
어떻게 이런 것들을 구할 수 있는지 /   아무도 생각할 수 없었다.

imagine.

"without"에는 "~없이"와 "~없다면(조건)"이라는 의미로 자주 사용된다. "without"이 "~없다면"이라는 뜻으로 조건 의미가 있으면, 문장 안에서 힌트를 찾을 수 있다. 그 힌트는 "could, should, would"와 같은 조동사이다. 아래 예문에서도 "could"를 보면, "without"에 조건의 의미가 있다는 것을 알 수 있다.

예) Nothing could have been achieved / without Boxer.
     어떤 일도 할 수 없었을 것이다 / 박서가 없었더라면

a load of 많은 unassisted (누구의) 도움을 받지 않고 badly off (생활 형편이) 어려운
extravagant 낭비가 심한, 돈을 함부로 쓰는 outweigh ~보다 중요하다, 더 가치가 있다
with a thoroughness 철저하게 arable 경작할 수 있는 on the upkeep of ~을 유지할 때
shortage 부족, 부족량 artificial 인공의, 인조의 manure 비료 procure 구하다, 얻다

SCENE 3

One Sunday morning, / when the animals assembled /
어느 일요일 아침에 / 동물들이 모여 있었을 때 /

to receive their orders, / Napoleon announced /
(작업) 명령을 받으려고 / 나폴레옹은 발표했다 /

that he had decided upon a new policy.
그가 새로운 정책을 결정했다고

From now onwards / Animal Farm would engage in trade /
이제부터 / 동물 농장은 거래를 할 것이다 /

with the neighbouring farms: / not, of course, /
이웃 농장들과 / 물론 (거래하는 것은) 아니었다 /

for any commercial purpose, / but simply in order to obtain
상업적인 목적으로 / 그러나 단지 구하려는 것이었다 /

/ certain materials / which were urgently necessary.
일정한 물건을 / (어떤 물건?) 시급하게 필요한

The needs of the windmill must override / everything else,
풍차에 필요한 물건들이 우선해야 한다고 (더 중요하다고) / 다른 모든 것보다 /

/ he said. He was therefore making arrangements / to sell
그가 말했다. 그래서 그는 준비를 하고 있었다 / 팔려고 /

/ a stack of hay and part of the current year's wheat crop, /
다량의 건초와 금년도 밀 수확량의 일부를 /

and later on, / if more money were needed, /
그리고 나중에 / 더 많은 돈이 필요하다면 /

it would have to be made up / by the sale of eggs, /
부족한 돈을 보충해야 할 것이다 / 계란을 팔아서 /

for which / there was always a market / in Willingdon.
왜냐하면 / 그렇게 할 수 있는(부족한 돈을 보충할 수 있는) / 시장이 늘 있었기 때문이다 / 월링던에는.

The hens, / said Napoleon, / should welcome this sacrifice
암탉들은 / 나폴레옹이 말했다 / 이런 희생을 환영해야 된다고 /

/ as their own special contribution / towards the building of
그들 나름대로의 특별한 공헌으로 / 풍차 건설을 위한 /

the windmill.

Once again the animals were conscious / of a vague
또다시 동물들은 느꼈다 / 막연한 불안감을

uneasiness. Never to have any dealings with human
결코 인간과 거래를 하지 않는 것 /

beings, / never to engage in trade, / never to make use
결코 장사를 하지 않는 것 / 결코 돈을 사용하지 않는 것

of money / —had not these been among the earliest
이런 것들은 최초의 결의안에 있었던 것이 아닌가 /

resolutions / passed / at that first triumphant Meeting /
통과되었던 / 첫 번째로 승리하여 (개최했던) 회합에서 /

after Jones was expelled? All the animals remembered /
존스가 추방되고 모든 동물들은 기억했다 /

passing such resolutions: / or at least they thought /
그런 결의안을 통과시켰던 것을 / 또는 최소한 그들은 생각했다 /

that they remembered it. The four young pigs / who had
그들이 그런 것을 기억하고 있다고 네 마리의 어린 돼지들은 / 항의했던 /

protested / when Napoleon abolished / the Meetings /
나폴레옹이 폐지했을 때 / 회의를 /

raised their voices timidly, / but they were promptly
겁을 먹고 목소리를 높였다 / 그러나 그들은 즉시 조용해졌다 /

silenced / by a tremendous growling / from the dogs.
엄청 크게 으르렁거리는 소리 때문에 / 개의

Then, as usual, / the sheep broke into / “Four legs good,
다음에 언제나 그랬듯이 / 양들은 시작했다 / “네 다리는 좋고,

two legs bad!” / and the momentary awkwardness was
두 다리는 나쁘다!” 를 외치는 것을 / 그러자 잠시 동안 어색했던 분위기가 완화되었다.

smoothed over. Finally Napoleon raised his trotter /
마침내 나폴레옹이 발을 들었다 /

for silence / and announced / that he had already made all
조용히 하라고 / 그리고 발표했다 / 그가 이미 모든 준비를 했다고

the arrangements. There would be no need / for any of the
필요가 없을 것이다 / 어떤 동물들도 /

animals / to come in contact / with human beings, /
접촉할 / 인간과 /

urgently 시급하게 need 필요한 물건 override ~보다 위에 서다, 더 중요하다 arrangements 준비, 채비
make up 보상(보충)하다 market 판로, 팔 곳 conscious ~을 느껴, 알아차려 abolish 폐지하다, 없애다
timidly 겁을 먹고 promptly 즉시 momentary 순간의, 잠시 동안 awkwardness 어색함, 거북함
smooth over 완화하다

which / would clearly be most undesirable.
그리고 그것(인간과의 접촉)은 틀림없이 매우 바람직하지 않은 것이었다.

He intended to take the whole burden / upon his own
그가 모든 짐을 질 의도였다 /   자신의 어깨에

shoulders.

A Mr. Whymper, / a solicitor living in Willingdon, /
웜퍼씨라는 사람이 /   윌링던에 살고 있는 변호사였던 /

had agreed to act / as intermediary / between Animal
역할을 하기로 동의했다 /   중재자의 /   동물 농장과 외부 세계와

Farm and the outside world, and would visit the farm /
그리고 농장을 방문할 것이다 /

every Monday morning / to receive his instructions.
월요일 아침마다 /   그(나폴레옹)의 지시를 받으러

Napoleon ended his speech / with his usual cry /
나폴레옹은 그의 연설을 끝냈다 /   평소처럼 외치며 /

of "Long live Animal Farm!" / and after the singing of
"동물 농장만세!" 라고 / 그리고   '영국의 동물들' 을 부르고나서 /

'Beasts of England' / the animals were dismissed.
                      동물들은 해산했다

Afterwards Squealer made a round of the farm / and set /
그 후에 스퀼러는 농장을 순회했다 /   그리고 놓았다 /

the animals' minds / at rest.
동물들의 마음을 /   평온한 상태로 (마음을 진정시켰다)

He assured them / that the resolution / against engaging
그는 동물들을 설득했다 /   결의안은 /   장사하는 것을 반대(금지)하고 /

in trade / and using money / had never been passed, /
            돈을 사용하지 말라는 (결의안은) / 결코 통과되지도 않았고 /

or even suggested.
제안된 적도 없었다고.

It was pure imagination, / probably traceable in the
그것은 다름이 아닌 상상의 소산이었다 /   아마도 초기의 거짓말에서 유래한(원인을 찾을 수 있

beginning to lies / circulated by Snowball.
는) /   스노볼에 의해 유포된(스노볼이 퍼뜨린).

A few animals still felt faintly doubtful, /
몇몇 동물들은 여전히 약간 의심했다 /

but Squealer asked them shrewdly, /
그러나 스퀼러는 그들에게 예리하게 물었다 /

"Are you certain / that this is not something /
"여러분들은 확신합니까 / 이것이 아닌 것임을 /

that you have dreamed, / comrades?
여러분들이 꿈꾸었던 (것이) / 동지여러분

Have you any record / of such a resolution?
여러분들에게 어떤 기록이라도 있습니까 / 그런 결의안에 대한?

Is it written down anywhere?"
그것은 기록되어 있습니까 / 어딘가에?"

And since it was certainly true / that nothing of the kind
그리고 분명히 사실이기 때문에 (무엇이?) / 그런 종류의 어떤 것도 존재하지 않는 것

existed / in writing, / the animals were satisfied /
이 / 기록되어 / 동물들은 확신했다 /

that they had been mistaken.
그들이 잘못 생각했다고(착각했다고)

to 부정사의 부사적 용법이란?

"to 부정사"의 쓰임새 중 부사처럼 쓰이면, 해석하기 힘든 경우가 있다. 특히 "to 부정사"가 부사처럼 사용되면, 상황에 따라 "목적, 원인, 결과"라는 의미가 나타난다. "to 동사원형"이라는 형태만 보고, 여러 의미 중 어떤 뜻으로 쓰이는지 고민해봤자, 큰 도움이 되지 않는다. 간단하게 말하면, 부정사의 부사적 용법은 앞에 나온 사건이 왜 일어났는지 설명해주는 것이다. 아래 예문을 보면, "He was therefore making arrangements"라는 표현이 있다. 그리고 "to sell"을 이용하여, "왜" 준비하고 있었는지 표현한 것이다. 이런 논리구조 때문에 영어문장을 직독직해로 이해하면 더 효과적이다.

예) He was therefore making arrangements / to sell / a stack of hay.
　　그래서 그는 준비를 하고 있었다 / 팔려고 / 한 더미의 건초를

undesirable 바람직하지 않은 intend ~할 의도다, ~할 작정이다 solicitor 사무 변호사 intermediary 중개자, 조정자 instruction 지시, 명령 dismiss (모임을) 해산시키다 assure 안심시키다, 설득하다 pure 다름이 아닌, 단지 imagination 상상의 소산, 공상 traceable 기인하는, 유래하는 circulate (소문, 거짓을) 퍼뜨리다 faintly 약하게, 희미하게 shrewdly 재빠르게, 예리하게 satisfy 확신시키다, 납득시키다 mistaken 잘 못 생각한, 착각한

SCENE 4

Every Monday Mr. Whymper visited the farm /
월요일 마다 윔퍼씨는 농장을 방문했다 /

as had been arranged. He was a sly-looking little man /
정해졌던 대로.　　　　　　그는 교활해 보이는 작은 남자였다 /

with side whiskers, / a solicitor in a very small way of
구레나룻을 기르고 있는 /　　　소규모로 영업하는 변호사였다 /

business, / but sharp enough / to have realized /
　　　그러나 충분히 영악했다 /　　깨달을 만큼 /

earlier than anyone else / that Animal Farm would need
다른 사람보다 먼저 /　　　　　동물 농장이 필요하고

a broker / and / that the commissions would be worth
중개인을 /　　그리고 / (깨달을 만큼 충분히 영악했다) 중개 수수료가 벌어볼 만한 가치가 있다는

having. The animals watched / his coming and going /
것을.　　동물들은 쳐다보았다 /　　그가 오고 가는 것을 /

with a kind of dread, / and avoided him /
일종의 두려움을 가지고 /　　그리고 그를 멀리했다(마주치려 하지 않았다) /

as much as possible. Nevertheless, the sight of Napoleon, /
가능한 매우.　　　그럼에도 불구하고 나폴레옹을 보는 것은 /

on all fours, delivering orders / to Whymper, / who stood
네 발로 서서 명령을 전달하고 있는 /　　윔퍼에게 /　　두 발로 서있는 /

on two legs, / roused their pride / and partly reconciled
　　그들의 자부심을 일깨웠고 /　　그들이 어느 정도 받아들이게 했다 /

them / to the new arrangement.
　　새로운 결정을

Their relations with the human race / were now not quite
인간과의 관계는 /　　　　　　　　같지 않았다 /

the same / as they had been before. The human beings
예전과는　　　　　　　　　　인간들이 동물 농장을 미워한다는 것은

did not hate Animal Farm / any less / now that it was
아니었다 /　　　　(과거보다) 조금 덜 / 동물 농장이 번창하고 있기에 /

prospering; / indeed, they hated it / more than ever.
정말로 인간들은 동물 농장을 미워했다 / 어느 때보다 더

Every human being held it as an article of faith /
모든 인간은 신조로 여겼다(확신했다) /

that the farm would go bankrupt / sooner or later, /
농장은 파산할 것이라고 / 머지않아(곧) /

and, above all, / that the windmill would be a failure.
그리고 무엇보다도 (확신했다) / 풍차는 실패작이 될 것이라고

They would meet in the public-houses / and prove to one
그들은 술집에서 만나면 / 서로에게 증명해보이곤 했다 /

another / by means of diagrams / that the windmill was
도형으로 / 풍차는 틀림없이 넘어지거나 /

bound to fall down, / or / that if it did stand up, /
아니면 (증명해보이곤 했다) 풍차가 서있을 지라도 /

then that it would never work.
결코 작동하지 않을 것이라고

And yet, against their will, / they had developed a
그러나 자신들의 의지와는 달리 / 그들은 어느 정도(약간) 존중했다 /

certain respect / for the efficiency / with which the
효율성을 / (어떤 효율성?) 동물들이

animals were managing their own affairs.
자신들의 일을 관리하는

One symptom of this was / that they had begun to
이와 같은 징조는 / 그들은 동물 농장을 부르기 시작했고 /

call Animal Farm / by its proper name / and ceased to
정확한(진짜) 이름으로 / 더 이상 일부러 주장하지 않

pretend / that it was called the Manor Farm.
았다 / 동물 농장이 매너 농장으로 불린다고 /

They had also dropped their championship of Jones, /
그들은 또한 존스를 지지하는 것을 멈추었다 /

who had given up hope / of getting his farm back /
(왜냐하면) 그는 희망을 포기하고 / 농장을 다시 찾는 /

and gone to live / in another part of the county.
살려고 떠났기 때문이다 / 같은 주의 다른 지역에서

Except through Whymper, / there was as yet no contact /
윔퍼를 통하여 (인간을 접촉하는 것을) 제외하고 / 이제까지 접촉이 없었다 /

between Animal Farm and the outside world, /
동물 농장과 외부 세상과의 /

whiskers 구레나룻 commission 수수료, 위임 rouse 잠에서 깨우다 partly 어느 정도, 약간
reconcile 받아들이다, 감수하다 hold ~as an article of faith 확고하게 믿다 diagram 도형
bound 틀림없이 ~하는, 꼭 ~하는 certain 어느 정도, 약간 efficiency 효율성 proper 정확한, 적절한
pretend 일부러 ~라고 말하다(주장하다) championship 옹호, 주장 as yet 이제까지, 지금까지

but there were constant rumors / that Napoleon was about
그러나 끊임없이 소문이 나돌았다 / 나폴레옹이 곧 확정적인 거래 계약을

to enter into a definite business agreement /
맺으려고 한다는 /

either with Mr. Pilkington of Foxwood / or with Mr.
팍스우드의 필킹턴씨나 / 또는 핀치필드의 프레데릭

Frederick of Pinchfield / —but never, it was noticed, with
씨와 / 그러나 절대로 양측과 동시에 (계약을 맺지) 않을

both simultaneously.
것이라고 알려졌다

It was about this time / that the pigs suddenly moved /
바로 이 무렵에 / 돼지들이 갑자기 이사하고 /

into the farmhouse / and took up their residence there.
농장 주택으로 / 그곳에서 거주하기 시작했다.

Again the animals seemed to remember /
다시 동물들은 기억하고 있는 것 같았다 /

that a resolution against this had been passed / in the early
이것(인간의 집에 사는 것)을 반대하는 결의안이 통과되었던 것을 / 초기에 /

days, / and again Squealer was able to convince them /
그래도 또다시 스퀼러는 동물들을 납득시킬 수 있었다 /

that this was not the case.
이것이 사실이아니라고

It was absolutely necessary, / he said, / that the pigs, /
절대적으로 필요하다고 / 그는 말했다 / 돼지들은 /

who were the brains of the farm, / should have a quiet
농장의 두뇌(지적 지도자)인 / 조용한 곳이 있어야 한다고 /

place / to work in. It was also more suited / to the dignity
일할 수 있는. 또한 더 잘 어울렸다 / 지도자의 품위에 /

of the Leader / (for of late he had taken to /
(지도자라고 부른 이유는 최근에 그는 버릇이 들었기 때문이다 /

speaking of Napoleon under the title of "Leader")
나폴레옹을 "지도자" 라는 칭호로 부르는)

to live in a house / than in a mere sty.
주택에 사는 것이 / 단지 돼지우리에 지나지 않는 곳에 사는 것보다

Nevertheless, some of the animals / were disturbed /
그런데도 역시 일부 동물들은 / 마음이 불안했다 /

when they heard / that the pigs not only took their meals /
그들이 들었을 때 / 돼지들이 식사를 하고 /

in the kitchen / and used the drawing-room /
부엌에서 / 응접실을 사용하고 /

as a recreation room, / but also slept in the beds.
오락실로 / 또한 침대에서 잠을 잔다는 것을 (들었을 때)

Boxer passed it off / as usual / with "Napoleon is always
박서는 이것을 무시했다 / 평소처럼 / "나폴레옹이 언제나 옳다!" 라는 말로,

right!", but Clover, / who thought she remembered /
그러나 클로버는 / 자신이 기억하고 있다고 생각한 /

a definite ruling against beds, / went to the end
침대 사용을 금하는 명확한 결정을 / (클로버는) 헛간의 끝으로 가서 /

of the barn / and tried to puzzle out / the Seven
알아내려고 애썼다 / 7계명을 /

Commandments / which were inscribed there.
(어떤 계명?) 그곳에 새겨져 있는

Finding herself unable to read / more than individual
자신이 읽을 수 없다는 것을 알았기 때문에 / 각각의 글자(이상으로) 밖에 /

letters, / she fetched / Muriel.
그녀는 데려왔다 / 뮤리엘을

동명사의 의미상 주어를 따로 표시하는 때가 있다. 아래 예문의 경우, 동명사(coming and going)의 의미상 주어는 "his"인 소유격으로 표시한다. 이 문장의 주어인 "the animals"는 누군가 오고 가는 것을 쳐다보고 있고, 오고 가는 행위를 하는 것은 다른 사람이기 때문에 "his"는 의미상 주어 역할을 한다.

예) The animals watched / his coming and going / with a kind of dread.
동물들은 쳐다보았다 / 그가 오고 가는 것을 / 일종의 두려움을 가지고

enter into (협약, 관계를) 맺다 be noticed 알려지다, 밝혀지다 take up one's residence (들에) 거주하다
case 사실, 진실 dignity 품위, 직함 take to ~하는 버릇(습관)이 들다 title 칭호 sty 돼지우리
disturb 불안하게 하다

SCENE 5

"Muriel," she said, "read me the Fourth Commandment.
"뮤리엘" 그녀는 말했다 "나에게 4번째 계명을 읽어줘요

Does it not say something / about never sleeping in a bed?"
그 계명은 뭐라고 말하고 있나요 / 침대에서 잠을 자지 말라는 것에 대해"

With some difficulty / Muriel spelled it out.
상당히 힘들게 노력하면서 / 뮤리엘은 그것(4번째 계명)을 천천히 읽었다

"It says, 'No animal shall sleep / in a bed with sheets,'" /
"네 번째 계명에는 쓰여 있어요, '어떤 동물도 자면 안 된다 / 시트가 있는 침대에서' " 라고 /

she announced finally.
그녀는 마침내 큰소리로 말했다.

Curiously enough, / Clover had not remembered /
정말로 이상하게도 / 클로버는 기억하지 못했다 /

that the Fourth Commandment mentioned sheets; /
네 번째 계명이 시트에 대해 언급한 것을 /

but as it was there on the wall, / it must have done so.
그러나 그것이 벽에 있었기 때문에 / 네 번째 계명이 그렇게 말했음이 틀림없었다.

And Squealer, / who happened to be passing / at this
그리고 스퀼러는 / 우연히 지나고 있었던 / 이때 /

moment, / attended by two or three dogs, / was able to put
두세 마리의 개를 데리고 / 그 문제를 제대로 파악할 수

the whole matter in its proper perspective.
있었다(설명해줄 수 있었다)

"You have heard then, comrades," he said, /
"그러면 여러분들이 들었을 것입니다, 동지 여러분" 그는 말했다 /

"that we pigs now sleep / in the beds of the farmhouse?
"우리 돼지들이 이제 잠을 잔다는 것을 / 농장 주택의 침대에서

And why not? You did not suppose, / surely, /
그러면 왜 안 됩니까?　　여러분들은 생각하진 않을 것이지요? / 설마 /

that there was ever a ruling / against beds?
결정(규칙)이 있었다고 /　　　　　　　침대 사용을 금하는

A bed merely means / a place to sleep in.
침대란 단순히 의미할 뿐입니다 /　　잠잘 수 있는 곳을

A pile of straw in a stall is a bed, / properly regarded.
축사에 있는 한 더미의 짚도 침대입니다 /　　　　제대로 생각해본다면

The rule was against sheets, / which / are a human
그 규칙은 시트사용을 금지한 것입니다 /　　왜냐하면 시트는 / 인간의 발명품이기 때문입

invention. We have removed the sheets / from the
니다.　　　우리는 시트를 없애버렸고 /　　　　농장 주택의 침대에서 /

farmhouse beds, / and sleep between blankets.
　　　　　　담요 속에서 잠을 잡니다.

And very comfortable beds / they are too!
그리고 매우 편리한 잠자리입니다 /　　그들도 또한

But not more comfortable / than we need, /
그러나 더 안락하지 않습니다 /　　우리가 필요한 것 이상으로 /

I can tell you, comrades, / with all the brainwork /
정말이지, 동지 여러분 /　　모든 지적 노동 때문에 /

we have to do nowadays. You would not rob us /
우리가 오늘날 해야 되는.　　우리에게서 빼앗지 않겠지요? /

of our repose, / would you, comrades?
휴식을 /　　그렇지 않습니까, 동지 여러분

You would not have / us too tired / to carry out our
여러분들은 만들지는 않겠지요 /　우리가 너무 지쳐서 / 임무를 수행하지 못하도록

duties? Surely none of you wishes / to see Jones back?"
　　　설마 여러분들 중 누구도 바라지 않겠지요 /　　존스가 돌아오길

The animals reassured him / on this point /
동물들은 그에게 안심시켰고 /　　　　　이 점에 대해 /

immediately, / and no more was said / about the pigs
곧바로 /　　　　그리고 더 이상 아무 말도 하지 않았다 / 돼지들이 잠자는 것에 대해 /

sleeping / in the farmhouse beds.
　　　　농장 주택의 침대에서

spell out 천천히 읽다 announce 큰소리로 알리다(말하다) attend ～와 동행하다, 동반하다
put ~ in its proper perspective (문제를) 제대로 파악하다 regard ～을 생각하다, 고려하다
remove 제거하다, 없애다 repose 휴식

And when, some days afterwards, / it was announced /
그리고 며칠이 지난 후 / 발표되었을 때 /

that from now on / the pigs would get up / an hour later in
이제부터 / 돼지들은 일어날 것이라고 / 한 시간 늦게 아침에

the mornings / than the other animals, / no complaint was
다른 동물들보다 / 어떤 불평도 하지 않았다 /

made / about that either.
이 점에 대해 또한

By the autumn the animals were tired but happy.
가을 까지 동물들은 피곤했지만 행복했다

They had had a hard year, / and after the sale / of part of
그들은 힘든 한해를 보냈고 / 팔았음에도 불구하고 / 건초와 곡물의

the hay and corn, / the stores of food / for the winter /
일부를 / 비축된 식량은 / 겨울용으로 /

were none too plentiful, / but the windmill compensated /
그다지 풍부하지 않았다(매우 풍족한 것은 아니다) / 그러나 풍차는 보상해주었다 /

for everything. It was almost half built / now.
모든 것을. 그것은 거의 반쯤 건설되었다 / 이제

After the harvest / there was a stretch of clear dry weather, /
추수를 한 후에 / 장기간의 맑고 건조한 날씨가 지속되었다 /

and the animals toiled / harder than ever, /
그리고 동물들은 일했다 / 어느 때보다 더 열심히 /

thinking it well worth while / to plod to and fro all day /
가치가 있다고 생각했기 때문에 / 하루 종일 터벅터벅 왔다 갔다 하는 것이 /

with blocks of stone / if by doing so / they could raise /
돌덩어리를 들고 / 그렇게 해서 / 그들이 높일 수 있다면 /

the walls another foot.
벽을 한 피트라도 더

curiously(strangely, oddly) enough; 아주 묘하지만, 정말로 이상하게도

이 표현은 발생한 사건이 매우 놀랍거나 이상하다고 말할 때 사용한다. 아래 예문을 자세히 보면,
"정말로 이상한 일이 있다. 그것은 클로버가 네 번째 계명에서 침대 시트에 대해 언급한 것을 기
억하지 못하는 것이다."

complaint 불평 after ~에도 불구하고 corn 곡물 none too 그다지 ~하지 않다, 조금도 ~하지 않다
compensate 보상하다 a stretch of 장기간의 plod 터벅터벅 걷다

SCENE 6

Boxer would even come out / at nights / and work /
박서는 심지어 나와서 / 밤에 / 일하곤 했다 /

for an hour or two / on his own / by the light of the
한두 시간씩 / 혼자서 / 보름달 빛을 받으며

harvest moon. In their spare moments / the animals would
여가 시간이면 / 동물들은 걷곤 했다 /

walk / round and round the half-finished mill, /
반쯤 완성된 풍차 주위를 빙글 빙글 돌면서 /

admiring / the strength and perpendicularity of its walls /
(그리고) 감탄하곤 했다 / 풍차 벽이 튼튼하고 수직으로 우뚝 서있는 것에 /

and marvelling / that they should ever have been able to
그리고 놀라워했다 / 자신들이 건설할 수 있었다는 것에 /

build / anything so imposing. Only old Benjamin /
그렇게 위풍당당한 것(풍차)을. 단지 벤자민 영감만이 /

refused to grow enthusiastic / about the windmill, /
열광하지 않았다 / 풍차에 대해 /

though, as usual, he would utter nothing / beyond the
역시 평소처럼, 그는 아무 말도 하지 않았다 / 애매한 말 이외에는 /

cryptic remark / that donkeys live a long time.
당나귀는 장수한다는

November came, / with raging south-west winds.
11월이 다가왔다 / 격렬한 남서부풍과 함께

Building had to stop / because it was now too wet /
풍차건설은 중지되어야 했다 / 왜냐하면 날씨가 너무 습하여 /

to mix the cement. Finally there came a night /
시멘트를 혼합할 수 없었기 때문에. 마침내 밤이 왔다 /

when the gale was so violent / that the farm buildings
그날 밤에 강풍이 너무나 격렬하여 / 농장 건물이 흔들렸고 /

rocked / on their foundations / and several tiles /
주춧돌부터 / 기와 몇 장이 /

were blown off / the roof of the barn. The hens woke up /
강풍에 날아가 버렸다 /   헛간 지붕에서   암탉은 깼다 /

squawking with terror / because they had all dreamed
겁에 질려 짹짹거리며 /   그들 모두가 꿈을 동시에 꾸었기 때문이었다 /

simultaneously / of hearing a gun go off / in the distance.
(어떤 꿈?) 총이 발사되는 소리를 듣는 /   먼 곳에서

In the morning the animals came out of their stalls /
아침에 동물들이 축사에서 나와 보니 /

to find / that the flagstaff had been blown down /
발견했다 /   깃대가 (강풍에) 쓰러졌고 /

and an elm tree / at the foot of the orchard /
느릅나무가 /   과수원 아래쪽에 있던 /

had been plucked up like a radish. They had just noticed
무처럼 뽑혀있는 것(모습)을.   그들은 이런 모습을 알아차렸다 /

this / when a cry of despair broke / from every animal's
바로 그 때 절망적으로 외치는 소리가 터져 나왔다 / 모든 동물의 목에서

throat. A terrible sight / had met their eyes.
끔찍한 광경이 /   시야에 들어왔다

The windmill was in ruins.
풍차는 파괴되어 있었다.

With one accord they dashed down / to the spot.
일제히 그들은 황급히 달려갔다 /   현장으로

Napoleon, / who seldom moved / out of a walk, / raced /
나폴레옹은 /   (어떤 나폴레옹?) 좀처럼 움직이지 않았던 / 걷는 속도 이상으로 / 달려갔다 /

ahead of them all. Yes, there it lay, / the fruit of all their
모든 동물보다 앞장서서.   그렇다, 그곳에 풍차는 누워있었다 / 그들의 모든 노력의 결실인 /

struggles, / levelled to its foundations, / the stones / they
주춧돌 아래까지 파괴되어서 /   돌들은 /   그들이

had broken and carried / so laboriously / scattered all
쪼개어 날랐던 /   그렇게 힘들게 /   사방에 흩어져 있었다.

around. Unable at first to speak, / they stood gazing /
처음에 말을 할 수가 없었기 때문에 /   그들은 바라보면서 서있었다 /

mournfully / at the litter of fallen stone. Napoleon paced
슬픔에 잠겨서 /   어지럽게 쓰러진 돌을   나폴레옹은 이리저리 왔다

to and fro / in silence, / occasionally snuffing / at the
갔다 했다 /   아무 말 없이 /   가끔씩 킁킁 냄새를 맡으면서 /   (코를) 땅에 대고

ground.

His tail had grown rigid / and twitched sharply from side
그의 꼬리는 빳빳해졌고 / 좌우로 격렬하게 움직였다 /

to side, / a sign / in him of intense mental activity.
(이것은) 표시였다 / 그가 강렬한 두뇌 활동을 한고 있다는

Suddenly he halted / as though his mind were made up.
갑자기 그는 멈추었다 / 마치 마음을 결정한 듯이

"Comrades," he said quietly, "do you know / who is
"동지 여러분" 그는 조용히 말했다, "여러분은 아나요 /

responsible for this? Do you know the enemy / who
이런 일에 누가 책임이 있는지? 적을 알고 있나요 / (어떤 적?)

has come in the night / and overthrown our windmill?
밤에 와서 / 우리의 풍차를 무너뜨린

SNOWBALL!" he suddenly roared / in a voice of thunder.
스노볼!" 입니다. 그는 갑자기 고함쳤다 / 천둥 같은 목소리로

"Snowball has done this thing! In sheer malignity, /
"스노볼이 이런 짓을 했습니다!" 순전히 악한 마음으로 /

thinking / to set back our plans / and avenge himself / for
생각했기 때문에 / 우리의 계획을 지연시키고 / 복수하려고 (생각했기 때문에) /

his ignominious expulsion, / this traitor has crept here /
굴욕적으로 추방당한 것을 / 이 반역자는 이곳으로 기어 들어와서 /

under cover of night / and destroyed our work / of nearly
어둠을 이용하여 / 우리가 작업한 것을 파괴해버렸습니다 / 거의 일년 동안

a year. Comrades, here and now I pronounce / the death
동지 여러분, 지금 여기서 저는 선언합니다 / 사형선고를 /

sentence / upon Snowball. 'Animal Hero, Second Class,'
스노볼에게. '동물 영웅, 2급 훈장' 과 반 부셸의 사과를

and half a bushel of apples / to any animal / who brings
(수여합니다) / 어떤 동물에게나 / 그를 법에 따라

him to justice. A full bushel / to anyone / who captures
처벌하는 한. 부셸의 사과를 (수여합니다) / 누구에게나 / 그를 산채로 잡아오는

him alive!"

pluck ~을 뽑다 when 바로 그때에 in ruins 파괴된 with one accord 일제히 struggle 각고의 노력, 분투
level 파괴시키다 mournfully 애처롭게, 슬픔에 잠겨 litter 흐트러진 것, 어질러져 있는 것
pace (진정 못하고) 왔다 갔다 하다, 천천히 걷다 rigid 굳은, 빳빳한 twitch 격렬하게 움직이다, 경련이 일어나다
roar 고함치다, 소리 지르다 sheer 순전히, 단순이 malignity 악한 마음, 원한 avenge 복수하다
ignominious 수치스러운, 굴욕적인 expulsion 추방 traitor 반역자, 배반자
under cover of ~을 틈타, ~을 이용하여 bring ~ to justice 법에 따라 처벌하다, 재판에 회부하다

SCENE 7

The animals were shocked / beyond measure / to learn /
동물들은 충격을 받았다 / (어느 정도로) 엄청나게 / (왜?) 알았기 때문에 /

that even Snowball could be guilty / of such an action.
스노볼조차도 저지를 수 있다는 것을 / 이정도로 심한 행동을

There was a cry of indignation, / and everyone began
분노하여 외치는 소리가 있었고 / 모든 자들이 생각하기 시작했다 /

thinking out / ways of catching Snowball / if he should
스노볼을 잡을 방법을 / 만일 그가 언젠가 돌아

ever come back.
온다면

Almost immediately / the footprints of a pig were
거의 곧바로 / 돼지의 발자국이 발견되었다 /

discovered / in the grass / at a little distance / from the
풀밭에서 / 조금 떨어져 있는 / 언덕에서

knoll. They could only be traced / for a few yards, /
발자국을 추적할 수밖에 없었다 / 몇 야드까지만 /

but appeared to lead to / a hole in the hedge.
그러나 연결되어 있는 것 같았다 / 울타리에 있는 구멍까지.

Napoleon snuffed deeply / at them / and pronounced /
나폴레옹은 깊이 (숨을 들이쉬며) 냄새를 맡았다 / 발자국의 냄새를 / 그리고 선언했다 /

them to be Snowball's.
그들이 스노볼의 발자국이라고

He gave it as his opinion / that Snowball had probably
그는 자신의 의견을 말했다 / 스노볼은 아마도 왔다는 (의견을) /

come / from the direction of Foxwood Farm.
팍스우드 농장 쪽에서

"No more delays, comrades!" cried Napoleon /
"더 이상 지체해선 안 됩니다, 동지 여러분!" 나폴레옹이 소리쳤다 /

when the footprints had been examined.
발자국을 조사한 후

"There is work to be done. This very morning /
"반드시 해야 할 일이 있습니다. 바로 오늘 아침에 /

we begin rebuilding / the windmill, / and we will build /
우리는 재건하길 시작할 것입니다 / 풍차를 / 그리고 우리는 건설할 것입니다 /

all through the winter, / rain or shine.
겨울 내내 / 어떤 경우라도

We will teach this miserable traitor / that he cannot undo
우리는 야비한 반역자가 깨닫게 할 것입니다 / 그는 우리의 작업을 망칠 수 없다고 /

our work / so easily.
그렇게 쉽게

Remember, comrades, / there must be no alteration /
명심하십시오, 동지 여러분 / 어떤 변경도 없어야 합니다 /

in our plans: / they shall be carried out / to the day.
우리 계획에는 / 계획은 실행되어야 합니다 / (하루도 어김없이) 정확하게

Forward, comrades! Long live the windmill!
앞으로 전진, 동지 여러분! 풍차 만세!

Long live Animal Farm!"
동물 농장 만세!"

가정법 과거 vs. 직설법 조건문

가정법과 조건문 모두가 "if" 다음에 조동사가 올수 있다. 두 문장을 구분하는 방법은 간단하다. 현재 상황과 반대되는 가능성이 희박한 일을 가정하면, 과거 동사를 쓰고, 과거에 일어난 사건과 반대되는 상황을 가정해보면, 동사를 과거 완료 형태로 사용한다. 직설법의 조건문은 단지 불확실한 상황을 생각해보는 것이다. 아래 예문의 경우, 스노볼이 농장으로 다시 돌아올 것이지 아닐지가 불확실한 상황이다. 이때 돌아온다고 가정해보았기 때문에 직설법 조건문이다.

예) Everyone began thinking out / ways of catching Snowball /
모든 자들이 생각하기 시작했다 / 스노볼을 잡을 방법을 /
if he should ever come back.
만일 그가 언젠가 돌아온다면

beyond measure 엄청나게, 매우 indignation 분노 ever 언젠가 snuff 냄새를 맡다 pronounce 선언하다, 선고하다 rain or shine 어떤 경우라도, 무슨 일이 일어나더라도 teach 깨닫게 하다 miserable 야비한, 파렴치한 undo 파괴하다, 파멸시키다 alteration 변경, 개조 to the day (하루도 어김없이) 정확하게

Quiz 6

A. 내용 이해하기

다음 문장을 읽고 본문의 내용과 맞으면 T(True), 틀리면 F(False)를 쓰세요.

1. At first the animals are happy because they believe that they are doing everything for their own good.

2. Squealer announces a new policy of engaging in trade with the neighboring farmers.

3. Napoleon has become dictatorial and the animals are no longer allowed to participate in decision making.

4. Napoleon forces the animals to continue building the windmill through the rain and cold.

B. 단어

다음 제시된 단어의 설명을 읽고, 어떤 단어의 정의를 설명하는지 아래의 박스에서 찾아 써 보세요.

1. to try very hard to do something, using your mental or physical strength

2. spending or costing too much money

3. solid waste from animals that is mixed with soil to help plants grow well

4. made by people or not made of natural things

5. to be more important than something else

6. a person who tries to help two opposing sides to agree with each other

7. based on belief that is wrong, or wrong about something that you thought you knew

8. to wake somebody up when they are sleeping

9. a small building where pigs are kept

10. to rest or lie comfortably in a place

> extravagant mistaken intermediary sty artificial
> strain repose rouse override manure

C. 직독직해

1. His strength seemed equal / to that of all the rest of the animals put together.

   →

2. The needs of the windmill must override / everything else, / he said.

   →

3. You would not have / us too tired / to carry out our duties?

   →

4. Napoleon, / who seldom moved / out of a walk, / raced / ahead of them all.

   →

D. 동시통역

1. 수확은 약간 덜 성공적이었다(감소했다) / 전년보다

   →

2. 나폴레옹은 발표했다 / 그가 새로운 정책을 결정했다고

   →

3. 나폴레옹은 그의 연설을 끝냈다 / 평소처럼 외치며 / "동물 농장만세" 라고

   →

4. 그는 갑자기 고함쳤다 / 천둥 같은 목소리로

   →

Answer

C. 1. 그의 힘은 비슷해보였다 / 나머지 모든 동물들의 힘을 모두 합친 것과 2. 풍차에 필요한 물건들이 우선해야 한다고 (더 중요하다고) / 다른 모든 것보다 / 그가 말했다 3. 여러분들은 만들지는 않겠지요 / 우리가 너무 지쳐서 / 임무를 수행하지 못하도록 4. 나폴레옹은 / (어떤 나폴레옹?) 좀처럼 움직이지 않았던 / 걷는 속도 이상으로 / 달려갔다 / 모든 동물보다 앞장서서

D. 1. The harvest was a little less successful / than in the previous year. 2. Napoleon announced / that he had decided upon a new policy. 3. Napoleon ended his speech / with his usual cry / of "Long live Animal Farm!" 4. He suddenly roared / in a voice of thunder.

🏠🏠 Chapter 7 🏠🏠

SCENE 1

It was a bitter winter. The stormy weather was followed by /
지독하게 추운 겨울이었다.　　　　폭풍우 치는 날씨 다음에는 왔다 /

sleet and snow, and then by a hard frost / which did not
진눈깨비, 눈,　　　　그 다음에 모진 서리가 /　　　이런 날씨는 변하지 않았다 /

break / till well into February. The animals carried on /
2월이 상당히 접어들 때까지.　　동물들은 계속 진행했다 /

as best they could / with the rebuilding of the windmill, /
최선을 다하여 /　　　　풍차를 건설하는 일을 /

well knowing / that the outside world was watching them /
잘 알고 있었기 때문에 /　외부세계가 그들을 주시하고 있다는 것을 /

and / that the envious human beings would rejoice and
그리고 (알고 있었기 때문에) 질투심이 강한 인간들이 기뻐하고 좋아할 것이라는 것을 /

triumph / if the mill were not finished / on time.
만일 풍차가 완성되지 않으면 /　　　　제때(예정대로)

Out of spite, / the human beings pretended not to believe /
앙심을 품고 /　　인간들은 믿지 않는척했다 (무엇을?) /

that it was Snowball / who had destroyed the windmill: /
바로 스노볼이 /　　　풍차를 파괴했다는 것을 /

they said / that it had fallen down / because the walls were
그들은 말했다 / 풍차가 쓰러졌다고 /　　　벽이 너무 얇았기 때문에

too thin. The animals knew / that this was not the case.
동물들은 알고 있었다 /　　이것이 사실이 아니라는 것을

Still, it had been decided / to build the walls / three feet
그럼에도 불구하고, 결정되었다 /　벽을 건설하기로 /　　이번에는 3피트 두께로 /

thick this time / instead of eighteen inches as before, /
전처럼 18인치로 하지 않고 /

which / meant collecting / much larger quantities of stone.
그래서 그것은 / 모으는 것을 의미했다 /　훨씬 더 많은 양의 돌을.

For a long time the quarry was full / of snowdrifts /
오랫동안 채석장은 가득차있었다 /　　　바람에 쌓인 눈 더미로 /

and nothing could be done. Some progress was made /
그래서 어떤 일도 할 수 없었다.   일이 조금씩 진행되었다 /

in the dry frosty weather / that followed, / but it was
건조하고 추운 날씨에는 /   이어지는 /   그러나 고통스러운

cruel work, / and the animals could not feel so hopeful /
작업이었다 /   그래서 동물들은 그렇게 낙관적으로 생각하지 않았다 /

about it / as they had felt before. They were always cold, /
작업에 대해 /   전에 느꼈던 것처럼.   그들은 언제나 추웠고 /

and usually hungry / as well. Only Boxer and Clover never
늘 굶주렸다 /   게다가.   단지 박서와 클로버만이 용기를 잃지 않았다.

lost heart. Squealer made excellent speeches / on the joy
스퀼러는 훌륭한 연설을 했다 /   봉사의 기쁨과

of service and the dignity of labor, / but the other animals
노동의 고귀함에 대해 /   그러나 다른 동물들은 더 많은

found more inspiration / in Boxer's strength and his
격려를 받았다 /   박서의 힘과 변함없는 외침에서 /

never-failing cry / of "I will work harder!"
        "난 좀더 열심히 일해야지!" 라는

In January food fell short. The corn ration was drastically
1월에 식량은 부족했다.   곡물 배급량은 급격하게 줄었다 /

reduced, / and it was announced / that an extra potato
그리고 발표되었다 /   추가적인 감자 배급이 있을 것이라고 /

ration would be issued / to make up for it.
        식량부족을 보충하기 위해

Then it was discovered / that the greater part of the potato
그 다음에 알게 되었다 /   수확한 감자의 상당한 부분이 /

crop / had been frosted / in the clamps, / which / had not
얼었다는 것을 /   감자더미 속에서 /   왜냐하면   그 감자더미가 /

been covered thickly enough. The potatoes had become
충분히 두껍게 덮여져 있지 않았기 때문이었다.   감자는 물러졌고 변색했다 /

soft and discolored, / and only a few were edible.
        그래서 단지 몇 개만 먹을 수 있었다.

For days at a time / the animals had nothing to eat /
한번에 며칠이나 /   동물들은 먹을 것이 없었다 /

but chaff and mangels.
여물과 사탕무 외에

Starvation seemed to stare them in the face.
기아(굶주림)가 그들의 얼굴을 정면으로 쳐다보는 것 같았다(굶주림이 눈앞에 다가온 것 같았다)

It was vitally necessary / to conceal this fact / from
절대적으로 필요했다 / 이런 사실을 감추는 것은 / 외부 세계에

the outside world. Emboldened / by the collapse of the
대담해진 / 풍차가 무너져서 /

windmill, / the human beings / were inventing fresh lies /
인간들은 / 새로운 거짓을 꾸며내고 있었다 /

about Animal Farm.
동물 농장에 대해

Once again it was being put about / that all the animals
또다시 (소문이) 퍼지고 있었다 / (어떤 소문?) 모든 동물들이 죽어가고

were dying / of famine and disease, / and that they were
있고 / 기아와 질병으로 / 그리고 그들은 끊임없이 싸우고

continually fighting / among themselves /
있으며 / 저희들끼리 /

and had resorted to cannibalism and infanticide.
서로 잡아먹고 새끼를 죽이는 짓을 하고 있다는 (소문이 퍼지고 있다)

Napoleon was well aware / of the bad results / that might
나폴레옹은 잘 알고 있었다 / 좋지 않은 결과에 대해 / 발생할 수 있는 /

follow / if the real facts of the food situation were known, /
만일 식량 사태에 대한 진실이 알려지면 /

and he decided / to make use of Mr. Whymper /
그래서 그는 결정했다 / 윔퍼씨를 이용하기로 /

to spread a contrary impression.
(실제 상황과) 반대되는 생각을 퍼뜨리기 위해

Hitherto the animals had had little or no contact / with
이제까지 동물들은 접촉이 거의 또는 전혀 없었다 / 윔퍼씨와 /

Whymper / on his weekly visits: / now, however, a few
그가 매주 방문할 때 / 그러나 이제 몇몇 선발된 동물들이 /

selected animals, / mostly sheep, / were instructed to
대부분이 양들이었던 / 아무렇지도 않은 듯이 말하라는 지시를

remark casually / in his hearing / that rations had been
받았다 / 그(윔퍼)가 듣고 있을 때 / (무엇을 말할까?) 배급 식량이 증가했다고

increased.

In addition, Napoleon ordered / the almost empty bins
게다가 나폴레옹은 명령했다 /   저장 창고에 있던 거의 빈 용기를 /

in the store-shed / to be filled nearly to the brim / with
테두리까지 거의 가득 채우라고 /   모래로 /

sand, / which was then covered up / with what remained
그리고 그 모래를 덮으라고 /   남아있는 곡물과 곡물 가루로

of the grain and meal. On some suitable pretext /
어떤 적절한 핑계로 /

Whymper was led through the store-shed / and allowed
윔퍼는 창고로 안내받았다 /   그리고 용기를

to catch a glimpse of the bins. He was deceived, /
얼핏 엿보게 했다   그는 속았고 /

and continued to report to the outside world /
외부 세상에 계속 알렸다 /

that there was no food shortage / on Animal Farm.
식량부족은 없다고 /   동물 농장에는

다의어란?

영어에는 한 단어로 여러 가지 의미를 표현하는 경우가 많다. 쉬운 듯한 단어지만 상황에 따라 다른 의미로 사용되기 때문에 어휘를 익힐 때 유의해야 한다. 이런 단어를 다의어라고 부른다. 아래 예문에 있는 "case"도 다의어에 속한다. "case"란 단어에는 "사례, 실례, 상황, 입장, 사실, 진상, 사건, 판례, 괴짜"처럼 의미가 많다. 아래 예문의 경우, 많은 의미 중에서 "사실, 진상"이라는 의미로 사용된다.

예) The animals knew / that this was not the case.
    동물들은 알고 있었다 / 이것이 사실이 아니라는 것을

chaff 여물, 왕겨 starvation 기아 stare ~ in the face 눈앞에 다가오다 vitally 절대적으로, 정말로
conceal 감추다 put about (소문을) 퍼뜨리다 resort to ~을 이용하다, ~에 의존하다
cannibalism 서로 잡아먹기, 식인 infanticide 유아 살해, 새끼를 죽이는 짓 impression 느낌, 생각
hitherto 이제까지 remark 말하다 casually 아무렇지도 않게, 무심코 to the brim (용기의) 테두리까지, 가득
meal 곡물 가루 suitable 적절한, 적당한 pretext 핑계, 구실 report 알리다, 전하다

SCENE 2

Nevertheless, towards the end of January / it became
그럼에도 불구하고 1월 하순이 되자 /   분명해졌다 (무엇이?) /

obvious / that it would be necessary / to procure some
필요한 것이 /   (무엇이 필요한가?) 좀더 많은 곡물을

more grain / from somewhere.
구해오는 것이 /   어디서든

In these days / Napoleon rarely appeared / in public, /
이 무렵 /   나폴레옹은 거의 나타나지 않았다 /   대중 앞에 /

but spent all his time / in the farmhouse, which was
그러나 모든 시간을 보냈다 /   농장 주택에서, 그 주택을 지키고 있었다 /

guarded / at each door / by fierce-looking dogs.
출입구에서 /   사나워 보이는 개들이

When he did emerge, / it was in a ceremonial manner, /
그가 (밖으로) 나올 때는 /   격식을 갖춘 태도로 (나왔다) /

with an escort of six dogs / who closely surrounded him
여섯 마리 개의 호위를 받으면서 /   (어떤 개?) 그를 가까이 에워싸고 으르렁거리는 /

and growled / if anyone came too near. Frequently he did
누군가 너무 가까이 다가서면.   자주 그는 나타나지도 않았다 /

not even appear / on Sunday mornings, / but issued his
일요일 아침에 /   그러나 명령을 내렸다 /

orders / through one of the other pigs, / usually Squealer.
여러 돼지 가운데 한 돼지를 통하여 /   대개 스퀼러를 (통하여)

One Sunday morning / Squealer announced / that the
어느 날 일요일 아침 /   스퀼러는 큰소리로 알렸다 /   암탉들은 /

hens, / who had just come in to lay again, /
(어떤 암탉?) 다시 알을 낳는 철을 맞이한 /

must surrender their eggs.
자신들의 알을 주어야 한다고

Napoleon had accepted, / through Whymper, / a contract /
나폴레옹은 받아들였다 /   윔퍼를 통해 /   계약을(받아들였다) /

for four hundred eggs a week.
일주일에 사백 개의 계란을 판매하는

The price of these would pay for / enough grain and
계란 판매가로 지불할 것이다 /   충분한 곡물과 곡물가루의 대금을 /

meal / to keep the farm going / till summer came on and
        농장을 지탱시킬 수 있을 정도로 /   여름이 와서 상황이 호전될 때까지

conditions were easier.

When the hens heard this, / they raised a terrible outcry.
암탉들이 이 소식을 들었을 때 /   그들은 격렬하게 항의했다

They had been warned earlier / that this sacrifice might
그들은 미리 경고를 받았다 /   이와 같은 희생이 필요할지도 모른다고 /

be necessary, / but had not believed / that it would really
            그러나 믿지 않았다 /   이런 일이 정말로 일어날 것이라고

happen. They were just getting their clutches ready /
        그들은 한배에 품는 알을 준비하던 중이었다 /

for the spring sitting, / and they protested / that to take
봄철 알 품기를 하려고 /   그래서 그들은 항의했다 (뭐라고?) / 지금 알을 빼앗아가는

the eggs away now / was murder.
것은 /   살육행위라고

For the first time / since the expulsion of Jones, /
처음으로 /   존스가 추방된 후 /

there was something / resembling a rebellion.
어떤 사건이 일어났다 /   반란에 가까운

Led by three young Black Minorca pullets, / the hens
세 마리의 어린 블랙 미노르카종의 암탉이 주도하여 /   암탉들은

made a determined effort / to thwart Napoleon's wishes.
단호하게 노력했다 /   나폴레옹의 요청을 꺾으려고

Their method was / to fly up to the rafters / and there lay
그들의 방법은 /   서까래까지 날아올라가서 /   그곳에 알을 낳는 것이었

their eggs, / which smashed to pieces / on the floor.
다 /   그러면 그 알은 산산조각으로 부서졌다 /   바닥에서

Napoleon acted / swiftly and ruthlessly.
나폴레옹은 조치를 취했다 / 빠르고 무자비하게.

procure ~을 획득하다, 얻다 emerge 나타나다, 나오다 ceremonial 격식을 갖춘(차린) surround ~을 에워
(둘러)싸다 growl (개가) 으르렁거리다 frequently 종종, 빈번히 come in 철을 맞이하다 surrender 내어주다,
넘겨주다 outcry 항의 clutch 한번에 품는 알 sitting 알 품기 resemble ~와 유사하다, ~을 닮다 pullet 어린
암탉 determined 단호한, 굳게 결심한 thwart 꺾다, 좌절시키다 wish 요청, 요망, 바램 ruthlessly 무정하게,
무자비하게

He ordered / the hens' rations to be stopped, /
그는 명령했고 / 암탉의 배급, 식량이 중단되도록 /

and decreed / that any animal / giving so much as a grain
공식적으로 선언했다 / 동물은 누구라도 / 한 톨의 옥수수라도 주는 /

of corn / to a hen / should be punished / by death.
암탉에게 / 처벌을 받을 것이라고 / 사형이라는(사형에 처한다고)

The dogs saw to it / that these orders were carried out.
개들은 조치를 취했다 / 이런 명령이 실행되도록

For five days the hens held out, / then they capitulated
5일 동안 암탉들은 저항했다 / 그 다음에 그들은 항복하고

and went back to their nesting boxes.
둥지로 돌아갔다.

Nine hens had died / in the meantime.
아홉 마리의 암탉이 죽었다 / 그러는 동안에

Their bodies were buried / in the orchard,
그들의 시체는 묻혔다 / 과수원에

and it was given out / that they had died of coccidiosis.
그리고 발표되었다 / 그들이 콕시디움증이라는 전염병으로 죽었다고

Whymper heard nothing of this affair, / and the eggs were
윔퍼는 이런 사건에 대해 아무것도 듣지 못했고 / 알은 제대로 배달되었다 /

duly delivered, / a grocer's van driving up to the farm /
(그리고) 식료품상의 트럭이 농장까지 왔다 /

once a week / to take them away.
일주일에 한번씩 / 알을 가져가려고

All this while / no more had been seen of Snowball.
이 동안에도 / 더 이상 스노볼이 보이지 않았다

He was rumored / to be hiding / on one of the
그는 소문에 의하면 / 숨어있었다 / 이웃 농장 중 어느 한곳에 /

neighbouring farms, / either Foxwood or Pinchfield.
팍스우드 아니면 핀치필드라는

Napoleon was by this time on slightly better terms /
나폴레옹은 이때쯤 약간 사이가 좋아졌다 /

with the other farmers / than before. It happened that /
다른 농장 주인들과 / 전보다는 / 우연히 /

there was / in the yard a pile of timber / which had been
있었다 / 마당에는 목재 한 더미가 / (어떤 목재 더미?) 그곳에 쌓아놓았던 /

stacked there / ten years earlier / when a beech spinney
　　　　　　10년 전에 /　　　　　　　　너도밤나무 숲을 벌목할 때

was cleared. It was well seasoned, / and Whymper had
　　　　　　목재가 잘 말랐고 /　　　　　　　윔퍼는 나폴레옹에게 권했다 /

advised Napoleon / to sell it; / both Mr. Pilkington and Mr.
　　목재를 팔라고 /　필킹턴씨와 프레데릭씨 모두가 사고 싶어 했다 /

Frederick were anxious to buy / it.
　　　　　　　　　　　　　　그것을

Napoleon was hesitating / between the two, /
나폴레옹은 망설이고 있었다 /　　　　둘 사이에서 /

unable to make up his mind. It was noticed /
(누구에게 팔지를) 결정하지 못했기 때문에.　　알려졌다 (무엇이?) /

that whenever he seemed on the point of coming to an
나폴레옹이 계약할 것 같은 때면 언제나 /

agreement / with Frederick, / Snowball was declared / to be
　　　　프레데릭씨와 /　　　스노볼은 밝혀졌다 /

in hiding / at Foxwood, / while, / when he inclined toward
숨어있는 것으로 / 팍스우드에 /　　한편 /　　나폴레옹의 마음이 필킹턴 쪽으로 기울어

Pilkington, / Snowball was said / to be at Pinchfield.
질 때는 /　　　스노볼은 소문에 의하면 /　　핀치필드에 있었다.

가주어란?

문장이 "it"으로 시작하고, 다음에 "be 동사와 형용사"가 온다. 그리고 "to 동사원형"이 온다. 이런 패턴의 문장에 있는 "it"의 의미가 명확하지 않기 때문에 그것을 가주어라고 부른다. 그리고 "to 동사원형"을 보면 주어의 의미가 명확해진다. 이런 패턴의 문장을 빠르게 이해하려면, 해석하는 요령은 간단하다. 아래 예문의 해석해놓은 것처럼, 영어 어순대로 문장을 이해하는 연습을 하는 것이다.

예) It would be necessary / to procure some more grain / from somewhere.
　　뭔가 필요할 것이다 / (무엇이 필요한가?) 좀더 많은 곡물을 구해오는 것이 / 어디서든

decree 공식적으로 선언하다 so much as ~조차도 ~까지도 see to it that 반드시 ~하도록 조치를 취하다, 신경을 쓰다 capitulate 항복하다 coccidiosis 콕시디움증(전염병) on better terms 사이(관계)가 더 좋은
beech 너도밤나무 spinney (잡목) 숲 clear (토지를) 개간하다, 벌목하다 seasoned (목재가) 잘 마른
on the point of ~하려는, ~하려하는 찰나에 declare ~임을 밝히다, 나타내다 incline (마음이) 기울다, 내키다

SCENE 3

Suddenly, early in the spring, / an alarming thing was
갑자기 초봄에 / 놀라운 일이 발견되었다

discovered. Snowball was secretly / frequenting the farm /
스노볼은 은밀히 / 농장에 자주 드나들었다 /

by night! The animals were so disturbed / that they could
밤을 틈타   동물들은 너무나 불안했다 / 그래서 그들은 거의 잠을

hardly sleep / in their stalls.
잘 수 없었다 / 축사에서

Every night, it was said, / he came creeping in / under
매일 밤, 소문에 의하면 / 그가 농장으로 몰래 들어 왔다 / 어둠을 틈타 /

cover of darkness / and performed all kinds of mischief.
그리고 온갖 종류의 못된 짓을 했다

He stole the grain, / he upset the milk-pails, / he broke the
그는 곡식을 훔치고 / 그는 우유 통을 뒤엎고 / 그는 계란을 깨뜨리

eggs, / he trampled the seedbeds, / he gnawed the bark /
고 / 그는 모판을 짓밟고 / 그는 껍질을 갉아 먹었다 /

off the fruit trees. Whenever anything went wrong /
과일 나무의   어떤 일이 잘못되면 언제나 /

it became usual / to attribute it to Snowball.
흔한 일이 되었다 / 스노볼 탓으로 돌리는 것이

If a window was broken / or a drain was blocked up, /
창문이 깨지거나 / 배수구가 막히면 /

someone was certain to say / that Snowball had come in
틀림없이 누군가가 말했다 / 스노볼이 밤에 와서 /

the night / and done it, / and when the key of the store-
그 짓을 했다고 / 그리고 창고의 열쇠가 분실되었을 때는 /

shed was lost, / the whole farm was convinced /
농장 전체는 확신했다 /

that Snowball had thrown it / down the well.
스노볼이 열쇠를 던져버렸다고 / 우물 아래로

Curiously enough, / they went on believing this / even
매우 이상하게도 / 그들은 이런 것을 계속 믿었다 / 심지어

after the mislaid key was found / under a sack of meal.
잃어버렸던 열쇠가 발견된 후에도 / 곡식가루의 자루 밑에서.

The cows declared unanimously / that Snowball crept
암소들은 만장일치로(너나없이) 말했다 /   스노볼이 축사로 기어 들어와서 /

into their stalls / and milked them / in their sleep.
우유를 짜갔다고 /   자신들이 잠자는 동안에

The rats, / which had been troublesome / that winter, /
쥐들은 /   골칫덩어리였던 /   그해 겨울에 /

were also said / to be in league with Snowball.
또한 소문이 돌았다 /   스노볼과 결탁했다는

Napoleon decreed / that there should be a full
나폴레옹은 명령을 내렸다 /   자세히 조사해야 한다고 /

investigation / into Snowball's activities.
스노볼의 활동을

With his dogs in attendance / he set out / to make a
그를 따라다니는 개들과 함께 /   그는 출발했다 /   조심스럽게 점검해보려고 /

careful tour of inspection / of the farm buildings, /
농장 건물을 /

the other animals following / at a respectful distance.
(이때) 다른 동물들이 뒤를 따라다녔다 /   그에게 경의를 표해 거리를 두면서.

At every few steps Napoleon stopped / and snuffed the
몇 발걸음 마다 나폴레옹은 멈추고서 /   땅에 코를 대고 냄새를 맡았다 /

ground / for traces of Snowball's footsteps, / which, he
스노볼 발자국의 흔적을 찾으려고 /   그렇게 하면, 그는

said, / he could detect by the smell.
말했다 /   자신이 냄새로 (그의 발자국 흔적을) 찾을 수 있다고

He snuffed / in every corner, / in the barn, / in the cow-
그는 쿵쿵거리며 냄새를 맡았다 / 구석구석 /   헛간에서 /   외양간에서 /

shed, / in the henhouses, / in the vegetable garden, /
닭장에서 /   야채 밭에서 /

and found traces of Snowball / almost everywhere.
그리고 스노볼의 흔적을 발견했다 /   거의 모든 곳에서

He would put his snout / to the ground, / give several
그는 그의 주둥이를 대고 /   땅에 /   몇 번씩 깊게 숨을 들이마시며

frequent 자주 가다, 종종 방문하다 disturbed 불안한 creep in 몰래 들어오다
under cover of ~을 틈타, ~으로 몸을 가리고 mischief 못된 짓, 해악 trample ~을 짓밟다 seedbed 모판
gnaw ~을 갉다 attribute ~의 탓으로 돌리다 drain 배수(구) unanimously 만장일치로, 너나없이
in league with ~와 결탁한, 한 통속인 decree 공식적인 명령을 내리다 in attendance 따라다니는, 돌보는
tour of inspection 시찰 여행, 견학 snuff 코로 냄새를 맡다 detect 발견하다 snout 주둥이

deep sniffs, / and exclaim in a terrible voice, /
냄새를 맡고 / 무서운 목소리로 소리치곤 했다 /

"Snowball! He has been here! I can smell him /
"스노볼! 그놈이 여기 왔었군! 나는 그의 냄새를 맡을 수 있어 /

distinctly!" and at the word "Snowball" / all the dogs let
분명히!" "스노볼" 이란 말을 듣고 / 모든 개들이 소름끼치도록

out blood-curdling growls / and showed their side teeth.
으르렁거리며 / 양옆 이빨을 드러냈다

The animals were thoroughly frightened. It seemed to
동물들은 완전히 겁에 질렸다 그들은 생각하는 듯했다 /

them / as though Snowball were some kind of invisible
마치 스노볼이 눈에 보이지 않지만 뭔가 영향을 주고 /

influence, / pervading the air about them / and menacing
그들 주변 공기 속에 스며들어서 / 그들을 위협하는 것처럼 /

them / with all kinds of dangers.
온갖 종류의 위협으로

In the evening Squealer called them together, /
저녁에 스퀼러는 동물들을 불러 모으고 /

and with an alarmed expression / on his face / told them /
놀란 표정을 짓더니 / 얼굴에 / 그들에게 말했다 /

that he had some serious news / to report.
중대한 소식이 있다고 / 전해줄

"Comrades!" cried Squealer, / making little nervous
"동지 여러분!" 스퀼러는 소리쳤다 / 긴장하여 조금씩 깡충깡충 뛰면서 /

skips, / "a most terrible thing has been discovered.
"매우 끔찍한 일이 밝혀졌습니다.

Snowball has sold himself / to Frederick of Pinchfield
스노볼이 자신을 팔았습니다 / 핀치필드 농장의 프레데릭에게 /

Farm, / who is even now plotting / to attack us /
그리고 그는 지금도 음모를 꾸미고 있습니다 / 우리를 공격하여 /

and take our farm away from us!
우리의 농장을 빼앗으려고

Snowball is to act as his guide / when the attack begins.
스노볼은 그의 안내자 역할을 할것입니다 / 공격이 시작되면

But there is worse / than that.
그러나 더 심각한 것이 있습니다 / 그보다.

We had thought / that Snowball's rebellion was caused /
우리는 알고 있었어요 / 스노볼의 반란이 일어났다고 /

simply by his vanity and ambition.
단지 그의 허영심과 야심 때문에

But we were wrong, comrades.
그러나 우리가 잘 못 알고 있었습니다, 동지 여러분

Do you know / what the real reason was?
알고 있었습니까 / 진짜 이유가 무엇이었는지

Snowball was in league / with Jones from the very start!
스노볼은 결탁하고 있었습니다 / 존스와 처음부터

He was Jones's secret agent / all the time. It has all been
그는 존스의 비밀 첩자였습니다 / 늘 그것은 입증되었습니다 /

proved / by documents / which he left behind him /
서류에 의해 / (어떤 서류?) 그가 (도망칠 때) 남겨놓고 갔고 /

and which we have only just discovered.
우리가 이제 겨우 발견한

To my mind / this explains a great deal, comrades.
제 생각엔 / 이것은 많은 것을 설명해줍니다, 동지 여러분

Did we not see for ourselves / how he attempted /
우리가 직접 보지 않았습니까 / 어떻게 그가 시도했는지 /

—fortunately without success /
다행히 성공하지 못했지만 /

—to get us defeated and destroyed / at the Battle of the
우리를 패배시키고 파멸시키려고 (시도했는지) / 외양간 전투에서"

Cowshed?"

sniff 냄새 맡음 let out (울음소리를) 내다 blood-curdling 소름끼치는, 등골이 오싹하는
invisible 눈에 보이지 않는 pervade 스며들다, 퍼지다 menace 위협하다 plot 음모를 꾸미다 vanity 허영심
document 문서, 서류 get ~을 ~한 상태로 되게 하다

SCENE 4

The animals were stupefied. This was a wickedness /
동물들은 큰 충격을 받았다　　　이것은 악독한 짓이었다 /

far outdoing / Snowball's destruction of the windmill.
훨씬 능가하는 /　　스노볼이 풍차를 파괴한 것을

But it was some minutes before / they could fully take it
그러나 몇 분 지나서야 /　　그들이 상황을 충분히 이해할 수 있었다

in. They all remembered, / or thought they remembered, /
그들 모두가 기억했다 /　　또는 자신들이 기억하고 있다고 생각했다 (무엇을?) /

that they had seen / Snowball charging ahead of them /
그들이 목격했던 것을 /　　스노볼이 그들보다 앞장서서 돌격하는 모습을 /

at the Battle of the Cowshed, / that he had rallied and
외양간 전투에서 /　　(무엇을?) 그가 흩어졌던 그들을 다시 모으고

encouraged them / at every turn, / and that he had not
격려했던 것을 /　　(힘든 전투를 할 때) 언제나 / 그리고 (무엇을?) 그는 잠시도 멈추지 않

paused for an instant / even when the pellets / from
았던 것을 (기억했다) /　　심지어 탄알이 /　　존스의 총에 나온 /

Jones's gun / had wounded his back. At first it was a little
그의 등에 상처를 입혔을 때마저도.　처음에는 조금 어려웠다 /

difficult / to see / how this fitted in with / his being on
이해하는 것이 / 어떻게 이런 사실이 일치하는지 /　그가 존스 편에 있다는 것과.

Jones's side. Even Boxer, / who seldom asked questions, /
심지어 박서마저도 / (어떤 박서?) 좀처럼 질문을 하지 않는 /

was puzzled. He lay down, / tucked his fore hoofs beneath
(이해가 안돼) 당혹스러워했다. 그는 누워서 /　앞발굽을 몸 밑에 넣고 /

him, / shut his eyes, / and with a hard effort / managed to
눈을 감았다 /　　그리고 열심히 노력하며 /　　자신의 생각을 겨우

formulate his thoughts.
명확하게 말했다

"I do not believe that," / he said.
"나는 그런 말을 믿을 수 없어요," / 그는 말했다.

"Snowball fought bravely / at the Battle of the Cowshed.
"스노볼은 용감하게 싸웠어요 /　　외양간 전투에서.

I saw him myself. Did we not give him / 'Animal Hero,
나는 직접 그를 보았어요.　우리가 그에게 주지 않았나요 /　'동물 영웅,

first Class,' / immediately afterwards?"
일급을' / (외양간 전투) 후에 즉시

"That was our mistake, comrade. For we know now /
"그건 우리의 실수였습니다, 동지. 왜냐하면 이제야 우리는 알게 되었기

—it is all written down / in the secret documents /
때문입니다 / 모든 것이 기록되어 있다는 것을 / 기밀문서에 /

that we have found / —that in reality he was trying to
우리가 발견한 / (무엇을 알게 되었는가?) 사실 그가 유인하려 했던 것을 /

lure / us to our doom."
우리를 파멸로"

"But he was wounded," said Boxer.
"그러나 그는 부상당했잖아요," 박서가 말했다

"We all saw / him running with blood."
"우리 모두가 보았어요 / 그가 피를 흘리면서 달려가는 것을"

"That was part of the arrangement!" cried Squealer.
"그것은 약속한 내용(음모)의 한 부분이었습니다!" 스퀼러가 소리쳤다

"Jones's shot only grazed / him.
"존스의 총알은 단지 스치기만 했습니다 / 그를

I could show you / this in his own writing, /
나는 여러분들께 보여줄 수 있습니다 / 이런 내용을 그가 직접 썼다는 것을 /

if you were able to read it. The plot was for Snowball, /
만일 여러분들이 읽을 수 있다면. 그 음모에 의하면 스노볼은 /

at the critical moment, / to give the signal for flight /
중요한 순간에 / 도주하라는 신호를 보내고 /

and leave the field / to the enemy. And he very nearly
싸움터를 넘겨주는 것이었습니다 / 적에게. 그리고 그는 거의 성공할 뻔했습니다 /

succeeded / —I will even say, comrades, /
—저는 주장하겠습니다, 동지 여러분 /

stupefied 큰 충격을 받은, 넋을 잃은 wickedness 악행, 악독한 짓 outdoing ~을 능가하는
take in (보고 들은 것을) 이해하다 charge 돌격하다 rally 다시 모으다 at every turn 언제든지, 자주
fit in ~와 일치하다, 잘 맞다 tuck ~을 밀어 넣다, 쑤셔 넣다 formulate 명확하게 말하다
lure ~를 유인하다, 유혹하다 doom 파멸, 죽음 graze 스치다, 스쳐 지나가다 critical 중요한 flight 도주, 탈출
field 싸움터, 전선, 진지

he WOULD have succeeded / if it had not been for /
그가 성공했을 것이라고 / 없었다면 /

our heroic Leader, Comrade Napoleon. Do you not
우리의 용맹스러운 지도자, 나폴레옹 동지가 / 기억하지 않습니까 /

remember / how, just at the moment / when Jones and his
어떻게, 바로 그 순간에 / 존스와 그의 인부가 마당 안으로

men had got inside the yard, / Snowball suddenly turned
들어왔던 (바로 그 순간에) / 스노볼이 갑자기 방향을 바꾸고 도망쳤고 /

and fled, / and many animals followed him?
많은 동물들이 그를 따라갔는지를 (기억하지 않습니까?)

And do you not remember, too, / that it was just at that
그리고 기억하지 않습니까, 또한 / 바로 그 순간에 /

moment, / when panic was spreading / and all seemed
공포감이 퍼지고 있었고 / 모두가 어찌할 바를 모르는

lost, / that Comrade Napoleon sprang forward /
(그 순간에) / 나폴레옹 동지는 앞으로 뛰어가서 /

with a cry of 'Death to Humanity!' / and sank his teeth /
'인간에게 죽음을'이라고 외치면서 / 깊게 물었던 것을 (기억하지 않습니까?) /

in Jones's leg?
존스의 다리를

Surely you remember / THAT, comrades?" exclaimed
분명히 여러분들은 기억하지요 / 그것을, 동지 여러분" 스퀼러가 외쳤다 /

Squealer, / frisking from side to side.
좌우로 껑충껑충 뛰면서

Now when Squealer described / the scene so graphically,
이제 스퀼러가 묘사하자 / 그 장면을 매우 생생하게 /

/ it seemed to the animals / that they did remember it.
동물들은 생각하는 듯했다 / 자신들이 그 상황을 기억한다고

At any rate, they remembered / that at the critical
어쨌든, 그들은 기억했다 / 전투의 중요한 순간에 /

moment of the battle / Snowball had turned to flee.
스노볼은 방향을 바꾸고 달아난 것을.

But Boxer was still a little uneasy.
그러나 박서는 여전히 뭔가 약간 마음에 걸렸다.

"I do not believe / that Snowball was a traitor / at the
"나는 믿지 않습니다 /　　　스노볼이 배신자였다고 /　　　　　　　처음부터"

beginning," he said finally. "What he has done since is
그는 마침내 말했다.　　"그(외양간 전투) 이후로 그가 한 일이 다르다는

different. But I believe / that at the Battle of the Cowshed
것입니다.　　　그러나 나는 믿습니다 / 외양간 전투에서 /

/ he was a good comrade."
그는 훌륭한 동지였다는 것을"

It is 시간 before(until, till); 시간이 지나서야 ~하다.

아래 예문에 있는 "take in"은 뭔가를 "이해하다" 라는 의미고, "it"은 앞에 나온 상황을 의미한다.

예) It was some minutes before / they could fully take it in.
그러나 몇 분 지나서야 / 그들이 상황을 충분히 이해할 수 있었다

flee (flee-fled-fled) 달아나다, 도망치다 lost 어찌할 바를 모르는 humanity 인간
exclaim 외치다, 고함을 지르다 frisk 껑충껑충 뛰다, 뛰어다니다 graphically 생생하게
uneasy 마음에 걸리는, 불안한 traitor 배신자, 반역자

SCENE 5

"Our Leader, Comrade Napoleon," announced Squealer,
우리의 지도자, 나폴레옹 동지는" 스퀼러는 발표했다 /

/ speaking very slowly and firmly, /
매우 느리고 단호하게 말하면서 /

"has stated categorically / —categorically, comrade
"분명하게 말씀하셨습니다 / — 분명하게, 동지들 /

/ —that Snowball was Jones's agent / from the very
— 스노볼은 존스의 첩자였다고 / 처음부터 /

beginning / —yes, and from long before / the Rebellion
— 예, 게다가 오래전부터 / 반란을 계획하기도 전에

was ever thought of."

"Ah, that is different!" said Boxer.
"아, 그렇다면 다른 문제입니다!" 박서가 말했다.

"If Comrade Napoleon says it / it must be right."
"만일 나폴레옹동지, 그렇다고 말씀하시면 / 그건 틀림없이 옳습니다."

"That is the true spirit, comrade!" cried Squealer, /
"바로 그것(그 자세)입니다, 동지들!" 스퀼러가 소리쳤다 /

but it was noticed / he cast a very ugly look at Boxer /
그러나 알 수 있었다 / 그는 박서를 험상궂은 눈빛으로 쳐다보았다는 것을 /

with his little twinkling eyes. He turned to go, /
작고 반짝이는 눈으로. 그는 가려고 몸을 돌렸다가 /

then paused / and added impressively: /
그러던 중 멈추고 / 인상적으로 덧붙여 말했다 /

"I warn / every animal on this farm / to keep his eyes
"저는 경고합니다 / 이 농장에 있는 모든 동물들에게 / 눈을 크게 뜨고 있으라고

very wide open. For we have reason to think / that some
(경계하라고) 왜냐하면 우리는 생각할 만한 이유가 있기 때문입니다 / 스노볼의

of Snowball's secret agents / are lurking among us /
비밀 첩자 몇 명이 / 우리들 사이에 숨어 있다고 /

at this moment!”
이 순간에도!”

Four days later, / in the late afternoon, / Napoleon
(그 후로부터) 4일 후 /   오후 늦게 /   나폴레옹은

ordered all the animals / to assemble in the yard.
모든 동물들에게 명령했다 /   마당에 집합하라고.

When they were all gathered together, / Napoleon
그들 모두가 모였을 때 /   나폴레옹은

emerged from the farmhouse, / wearing both his medals
농장 주택에서 나타났다 /   두 개의 훈장을 달고서 /

/ (for he had recently awarded himself / “Animal Hero,
(왜냐하면 그는 최근에 자신에게 수여했기 때문이다 /   “동물 영웅, 일급” 훈장과

First Class”, and “Animal Hero, Second Class”),
“동물 영웅, 이급” 훈장을),

with his nine huge dogs / frisking round him / and
아홉 마리의 커다란 개들이 /   그의 주변을 뛰어 돌아다니고 /

uttering growls / that sent shivers down all the animals’
으르렁거리는 소리를 내면서 / (어떤 으르렁거리는 소리?) 동물의 등줄기를 오싹하게 하는.

spines. They all cowered silently / in their places, /
모든 동물들은 조용히 웅크리고 있었다 /   자신들이 있던 자리에서 /

seeming to know in advance / that some terrible thing /
미리 알고 있는 것처럼 /   뭔가 끔찍한 일이 /

was about to happen.
곧 일어날 것임을

Napoleon stood / sternly surveying his audience; / then
나폴레옹은 우뚝 서서 /   엄숙하게 자신의 청중을 살펴봤다 /

he uttered a high-pitched whimper. Immediately the dogs
그리고 그는 고음의 낑낑거리는 소리를 냈다.   즉시 개들이 앞으로 뛰어나가 /

bounded forward, / seized four of the pigs by the ear /
돼지 네 마리의 귀를 물고 /   그 돼지들을 끌고 갔다 /

---

state 말하다, 주장하다 categorically 분명하게, 명확하게 That's the true spirit! 바로 그 자세야!
cast a look at ~을 쳐다보다, 힐끗 보다 lurk 숨다, 숨어 기다리다 assemble 모이다, 집합하다 emerge 나타나다
frisk 껑충껑충 뛰다, 뛰어다니다 utter (소리를) 내다 growl 으르렁거리는 소리 shiver 오한, 전율 spine 등뼈, 척추
cower 웅크리다 sternly 엄숙하게 survey 살펴보다 whimper (개의) 낑낑거리는 소리

and dragged them, / squealing with pain and terror, /
고통과 공포로 비명 지르고 있는 (돼지들을) / (어디로?) 나폴레옹의 발 앞으로

to Napoleon's feet. The pigs' ears were bleeding, /
돼지들의 귀에서 피가 흐르고 있었고 /

the dogs had tasted blood, / and for a few moments /
개들은 피 맛을 보았다 /   그리고 잠시 동안 /

they appeared to go quite mad.
개들은 아주 미쳐버린 것 같아 보였다

To the amazement of everybody, / three of them flung
모두가 깜짝 놀라게도 /   세 마리의 개가 갑자기 돌진했다 /

themselves / upon Boxer. Boxer saw / them coming /
박서를 향해.   박서는 보았다 /   그들이 다가오는 것을 /

and put out his great hoof, / caught a dog in mid-air, /
그러자 그의 커다란 발굽을 내밀어서 /   개 한 마리를 공중에서 잡고 /

and pinned him / to the ground. The dog shrieked /
그를 (짓눌러) 꼼짝 못하게 했다 / 땅바닥에.   그 개는 비명을 질렀다 /

for mercy / and the other two fled / with their tails
자비를 베풀어 달라고 (살려달라고) / 다른 두 마리의 개는 도망쳤다 / 다리 사이에 꼬리를 감추고.

between their legs. Boxer looked at Napoleon / to know /
박서는 나폴레옹을 쳐다봤다 /   알려고 /

whether he should crush the dog to death / or let it go.
그가 그 개를 짓눌러 죽여야 할지 /   아니면 놓아줘야 할지

Napoleon appeared to change countenance, / and sharply
나폴레옹은 안색을 바꾸는 것처럼 보였고 /   박서에게 날카롭게

ordered Boxer / to let the dog go, / whereat Boxer lifted
명령했다 /   개를 놓아주라고 /   그러자 박서는 발굽을 들어올렸고 /

his hoof, / and the dog slunk away, / bruised and howling.
              개는 살금살금 도망쳤다 /   상처를 입고 울부짖으면서

Presently the tumult died down. The four pigs waited,
즉시 소동은 가라앉았다   네 마리의 돼지는 기다렸다 /

/ trembling, / with guilt written / on every line of their
떨면서 /   죄의식이 나타나 있는 채로 /   얼굴의 모든 주름살에 (얼굴에 온통)

countenances. Napoleon now called upon them / to
이번에는 나폴레옹은 그들에게 명령했다 /

confess their crimes. They were the same four pigs /
자신의 죄를 자백하라고　　　그들은 바로 그 돼지 네 마리였다 /

as had protested / when Napoleon abolished /
항의했던 /　　　나폴레옹이 폐지했을 때 /

the Sunday Meetings. Without any further prompting /
일요일 회의를.　　　더 이상 재촉하지도 않았지만 /

they confessed / that they had been secretly in touch /
그들은 자백했다 /　　(무엇을?) 자신들이 비밀리에 접촉했다고 /

with Snowball / ever since his expulsion, / that they had
스노볼과 /　　　그가 추방된 때부터 계속 /　　(무엇을?) 그들이 그와

collaborated with him / in destroying the windmill, /
협력했다고 /　　　풍차를 파괴할 때 /

and that they had entered into an agreement with him /
그리고 (무엇을?) / 자신들이 스노볼과 협정을 맺었다고 /

to hand over Animal Farm / to Mr. Frederick.
동물 농장을 넘겨주기로 /　　　프레데릭씨에게

They added / that Snowball had privately admitted to
그들은 덧붙여 말했다 / 스노볼이 은밀히 그들에게 자백했다고 /

them / that he had been Jones's secret agent / for years
자신이 존스의 비밀 첩자였다고 /　　　지난 몇 년 동안

past. When they had finished / their confession, /
그들이 끝냈을 때 /　　　자신들의 자백을 /

the dogs promptly / tore their throats out, / and in a
개들은 즉시 /　　　그들의 목을 물어뜯었다 /　　그리고 무시무시한

terrible voice / Napoleon demanded / whether any other
목소리로 /　　　나폴레옹은 물었다 /　　다른 동물 누구든 자백할 것이

animal had anything to confess.
있냐고

SCENE 6

The three hens / who had been the ringleaders / in the
세 마리의 암탉들은 /　　　(어떤 암탉?) 주동자였던 /　　　　　미수에 그친

attempted rebellion / over the eggs / now came forward
반란에서 /　　　　　계란문제로 /　　　이번에 앞으로 나와서 말했다 /

and stated / that Snowball had appeared / to them in a
　　　　스노볼이 나타나서 /　　　　　그들에게 꿈속에서

dream and incited them / to disobey Napoleon's orders.
그들을 선동했다고 /　　　　나폴레옹의 명령에 따르지 말라고

They, too, were slaughtered. Then a goose came forward
그들도 또한 학살되었다　　　그 다음 거위 한 마리가 앞으로 나와서 자백했

and confessed / to having secreted six ears of corn /
다 /　　　　곡물 여섯 개 이삭을 몰래 감춰서 /

during the last year's harvest / and eaten them / in the
작년에 수확기간 동안에 /　　　　　먹었다고 /　　　　밤에

night. Then a sheep confessed / to having urinated
그러자 양한마리가 자백했다 /　　　식수용 연못에 오줌을 누었다고 /

in the drinking pool / —urged to do this, / so she said,
　　　　　이렇게 하라고 권유받았다고 / 그녀는 말했다 /

/ by Snowball— / and two other sheep confessed / to
스노볼로부터 /　　　그리고 두 마리의 양이 자백했다 /

having murdered an old ram, / an especially devoted
늙은 숫양을 살해했다고 /　　　특히 나폴레옹의 열렬한 지지자였던 /

follower of Napoleon, / by chasing him / round and
　　　　　그를 쫓아다녀서 /　　　모닥불 주위로 빙글 빙글

round a bonfire / when he was suffering from a cough.
돌며 /　　　그가 기침으로 고생하고 있을 때

They were all slain / on the spot.
그들 모두는 살해되었다 /　　그 자리에서

And so the tale of confessions / and executions /
그렇게 자백을 하고 /　　　　처형하는 일은 /

went on, / until there was a pile of corpses lying /
계속되었다 /　　시체 더미가 (쌓여)있을 때까지 /

before Napoleon's feet and the air was heavy /
나폴레옹의 발 앞에 그래서 공기는 가시지 않았다 /

with the smell of blood, / which had been unknown /
피 비린내로 /　　　　　　　　　　이런 일은 전례가 없었다 /

there / since the expulsion of Jones.
그곳에서 / 존스가 추방된 이래로

When it was all over, / the remaining animals, /
모든 일이 끝났을 때 /　　　　　나머지 동물들은 /

except for the pigs and dogs, / crept away / in a body.
돼지와 개를 제외한 /　　　　　　　　살금살금 나갔다 /　다함께.

They were shaken and miserable.
그들의 마음은 동요됐고 비참했다

They did not know / which was more shocking /
그들은 확신할 수 없었다 /　　　어느 쪽이 더 충격적인지 /

—the treachery of the animals / who had leagued
동물들의 배신행위와 /　　　　　　　(어떤 동물들?) 스노볼과 결탁했던 /

themselves with Snowball, / or the cruel retribution /
아니면 잔인한 보복 중 /

they had just witnessed.
자신들이 방금 목격한

In the old days / there had often been / scenes of
예전에도 /　　　　　자주 있었다 /　　　　　살육 하는 소동(사건)이 /

bloodshed / equally terrible, / but it seemed to all of
이번처럼 끔찍했던 /　　　그러나 그들 모두는 생각하는 듯했다 /

them / that it was far worse / now that it was happening /
이번 일은 훨씬 더 끔찍했다고 /　　이번 일은 일어났기 때문에 /

among themselves.
자신(동지)들 간에

Since Jones had left / the farm, / until today, /
존스가 떠난 때부터 /　　　농장을 /　　　오늘 날까지 /

no animal had killed / another animal.
어떤 동물이든 죽이지 않았다 /　　다른 동물을

---

ringleader 주동자, 장본인 attempted 미수에 그친(범죄를 시도했지만 실패한) incite 선동하다
slaughter 도살(학살)하다 secrete 감추다, 숨기다 urinate 오줌을 싸다, 소변을 보다 urge ~할 것을 권유(설득)
하다 ram 숫양 bonfire 모닥불 slay 살해하다, 죽이다 on the spot 그 자리에서, 즉석에서 execution 처형
lie ~에 있다, 위치하다 heavy (냄새가) 잘 가지지 않는 in a body 다함께, 한 무리가 되어
shaken (마음이) 동요한, 섬뜩한, 당황한 treachery 배신(반) league 결탁(동맹)하다 retribution 보복, 징벌
witness 목격하다, 눈앞에 보다 scene 사건, 소동, 야단법석 bloodshed 살해, 학살

Not even a rat had been killed.
쥐 한 마리도 죽은 적이 없었다.

They had made their way / to the little knoll /
그들은 갔다 / 작은 언덕으로 /

where the half-finished windmill stood, / and with one
반쯤 완성된 풍차가 서 있는 / 그리고 일제히 그들 모두

accord they all lay down / as though huddling together /
가 누웠다 / 마치 함께 가까이 모이는 것처럼 /

for warmth / —Clover, Muriel, Benjamin, the cows, the
온기를 느끼려고 / 클로버, 뮤리엘, 벤자민, 암소, 양과

sheep, and a whole flock of geese and hens / —everyone,
거위와 암탉 무리 전체가 / 정말로 모두가

indeed, / except the cat, / who had suddenly disappeared
(누웠다) / 고양이를 제외하고 / (어떤 고양이?) 갑자기 사라졌던 /

/ just before Napoleon ordered / the animals to assemble.
나폴레옹이 명령하기 바로 전에 / 동물들에게 모이라고

For some time nobody spoke. Only Boxer remained on
잠시 동안 아무도 말하지 않았다 단지 박서만이 서있었다

his feet. He fidgeted to and fro, / swishing his long black
그는 안절부절 못하며 앞뒤로 움직였다 / 긴 검은 꼬리를 휘두르면서 /

tail / against his sides / and occasionally uttering /
옆구리를 향해 (꼬리로 옆구리를 때리면서) / 그리고 가끔씩 내면서 /

a little whinny of surprise. Finally he said:
놀라서 작게 우는 소리를 마침내 그는 말했다

"I do not understand it. I would not have believed /
"나는 이해할 수 없어요. 나는 생각도 못했어요 /

that such things could happen / on our farm.
그런 일이 일어날 수 있다고 / 우리의 농장에서

It must be / due to some fault / in ourselves.
틀림없어요 / 어떤 결점 때문에 일어난 것이 / 우리의

The solution, / as I see it, / is to work harder.
해결 방법은 / 제 생각엔 / 더 열심히 일하는 것이예요

From now onwards / I shall get up / a full hour earlier /
이제부터 / 나는 일어날 거야 / 꼭 한 시간 더 일찍 /

in the mornings."
아침마다

And he moved off / at his lumbering trot / and made for
그리고 그는 떠나고 /　　　육중하게 움직이는 빠른 걸음으로 /　채석장으로 향했다

the quarry. Having got there, / he collected /
　　　　　그곳에 도착했을 때 /　　　그는 모았다 /

two successive loads of stone / and dragged them down /
연달아 두 짐의(두 번 실을 수 있는) 돌을 /　　　그리고 돌을 끌고 내려갔다 /

to the windmill / before retiring for the night.
풍차가 있는 곳으로 /　　그날 밤 잠자리에 들기 전까지

주어가 긴 문장을 보면, 주어, 주어를 수식하는 부분, 동사를 파악한다.

아래 예문을 보면, "The three hens" 다음에 오는 관계대명사(who)는 "세 마리의 암탉"을 자세히 설명해준다. 이 문장의 주어는 "The three hens"이고 동사는 "came forward and stated"이다. 그래서 세 마리의 암탉이 나와서 말했다(The three hens came forward and stated)는 것이 중요하다. 암탉이 어떤 닭인지는 "who had been ringleaders ~"를 보면 알 수 있고, 그들이 뭐라고 말을 했는지는 "that Snowball had appeared ~"를 보면 알 수 있다.

예) The three hens / who had been the ringleaders ~ /
　　세 마리의 암탉들은 / (미수에 그친 반란의) 주동자였던 ~ /
　　came forward and stated / that Snowball had appeared / to them in a dream.
　　앞으로 나와서 말했다 / 스노볼이 나타났다고 / 그들에게 꿈속에서 /

knoll 작은 언덕 with one accord 일제히 huddle 움츠리다, 서로 모여들다 fidget 안절부절 못하다, 초조해하다
swish 휙 움직이다, 때리다 whinny 말의 울음소리 lumber 무겁게(육중하게) 움직이다 trot 빠른 걸음, 속보
make for ~으로 향하다 quarry 채석장 successive 연달아, 계속되는 retire 잠자리에 들다, 자다

SCENE 7

The animals huddled / about Clover, / not speaking.
동물들은 모여 있었다 / 클로버 주변에 / 아무 말도 하지 않고

The knoll / where they were lying / gave them a wide
작은 언덕에서 / 그들이 누워있었던 / 충분히 관찰할 수 있었다 /

prospect / across the countryside. Most of Animal Farm
그 지방 전체를. 동물 농장의 대부분이 시야에 들어왔

was within their view / —the long pasture / stretching
다(농장 전체를 볼 수 있었다) / 기다란 목초지 / 큰길까지 뻗어있는 /

down to the main road, / the hayfield, the spinney, the
건초지, 잡목림,

drinking pool, the plowed fields / where the young wheat
식수용 연못, 경작해 놓은 밭이 (시야에 들어왔다) / (어떤 밭?) 어린 밀이 빽빽하고

was thick and green, / and the red roofs of the farm
푸르게 자라는 / 그리고 농장 건물의 붉은 지붕이 (시야에 들어왔다)

buildings with the smoke curling / from the chimneys.
(어떤 지붕?) 연기가 뭉게뭉게 피어오르는 / 굴뚝에서

It was a clear spring evening. The grass and the bursting
맑게 갠 봄날의 저녁이었다. 풀과 새싹이 돋아나는 산울타리는 금빛으로

hedges were gilded / by the level rays of the sun.
빛났다 / 고르게 비치는 햇빛으로

Never had the farm / —and with a kind of surprise /
결코 농장은 / 그리고 일종의 뜻밖의 일이라고 느끼면서 /

they remembered / that it was their own farm, /
그들은 마음에 떠올렸다 (무엇을?) / 그것이 자신들의 농장이고 /

every inch of it their own property— / appeared to the
농장의 모든 것이 자신들의 재산이라는 것을 / (결코 농장은) 동물들에게 보였

animals / so desirable a place.
던 적이 없었다 / 그렇게 매력적인 곳으로

As Clover looked down / the hillside / her eyes filled /
클로버가 내려다보았을 때 / 언덕의 중턱을 / 그녀의 눈은 가득 찼다 /

with tears. If she could have spoken her thoughts, /
눈물로. 클로버가 그녀의 생각을 말로 표현할 수 있었다면 /

prospect 관찰, 전망 curl (연기가) 뭉게뭉게 피어오르다 bursting (새싹이) 솟아나는
gild 금빛으로 빛나다, 금빛 나게 하다 remember 마음에 떠올리다, 상기하다 property 재산
desirable 매력 있는(적인) hillside 언덕의 중턱

it would have been to say / that this was not what they
그것은 말했을 것이다 / 이것은 그들이 목표로 했던 것이 아니라고 /

had aimed at / when they had set themselves / years ago
그들이 마음을 정했을 때 / 오래전에

to work / for the overthrow of the human race.
노력하기로 / 인간을 전복(타도)하기 위해

These scenes of terror and slaughter / were not what they
공포와 학살의 사건은 / 그들이 기대했던 것이 아니다 /

had looked forward to / on that night / when old Major
그날 밤에 / 메이저 영감이 그들을 선동했을 때 /

first stirred them / to rebellion.
반란을 일으키도록

If she herself had had any picture of the future, / it had
만일 그녀가 미래의 모습을 묘사한다면 /

been of a society / of animals set free / from hunger and
그것은 사회일 것이다 / 동물들이 자유롭고 / 배고픔과 채찍으로부터 /

the whip, / all equal, / each working according to his
모두가 평등하고 / 각자 자신의 능력에 따라 일하고 /

capacity, / the strong protecting the weak, / as she had
강자가 약자를 보호하는 (사회일 것이다) / 그녀가 보호한 것처럼 /

protected / the lost brood of ducklings / with her foreleg /
방황하는 새끼 오리들을 / 앞발로 /

on the night of Major's speech.
메이저가 연설하던 날에

Instead / —she did not know why— / they had come to a
이와 반대로 / 그녀는 그 이유를 몰랐다 / 왜 그들은 시기에 이르렀는지 /

time / when no one dared speak his mind, /
(어떤 시기?) 아무도 감히 자신의 속마음을 말하지 못하는 (시기에) /

when fierce, growling dogs roamed / everywhere, /
사납고 으르렁거리는 개가 돌아다니면 / 여기저기서 /

and / when you had to watch / your comrades torn to
그리고 (어떤 시기에 이르렀는지 몰랐다?) 지켜보아야 하는 (시기에) / 동지들이 갈기갈기 찢기는

pieces / after confessing to shocking crimes.
것을 / 충격적인 범죄를 자백한 후에

There was no thought / of rebellion or disobedience /
어떤 생각도 하지 않았다 / 반란이나 불복종에 대해 /

in her mind. She knew that, / even as things were, /
마음속으로 그녀는 알고 있었다 / 비록 이와 같은 상황일지라도 /

they were far better off / than they had been in the days
그들이 살기에 훨씬 더 좋아졌다는 것을 / 존스 시절보다 /

of Jones, / and / that before all else / it was needful /
그리고 (알고 있었다) / 무엇보다도 / 필요하다는 것을 /

to prevent the return of the human beings.
인간의 귀환을 막아내는 것이

Whatever happened / she would remain faithful, / work
어떤 일이 일어날지라도 / 그녀는 계속 충성하고 /

hard, / carry out / the orders / that were given to her, /
열심히 일하고 / 수행할 것이다 / 명령을 / (어떤 명령?) 그녀에게 주어진 /

and accept / the leadership of Napoleon.
그리고 받아들일 것이다 / 나폴레옹의 지도를

But still, / it was not for this / that she and all the other
그러나 여전히 / 이런 것(공포와 학살)을 위해서가 아니었다 / 그녀와 모든 다른 동물들이 희망

animals had hoped and toiled. It was not for this /
을 품고 수고한 것은. 이런 것을 위해서가 아니었다 /

that they had built the windmill / and faced the bullets of
그들이 풍차를 건설하고 / 존스의 총알에 맞선 것도

Jones's gun. Such were her thoughts, / though she lacked
이러한 것이 그녀의 생각이었다 / 비록 그녀는 말은 부족했지만 /

the words / to express them.
자신의 생각을 표현할

At last, feeling / this to be in some way a substitute /
마침내 느꼈기 때문에 / 이런 것(노래 부르기)이 어떤 면에서 대신할 것이라고 /

for the words / she was unable to find, / she began to sing
말을 / (어떤 말?) 그녀가 찾을(표현할) 수 없는 / 그녀는 '영국의 동물들' 을

'Beasts of England'. The other animals / sitting round
부르기 시작했다. 다른 동물들도 / 그녀 주변에 앉아 있던 /

her / took it up, / and they sang it three times over /
노래를 불렀다 / 그들은 그 노래를 불렀다 / 세 번이나 /

—very tunefully, / but slowly and mournfully, /
아주 아름다운 가락으로 / 느리지만 애처롭게 /

in a way they had never sung it / before.
그들이 결코 불러 본적이 없는 방식(창법)으로 / 전에

---

stir 선동하다 rebellion 반란 picture 묘사, 기술 capacity 능력, 재능 brood 한배의 병아리(새끼)
dare 감히 ~하다 roam 돌아다니다, 배회하다 even as things were 이와 같은 상황일지라도
before all else 무엇보다 leadership 지도, 지휘 face (위험에) 맞서다, 직면하다 substitute 대리, 대신
take up 노래를 부르다 tunefully 아름다운 가락으로 mournfully 애처롭게

SCENE 8

They had just finished singing it / for the third time /
그들은 노래를 부르는 것을 방금 끝냈다 /　　　세 번째로 /

when Squealer, / attended by two dogs, / approached
그때 스퀼러가 /　　　개 두 마리를 거느리고 /　　　그들에게 다가왔다 /

them / with the air / of having something important to say.
태도로 /　　　말해야 할 중요한 것이 있다는 /

He announced / that, by a special decree of Comrade
그는 발표했다 /　　　나폴레옹 동지의 특별 법령(명령)에 따라 /

Napoleon, / 'Beasts of England' had been abolished.
'영국의 동물들' 은 폐지되었다고

From now onwards / it was forbidden / to sing it.
앞으로는 /　　　금지되었다 /　　　그 노래를 부르는 것은

The animals were taken aback. "Why?" cried Muriel.
동물들은 깜짝 놀랐다.　　　"왜요?" 뮤리엘이 소리쳤다

"It's no longer needed, comrade," said Squealer stiffly.
"그 노래는 더 이상 필요하지 않습니다, 동지"　　　스퀼러는 단호하게

"'Beasts of England' was the song of the Rebellion.
" '영국의 동물들' 은 반란의 노래였습니다.

But the Rebellion is now completed. The execution of the
하지만 반란은 이제 끝났습니다.　　　반역자들을 처형한 것이 /

traitors / this afternoon / was the final act. The enemy /
오늘 오후에 / (반란의) 마지막 행동 이었습니다. 적들이 /　　　외부와 내부의 모든

both external and internal / has been defeated. In 'Beasts
(적들이) /　　　패배했습니다.　　　'영국의 동물들'

of England' / we expressed our longing / for a better
이라는 노래로 /　　우리는 열망을 표현했습니다 /　　　더 좋은 사회를 바라는 /

society / in days to come. But that society has now been
다가올 미래에　　　하지만 그런 사회는 이미 설립되었습니다.

established. Clearly this song has no longer any purpose."
분명히 이 노래에는 더 이상 어떤 목적이 없습니다."

Frightened though they were, / some of the animals
그들은 겁을 먹었지만 / 일부 동물들은

might possibly have protested, / but at this moment /
아마도 항의할 수도 있었다 / 그러나 이때 /

the sheep set up / their usual bleating of /
양들이 시작했다 / 평소처럼 울음소리로 외치기 /

"Four legs good, two legs bad," / which went on for
"네 다리는 좋고, 두 다리는 나쁘다"를 / 이 울음소리는 몇 분 동안 지속되었다 /

several minutes / and put an end to the discussion.
그리고 토론을 끝냈다

So 'Beasts of England' was heard no more.
그 때문에 '영국의 동물들'은 더 이상 들리지 않았다.

In its place / Minimus, the poet, / had composed
그 대신 / 미니머스라는, 시인이 / 다른 노래를 작곡했다 /

another song / which began:
이렇게 시작하는

Animal Farm, Animal Farm,
동물 농장이여, 동물 농장이여,

Never through me / shalt thou come to harm!
결코 나 때문에 / 그대는 해를 입지 않으리라!

and this was sung / every Sunday morning / after the
그리고 이 노래를 불렀다 / 일요일 아침마다 / 깃발을 게양하고

hoisting of the flag. But somehow / neither the words nor
나서 하지만 웬일인지 / 가사나 가락(선율) 어느 쪽도 /

the tune / ever seemed to the animals to come up to /
결코 동물들의 기대에 이르지 못했다(마음에 안 들었다) /

'Beasts of England'.
'영국의 동물들' 만큼

air 태도, 모양 decree 법령 abolish 폐지하다 forbidden 금지된 taken aback 깜짝 놀란
stiffly 단호하게, 강경하게 execution 처형 act 행동 longing 열망 establish 설립하다, 창설하다
set up (큰소리를) 내다 through ~ 때문에, ~로 인해 shalt thou; shall you come to harm 해를 입다
hoist (깃발을) 게양하다 tune 선율, 박자, (노래의) 가락 come up to (수준에) 달하다, (기대에) 따르다

Quiz 7

A. 내용 이해하기

다음 문장을 읽고 본문의 내용과 맞으면 T(True), 틀리면 F(False)를 쓰세요.

1. In the bitter winter the animals are trying their best to rebuild the windmill.

2. Boxer orders the sheep to talk about an increase in rations when Mr. Jones is in hearing distance.

3. Mr. Whymper reports to the outside world that everything is going well on Animal Farm.

4. The four pigs confess that they had been contriving with Mr. Frederick to destroy the Windmill.

B. 단어

다음 제시된 단어의 설명을 읽고, 어떤 단어의 정의를 설명하는지 아래의 박스에서 찾아 써 보세요.

1. wet, partly melted falling snow or half-frozen rain

2. to get something, especially something that is difficult to get

3. to give something that is yours to someone else because you are forced to

4. to make a long deep angry sound; snarl

5. to stop someone from doing what they are trying to do

6. to order something officially

7. to visit a particular place often

8. to threaten seriously

9. so surprised or shocked that you cannot think clearly

10. escape or running away from a dangerous situation

procure menace frequent thwart surrender

growl stupefied decree flight sleet

Answer

A. 1. T 2. F 3. T 4. F

B. 1. sleet 2. procure 3. surrender 4. growl 5. thwart 6. decree 7. frequent 8. menace 9. stupefied 10. flight

C. 직독직해

아래에 제시된 문장을 직독직해로 해석해보세요.

1. It was vitally necessary / to conceal this fact / from the outside world.

    →

2. Napoleon was well aware / of the bad results / that might follow.

    →

3. As Clover looked down / the hillside / her eyes filled / with tears.

    →

4. It was needful / to prevent / the return of the human beings.

    →

D. 동시통역

아래에 제시된 직독직해를 보고, 영어로 말해보세요.

1. 폭풍우 치는 날씨 다음에는 왔다 / 진눈깨비와 눈이

    →

2. 그들은 한배에 품는 알을 준비하던 중이었다 / 봄철 알 품기를 하려고

    →

3. 그는 존스의 비밀 첩자였다 / 지난 몇 년 동안

    →

4. 분명히 이 노래에는 더 이상 어떤 목적이 없습니다.

    →

🏠 Chapter 8 🏠

SCENE 1

A few days later, / when the terror caused by the
(그로부터) 며칠 후에 /   처형에 의해 생겼던 공포가 가라앉았을 때 /

executions had died down, / some of the animals
몇몇 동물들은 기억해냈다 /

remembered— / or thought they remembered— /
또는 자신들이 기억하고 있다고 생각했다 /

that the Sixth Commandment decreed /
여섯 번째 계명은 명령(규정)한다는 것을 /

"No animal shall kill / any other animal."
"어떤 동물도 죽이면 안 된다고 /   다른 동물을"

And though no one cared to mention / it / in the hearing of
그리고 비록 누구도 언급하고 싶지 않았지만 /   그 점을 / 돼지나 개가 듣는 데서 /

the pigs or the dogs, / it was felt / that the killings /
생각했다 (느꼈다) / 살육행위는 /

which had taken place / did not square with this.
(어떤 살육행위?) 전에 발생했던 /   이(여섯 번째) 계명과 일치하지 않는다고

Clover asked Benjamin / to read her the Sixth
클로버는 벤자민에게 부탁했다 /   그녀에게 여섯 번째 계명을 읽어달라고 /

Commandment, / and when Benjamin, as usual, said /
그리고 벤자민이 평소처럼 말했을 때 /

that he refused to meddle in / such matters, /
그는 간섭하지 않겠다고 /   그런 문제에 /

she fetched Muriel. Muriel read the Commandment /
(그래서) 그녀는 뮤리엘을 데리고 왔다. 뮤리엘은 그 계명을 읽어주었다 /

for her. It ran:
그녀에게.   그 계명은 다음과 쓰여 있었다.

"No animal shall kill / any other animal / without cause."
"어떤 동물도 죽여서는 안 된다 /   다른 동물을 /   이유 없이"

Somehow or other, / the last two words had slipped out
웬일인지(어쩐 일인지) /   마지막 두 단어가 사라졌다 /

of / the animals' memory. But they saw now / that the
동물들의 기억에서　그러나 그들은 이제 알았다 /　그 계명이 위반되지

Commandment had not been violated; / for clearly there
않았다는 것을 /　왜냐하면 분명히 충분한 이유가

was good reason / for killing the traitors / who had
있었기 때문이었다 /　반역자를 죽일만한 /　(어떤 반역자?) 스노볼과

leagued themselves with Snowball. Throughout the year /
결탁했던 그해동안 계속 /

the animals worked even harder / than they had worked /
동물들은 더 열심히 일했다 /　그들이 일했던 것보다 /

in the previous year. To rebuild the windmill, / with
지난해에　풍차를 다시 건설하는 것은 /

walls twice as thick as before, / and to finish it / by the
예전의 두 배 두꺼운 벽이 있는 /　그리고 건설을 완공하는 것은 /

appointed date, / together with the regular work of the
예정된 날짜에 /　농장의 정규적인 작업을 하면서 /

farm, / was a tremendous labor. There were times / when
엄청난 노동이었다.　때도 있었다 /

it seemed to the animals / that they worked longer hours /
동물들이 생각했던 (때도) /　그들이 더 오랜 시간 일하고 /

and fed no better / than they had done in Jones's day.
더 잘 먹지 않는다고 /　존스 시대보다

On Sunday mornings Squealer, / holding down a long
일요일 아침이면 스퀼러가 /　기다란 종잇조각을 들고서 /

strip of paper / with his trotter, / would read out to them /
그의 발로 /　그들에게 큰소리로 읽어주곤 했었다 /

lists of figures proving / that the production of every class
증명하는 숫자 목록(통계숫자)을 /　모든 종류의 식료품 생산이 증가했다는 것을 /

of foodstuff had increased / by two hundred percent,
2백 퍼센트,

three hundred percent, or five hundred percent, /
3백 퍼센트,　또는 5백 퍼센트까지 /

as the case might be.
경우에 따라

decree (공식으로) 명령하다 square with ~와 일치하다, 적합하다 meddle in ~에 간섭하다
fetch 데려(불러) 오다 run ~라고 쓰여 있다 (이야기가) 이어지다 slip out of ~에 몰래나가다, 떠나다
violate (법률을) 위반하다, 어기다 league with ~와 결탁(공모)하다 tremendous 엄청난 strip 가늘고 긴 조각
trotter (돼지의) 족, 발 as the case might be 경우에 따라

The animals saw no reason / to disbelieve him, / especially
동물들은 이유가 없었다 / 그를 의심할 /

as they could no longer remember / very clearly / what
특히 그들은 더 이상 기억할 수 없기 때문에 / 아주 명확하게 /

conditions had been like / before the Rebellion.
어떤 상황이었는지 / 반란 전에는

All the same, there were days / when they felt / that they
어쨌든(아무래도 좋으니) 날도 있었다 / 그들이 느끼는 / 차라리 숫자는 더

would sooner have had less figures and more food.
적지만 식량이 더 많길 바란다고

All orders were now issued / through Squealer / or one of
이제 모든 명령이 내려졌다 / 스퀼러를 통하여 / 또는 다른 돼지

the other pigs.
를 통하여.

Napoleon himself was not seen / in public / as often as
나폴레옹은 직접 나타나지도 않았다 / 다른 동물들 앞에 / 2주일에 한번 정

once in a fortnight. When he did appear, / he was attended
도. 그가 나타나면 / 개 수행원들과 동행할 뿐만

not only by his retinue of dogs / but by a black cockerel
아니라 / 한 마리의 검은 수평아리와 함께 (동행 했다)

/ who marched in front of him / and acted as a kind of
/ (어떤 수평아리?) 그 앞에서 걸으면서 / 일종의 트럼펫 같은 역할을 하는 /

trumpeter, / letting out a loud "cock-a-doodle-doo" before
(그때 수평아리는) 큰소리로 "꼬끼오" 라고 소리쳤다 /

Napoleon spoke.
나폴레옹이 말하기 전에.

Even in the farmhouse, / it was said, / Napoleon inhabited
심지어 농장 주택에서 / 소문에 따르면 / 나폴레옹은 분리된(별개의) 방에

separate apartments / from the others.
살고 있었다 / 다른 동물들과

He took his meals / alone, / with two dogs / to wait upon
그는 식사를 했고 / 혼자서 / 두 마리의 개와 함께 / 시중을 드는 /

him, / and always ate / from the Crown Derby dinner
항상 먹었다 / 크라운 더비제품의 정찬용 식기로 /

service / which had been in the glass cupboard / in the
(어떤 식기?) 유리찬장에 있었던 / 응접실의

drawing-room.

It was also announced / that the gun would be fired /
또한 발표되었다 /　　　　　　　총이 발사된다고(축포를 쏜다고) /

every year / on Napoleon's birthday, / as well as on the
매년 /　　　　나폴레옹의 생일에 /　　　　　다른 두 기념일 뿐만 아니라

other two anniversaries.

"Say"라는 동사로 세간의 소문을 전달하는 방법으로는 "People(They) Say, be Said to, It is Said (that)와 같은 패턴이 있다. 어떤 패턴을 사용하든 "사람들이 ~라고 말한다, ~라는 소문이 나돈다. 소문에 의하면"이라는 의미다.

1. They say / he is a billionaire.
   소문에 의하면 / 그는 억만장자다
2. He is said to be a billionaire. 소문에 의하면 그는 억만장자다
3. Even in the farmhouse, / it was said, /
   심지어 농장 주택에서 / 소문에 따르면 /
   Napoleon inhabited separate apartments / from the others.
   나폴레옹은 분리된(별개의) 방에 살고 있었다 / 다른 동물들과

disbelieve ~을 못 믿다, 의심하다 would sooner have had 차라리 ~하고 싶었다(바랬다)
issue (명령, 성명을) 내다 in public 다른 사람(동물)들 앞에 fortnight 2주일간 attend ~와 동행(동반)하다
retinue 수행원 let out (소리를) 내다, 소리치다 It is said 소문에 따르면 inhabit ~에 살다 apartment 방
service (식기의) 한 벌, 세트

SCENE 2

Napoleon was now never spoken of / simply as
이제 나폴레옹은 불리지 않았다 / 간단하게 "나폴레옹" 이라고

"Napoleon." He was always referred to / in formal style /
그는 항상 불렸다 / 격식을 차려 /

as "our Leader, Comrade Napoleon," / and the pigs liked
"우리의 지도자, 나폴레옹 동지" 라고 / 그리고 돼지들은 만들길 좋아했다 /

to invent / for him such titles / as Father of All Animals,
그를 위한 명칭을 / 모든 동물의 아버지,

Terror of Mankind, Protector of the Sheep-fold,
인간의 공포, 양떼의 보호자,

Ducklings' Friend, and the like.
새끼오리의 친구 등과 같은

In his speeches, / Squealer would talk / with the tears
연설을 할 때면 / 스퀼러는 말하곤 했다 / 눈물을 흘리면서 /

rolling / down his cheeks / of Napoleon's wisdom the
빰 아래로 / 나폴레옹의 지혜,

goodness of his heart, and the deep love / he bore / to all
그의 선한 마음과 깊은 애정에 대하여 / 그가 마음에 품고 있는 /

animals everywhere, / even and especially the unhappy
도처에 있는 모든 동물들에게 / 심지어 특히 불행한 동물들에게 /

animals / who still lived / in ignorance and slavery / on
(어떤 동물들?) 아직도 살고 있는 / 무지와 노예 상태로 /

other farms. It had become usual / to give Napoleon the
다른 농장에서. 일상적인 일이 되었다 / 나폴레옹의 공적이라고 인정하는 것은 /

credit / for every successful achievement / and every
모든 성공적인 업적과 / 모든 우연히

stroke of good fortune. You would often hear / one hen
찾아온 행운에 대해. 자주 들을 수 있었다 / 한 마리의

remark to another, / "Under the guidance of our Leader,
암탉이 다른 암탉에게 말하는 것을 / "우리의 지도자 나폴레옹 동지의 지도로 /

Comrade Napoleon, / I have laid five eggs / in six days";
나는 다섯 개의 알을 낳았어 / 6일에" /

/ or two cows, / enjoying a drink at the pool, /
또는 암소 두 마리는 / 연못에서 물을 즐겁게 마시고 있던 /

would exclaim, "Thanks to the leadership of Comrade
소리치는 것을 (들을 것이다) "나폴레옹 동지의 지도력 덕분에 /

Napoleon, / how excellent / this water tastes!"
아주 좋은데 /   이 물 맛이"

The general feeling / on the farm / was well expressed
전반적인 분위기는 /   농장의 /   시에 잘 표현되었다 /

in a poem / entitled Comrade Napoleon, / which was
나폴레옹 동지라는 제목의 /   그 시는 지어졌다 /

composed / by Minimus / and which ran as follows:
미니머스에 의해 /   그리고 그 시는 다음과 같다.

Friend of fatherless!
아버지 없는 자들의 친구!

Fountain of happiness!
행복의 샘!

Lord of the swill-bucket!
사료통의 주인이시여!

Oh, how my soul is on
오, 어찌나 나의 영혼은

Fire / when I gaze at / thy
불타오르네 / 내가 쳐다볼 때 /   그대의

Calm and commanding eye,
차분하고 당당한 눈을

Like the sun in the sky,
하늘의 태양처럼(불타오르네),

Comrade Napoleon!
나폴레옹 동지여!

Thou are the giver / of
그대는 주시는 분이다 /

refer A to B A를 B라고 부르다 title 명칭, 직함, 칭호 fold 떼, 무리 sheep-fold 양떼
bear(bear-bore-born) ~을 마음에 품다, 가지다 ignorance 무지 slavery 노예 상태, 예속된 상태
give a person credit for ~의 공적이라고 인정하다 stroke 우연, 우연히 찾아듦
under the guidance of ~의 지도로, ~의 지도아래 entitled ~라는 제목의 as follows 다음과 같이
gaze ~을 응시하다, 쳐다보다 thy 너의, 그대의 commanding 당당한 thou 너는, 그대는

All / that thy creatures love,
모든 것을 / 그대의 동물들이 좋아하는

Full belly twice a day, / clean straw to roll upon;
하루에 두 번 배부르게 해주시고, /　　뒹굴 수 있는 깨끗한 짚을 주시네;

Every beast / great or small
모든 동물들은 /　　몸집이 크건 작건

Sleeps at peace / in his stall,
평화롭게 잠드네 /　　그의 축사에서

Thou watchest over all,
그대는 모두를 지켜주시네

Comrade Napoleon!
나폴레옹 동지여!

Had I a sucking-pig, /
내게 젖먹이 돼지가 있다면 /

Ere he had grown as big /
그가 크게 자라기 전에 /

Even as a pint bottle or as a rolling-pin,
1 핀트 병이나 밀방망이만큼

He should have learned / to be
그는 배워야 된다네 /

Faithful and true / to thee,
충성스럽고 진실하도록 /　　그대에게

Yes, his first squeak should be
맞습니다, 그의 첫 번째 외침은 당연히

"Comrade Napoleon!"
"나폴레옹 동지" 일 것입니다!

Thanks to; ~덕분에, 때문에

예) Thanks to the leadership of Comrade Napoleon, / how excellent / this water tastes!
　　나폴레옹 동지의 지도력 덕분에 /　　　　　아주 좋은데 / 이 물 맛이

sucking-pig 젖먹이 새끼 돼지 ere ~의 전에, ~에 앞서 rolling-pin 밀가루 반죽을 미는 방망이

SCENE 3

Napoleon approved of this poem / and caused it to be
나폴레옹은 이 시가 좋다고 생각해서 / 그 시를 새겨놓게 했다 /

inscribed / on the wall of the big barn, / at the opposite
큰 헛간 벽 위에 / 반대편 끝에 있는 /

end / from the Seven Commandments.
7번째 계명의

It was surmounted by / a portrait of Napoleon, /
그 시 위에는 놓여있었다 / 나폴레옹의 초상화가 /

in profile, / executed by Squealer / in white paint.
옆 얼굴을 그린 / 스퀼러에 의해 제작된 / 흰색 페인트로

Meanwhile, through the agency of Whymper, /
한편 윔퍼의 주선으로 /

Napoleon was engaged / in complicated negotiations /
나폴레옹은 하고 있었다 / 복잡한 협상을 /

with Frederick and Pilkington.
프레데릭과 필킹턴과

The pile of timber was still unsold.
목재 더미는 아직도 팔리지 않았다

Of the two, / Frederick was the more anxious to get hold
두 사람 가운데 / 프레데릭은 목재를 더 갖고 싶어 했다 /

of it, / but he would not offer / a reasonable price.
그러나 그는 제시하려하지 않았다 / 적당한 가격을

At the same time / there were renewed rumors / that
동시에 / 새로운 소문이 나돌았다 / (어떤 소문?)

Frederick and his men were plotting / to attack Animal
프레데릭과 그의 인부들이 음모를 꾸미고 있고 / 동물 농장을 공격하려고 /

Farm / and to destroy the windmill, / the building of
그리고 풍차를 파괴하려고 / (왜냐하면) 풍차를 건설하는 일은 /

which / had aroused furious jealousy / in him.
엄청난 질투심을 자극했기 때문이었다 / 그에게

---

approve of ~을 좋다고 생각하다, 마음에 들다 inscribe ~에 새기다 be surmounted (수동으로) 위에 놓다, 위에
얹다 in profile 옆얼굴의, 옆모습의 execute (예술작품을) 제작하다, 만들어내다 agency 주선, 알선
reasonable 적당한 arouse (감정을) 자극하다 furious 엄청난, 맹렬한

Snowball was known / to be still skulking / on Pinchfield
스노볼은 알려졌다 / 여전히 숨어 있다고 / 핀치필드 농장에

Farm. In the middle of the summer / the animals were
여름이 한창일 때 / 동물들은 놀랐다 /

alarmed / to hear / that three hens had come forward /
들고서 (무엇을?) / 암탉 세 마리가 앞으로 나와서 /

and confessed / that, inspired by Snowball, /
자백하는 것을 / 스노볼에 의해 자극을 받고 /

they had entered into a plot / to murder Napoleon.
그들이 음모를 꾸미기 시작했다고 (자백하는 것을) / 나폴레옹을 살해하려는

They were executed / immediately, / and fresh precautions
그들은 처형되었다 / 곧바로 / 그리고 새로운 예방조치가 /

/ for Napoleon's safety / were taken. Four dogs guarded
나폴레옹의 안전을 위한 / 취해졌다 네 마리의 개가 그의 침대를 지켰다 /

his bed / at night, / one at each corner, / and a young pig
밤마다 / 한 마리씩 각각 침대 모퉁이에서 / 그리고 핑크아이라는 어린 돼지

named Pinkeye was given the task / of tasting all his food
에게 임무가 주어졌다 / 모든 음식을 맛보는 /

/ before he ate it, / lest it should be poisoned. At about the
나폴레옹이 먹기 전에 / 음식에 독을 넣지 않도록. 거의 같은 시기에

same time / it was given out / that Napoleon had arranged
(이 무렵에) / 발표되었다 / 나폴레옹이 결정했다고 /

/ to sell the pile of timber / to Mr. Pilkington; he was also
목재 더미를 팔기로 / 필킹턴씨에게 그는 또한 정규적인

going to enter into a regular agreement / for the exchange
계약을 맺을 예정이었다 / 특정한 제품을 교환하자는 /

of certain products / between Animal Farm and Foxwood.
동물 농장과 팍스우드간에

The relations between Napoleon and Pilkington, / though
나폴레옹과 필킹턴과의 관계는 /

they were only conducted through Whymper, / were now
비록 윔퍼를 통해서만 이루어(맺어)졌지만 / 이제 거의 우호적이

almost friendly. The animals distrusted Pilkington, /
었다 동물들은 필킹턴을 믿지 않았다 /

as a human being, / but greatly preferred him / to
인간으로서 / 그러나 훨씬 더 그를 좋아했다 /

Frederick, / whom / they both feared and hated.
프레데릭보다 / 왜냐하면 프레데릭을 / 동물들은 무서워하고 증오했기 때문이었다.

As the summer wore on, / and the windmill neared
여름이 지나가고 / 풍차가 거의 완성되면서 /

completion, / the rumors of an impending treacherous
신의를 저버린 자들이 머지않아 공격한다는 소문이 /

attack / grew stronger and stronger.
더욱더 거세졌다

Frederick, it was said, / intended to bring / against them
프레데릭은 / 소문에 의하면 / 데리고 올 계획이었다 /

twenty men / all armed with guns, / and he had already
그들과 싸울 20명의 인부를 / 모두가 총으로 무장한 / 그리고 그는 이미 뇌물을 줬다 /

bribed / the magistrates and police, / so that / if he could
판사와 경찰에게 / 그래서 / 만일 프레데릭이

once get hold of the title-deeds / of Animal Farm / they
일단 부동산 권리 증서를 손에 넣으면 / 동물 농장의 /

would ask no questions. Moreover, terrible stories were
그들은 더 이상 캐묻지 않을 것이다. 게다가, 무시무시한 이야기가 새어나오고

leaking out / from Pinchfield / about the cruelties / that
있었다 / 핀치필드에서 / 잔인한 행위에 대한 (이야기가) / 프레데릭이

Frederick practiced upon his animals.
행(가)하는 동물들에게

He had flogged an old horse / to death, / he starved
그는 늙은 말에게 매질을 했고 / 죽을 때까지 / 그는 암소를 굶겨

his cows, / he had killed a dog / by throwing it into
죽였으며 / 그는 개 한 마리를 죽였고 / 난로 아궁이에 던져서 /

the furnace, / he amused himself / in the evenings / by
그는 즐거운 시간을 보냈다 / 저녁마다 /

making cocks fight / with splinters of razor-blade tied
수탉들이 싸우게 해서 / 면도날 조각을 수탉의 발톱에 묶어

to their spurs. The animals' blood boiled / with rage /
동물들의 피는 끓었다 / 분노로 /

when they heard of these things / being done to their
그들이 이런 일에 대해 들었을 때 / (어떤 일?) 자신들의 동지에게 행하고는 /

skulk 슬그머니 숨다 enter into ~을 시작하다 precaution 예방 조치 lest should ~하지 않도록
give out 발표하다 arrange ~을 결정하다 enter into (계약을) ~와 맺다 regular 정식의, 정규적인
agreement 계약, 합의 wear on (시간이) 천천히 흐르다 impending 머지않은, 임박한
treacherous 신의를 저버린, 믿을 수 없는 magistrate 치안 판사 so that 그래서 title-deed 부동산 권리증서
cruelty 잔인한 행동, 잔혹한 짓 practice 일상적으로 행하다 flog 매질하다 starve 굶기다, 굶겨 죽이다
furnace 아궁이, 용광로 splinter 부서진 조각 spur (수탉의) 발톱 with rage 분노로

comrades, / and sometimes they clamored to be allowed /
그리고 가끔씩 그들은 큰소리로 허락해 달라고 요구했다 /

to go out in a body / and attack Pinchfield Farm, /
다함께 나가서 /   핀치필드 농장을 공격하고 /

drive out the humans, / and set the animals free.
인간을 내쫓고 /   동물들을 해방시켜주자고

But Squealer counseled them / to avoid rash actions / and
그러나 스퀼러는 그들에게 조언했다 /   성급한 행동을 피하고 /

trust in / Comrade Napoleon's strategy. Nevertheless, /
믿으라고 /   나폴레옹 동지의 전략을   그럼에도 불구하고 /

feeling against Frederick / continued to run high.
프레데릭을 싫어하는 감정은 /   계속 거세졌다

One Sunday morning / Napoleon appeared in the
어느 일요일 아침 /   나폴레옹은 헛간에 나타나서 /

barn / and explained / that he had never at any time
설명했다 /   그는 결코 한번도 생각해본 적이 없다고 /

contemplated / selling the pile of timber / to Frederick;
목재 더미를 파는 것을 /   프레데릭에게

he considered / it beneath his dignity, / he said, /
(그리고) 그는 생각한다고 / 자신의 위신을 떨어뜨리는 일이라고 / 그가 말했다 /

to have dealings / with scoundrels of that description.
거래를 한다는 것은 /   그런 부류 악당과

The pigeons / who were still sent out / to spread tidings
비둘기들은 /   (어떤 비둘기들?) 여전히 밖으로 보냈던 / 반란 소식을 퍼뜨리기 위해 /

of the Rebellion / were forbidden / to set foot anywhere
허락받지 않았다 /   팍스우드 어디든지 들어가는 것을 /

on Foxwood, / and were also ordered / to drop /
그리고 또한 명령을 받았다 /   그만 사용하라고 /

their former slogan of "Death to Humanity" /
"인간에게 죽음" 이라는 이전의 슬로건을

in favor of "Death to Frederick."
"프레데릭에게 죽음" 이라는 슬로건을 지지하라는 (명령을 받았다)

clamor 큰소리로 요구하다, 외치다 counsel 조언(충고)하다 rash 성급한 strategy 전략
feeling against ~을 싫어하는 감정, 반감 contemplate 잘 생각하다, 심사숙고하다
beneath his dignity 자신의 위신(품위)을 떨어뜨리는 scoundrel 악당 description 부류, 종류
tidings 소식, 기별 forbidden 금지된, 허락하지 않은

SCENE 4

In the late summer / yet another of Snowball's
늦여름이 되자 /　　　　　또 다른 스노볼의 음모가 드러났다

machinations was laid bare. The wheat crop was full
　　　　　　　　밀 농작물에는 잡초로 가득 차 있었고 /

of weeds, / and it was discovered / that on one of his
그리고 밝혀졌다 /　　　　어느 날 밤에 농장을 방문했을 때 /

nocturnal visits / Snowball had mixed weed seeds / with
스노볼이 잡초 씨앗을 섞었다는 것이 /

the seed corn. A gander / who had been privy to the plot /
밀 종자와　　　숫거위가 /　　(어떤 숫거위?) 이 음모에 은밀히 관여했던 /

had confessed his guilt / to Squealer / and immediately
자신의 범죄행위를 자백했다 /　　　스퀼러에게 /　　그리고 곧 자살했다 /

committed suicide / by swallowing deadly nightshade
독초인 벨라도나 열매를 삼켜서

berries. The animals now also learned / that Snowball had
동물들은 또한 이제서 알게 되었다 /　　　스노볼이 결코

never / —as many of them had believed hitherto /
— 많은 동물들이 지금까지 믿는 것처럼 /

—received / the order of "Animal Hero First Class."
—받지 않았다는 것을 /　"동물 영웅 일급" 훈장을

This was merely a legend / which had been spread /
이것(훈장을 받았다는 것)은 단지 전해지는 이야기(낭설)에 불과했다 / (어떤 이야기?) 퍼뜨려진 /

some time after the Battle of the Cowshed / by Snowball
외양간 전투가 끝난 지 얼마 안 되어 /　　　　　스노볼 자신에 의해

himself. So far from being decorated, / he had been
훈장을 받은 것이 아니라 /　　　그는 비난받았다 /

censured / for showing cowardice in the battle.
전투에서 비겁함을 보여주었기 때문에

Once again some of the animals heard this / with a certain
다시 한번 몇몇 동물들은 이런 말을 들었다 /　　　약간 당혹스런 표정으로 /

machinations 음모, 간계 lay bare ~을 폭로하다 nocturnal 밤의, 야간의 gander 거위의 수컷
privy 은밀히 관여한 guilt 범죄행위, 유죄 deadly nightshade 독초(=belladonna) hitherto 지금까지 order 훈장
legend 전해지는 이야기, 이야깃거리 far from 결코 ~가 아닌 decorate 훈장을 주다 censure 비난하다, 나무라다
cowardice 비겁(함)

bewilderment, / but Squealer was soon able to convince
그러나 스퀼러는 곧 그들을 설득할 수 있었다 /

them / that their memories had been at fault.
그들의 기억이 잘못되었다고

In the autumn, / by a tremendous, exhausting effort /
가을이 되어 / 엄청나고, 힘들게 고생하여 /

—for the harvest had to be gathered / at almost the same
수확물을 거둬들여야 했기 때문에 / (풍차건설과) 거의 같은 시기에 /

time— / the windmill was finished. The machinery had
풍차가 완성되었다. 여전히 기계가 설치되어야만 했다 /

still to be installed, / and Whymper was negotiating /
그래서 웜퍼는 협상하고 있었다 /

the purchase of it, / but the structure was completed.
기계를 구입하려고 / 그렇지만 풍차의 구조물(골격)은 완성되었다

In the teeth of every difficulty, / in spite of inexperience, /
온갖 어려움에도 불구하고 / 무경험에도 불구하고 /

of primitive implements, / of bad luck and of Snowball's
원시적인 도구에도 불구하고 / 불운에도 불구하고 그리고 스노볼의 배반에도 불구하

treachery, / the work had been finished / punctually to the
고 / (풍차 건설) 작업은 끝났다 / 기한 내에 정확하게

very day! Tired out but proud, / the animals walked /
지쳤지만 자랑스럽게 / 동물들은 걸었다 /

round and round their masterpiece, / which appeared
자신들의 걸작품 주변을 돌고 돌면서 / 그것(걸작품)은 더욱더

even more beautiful / in their eyes /
아름다워 보였다 / 자신들에 눈에는

than when it had been built the first time.
첫 번째로 건설되었을 때 보다

Moreover, the walls were twice as thick as before.
게다가 벽은 전의 두 배로 두꺼웠다

Nothing short of explosives would lay them low / this
폭발물과 같은 것만이(그야말로 폭발물만이) 그 벽을 쓰러뜨릴 것이다 / 이번에는

time! And when they thought of / how they had labored, /
그리고 그들이 생각할 때에는 / 어떻게 자신들이 노동했는지 /

what discouragements / they had overcome, /
어떤 장애물을 / 그들이 극복했는지 /

and the enormous difference / that would be made in their
그리고 엄청나게 다른 면(변화)을 (생각할 때에는) / 자신들의 삶에서 생길 /

lives / when the sails were turning / and the dynamos
풍차의 날개가 돌고 / 발전기가 가동될 때 /

running / —when they thought of all this, /
그들이 이런 모든 것을 생각할 때에는 /

their tiredness forsook them / and they gambolled /
피곤함이 그들에게서 사라졌고 / 그들은 뛰어다녔다 /

round and round the windmill, / uttering cries of triumph.
풍차 주변을 돌고 돌면서 / (그러면서) 승리의 함성을 질렀다

Napoleon himself, / attended by his dogs and his cockerel,
나폴레옹 자신도 / 그의 개와 수평아리와 함께 /

/ came down to inspect / the completed work; /
살펴보러 왔다 / 완성된 작품을

he personally congratulated / the animals on their
그는 몸소 직접(친히) 칭찬해줬고 / 동물들에게 그들의 업적을 /

achievement, / and announced / that the mill would be
그리고 발표했다 / 그 풍차를 명명한다고 /

named / Napoleon Mill.
나폴레옹 풍차로

Two days later the animals were called together /
이틀 후에 동물들은 소집되었다 /

for a special meeting / in the barn. They were struck dumb
특별회의를 하기 위해 / 헛간에 / 그들은 말문이 막혔다 /

/ with surprise / when Napoleon announced / that he had
놀라서 / 나폴레옹이 발표했을 때 / 그가 목재 더미를

sold the pile of timber / to Frederick.
팔았다고 / 프레데릭에게

Tomorrow Frederick's wagons would arrive / and begin
내일이면 프레데릭의 마차가 도착하여 / 목재를 운반해가기

carting it away.
시작할 것이다.

bewilderment 당황, 당혹함 in the teeth of ~에도 불구하고 punctually 기한대로, 기한 내에
to the very day (하루도 어김없이) 정확하게 nothing short of ~와 같은, 그야말로 explosive 폭발물
discouragement 장애물, 지장 forsake(forsake–forsook–forsaken) 버리다, 그만두다 gambol 뛰어다니다
inspect 살펴보다, 점검하다 personally 직접, 몸소 congratulate 칭찬하다
be struck dumb 말문이 막히다, 어안이 벙벙하다, 놀라다 cart 짐수레로 나르다, 운반하다

SCENE 5

Throughout the whole period of his seeming friendship
(전 기간 동안) 겉으로는 필킹턴과 우호적인 관계를 유지하는 전 기간 동안 /

with Pilkington, / Napoleon had really been in secret
나폴레옹은 정말로 은밀한 합의를 했다 /

agreement / with Frederick. All relations with Foxwood
프레데릭과   팍스우드와 모든 관계는 단절되었고

had been broken off; insulting messages had been sent
모욕적인 메시지가 전달되었다 /

/ to Pilkington. The pigeons had been told / to avoid
필킹턴에게   비둘기들은 명령을 받았다 /   핀치필드 농장을 멀리하

Pinchfield Farm / and to alter their slogan / from "Death
고 /   슬로건을 바꾸라는 (명령을 받았다) /   "프레데릭에게 죽음" 에서

to Frederick" to "Death to Pilkington." At the same time
"필킹턴에게 죽음" 으로   이와 동시에 나폴레옹은 자신

Napoleon assured / the animals / that the stories / of an
있게 말했다 /   동물들에게 /   소문은 /

impending attack on Animal Farm / were completely
(어떤 소문?) 지금당장이라도 동물농장을 공격한다는 (소문은) / 완전히 사실과 다르다고 /

untrue, / and that the tales / about Frederick's cruelty /
그리고 소문은 /   (어떤 소문?) 프레데릭이 잔혹한 행동을 했다는 /

to his own animals / had been greatly exaggerated.
자신의 동물들에게 /   매우 과장되었다고

All these rumors had probably originated / with Snowball
이와 같은 소문은 아마도 시작되었을 것이다 /   스노볼과 그의 첩자들로부

and his agents. It now appeared / that Snowball was not,
터   이제는 어느 모로 보나 /   스노볼은 결국 숨어 있지 않았다 /

after all, hiding / on Pinchfield Farm, / and in fact had
핀치필드 농장에 /   그리고 사실

never been there / in his life: / he was living /
그곳에 가보지도 않았다 /   태어나서 /   그는 살고 있었고 /

—in considerable luxury, / so it was said— / at Foxwood,
상당히 호화롭게 /   소문에 의하면 /   팍스우드에서 /

/ and had in reality been a pensioner of Pilkington /
그리고 사실 필킹턴의 연금수령자였다(식객 노릇을 했다) /

for years past.
지난 몇 년 동안

The pigs were in ecstasies / over Napoleon's cunning.
돼지들은 아주 기뻐했다 / 나폴레옹의 약삭빠른 솜씨(계략)에 대해 (듣고서)

By seeming to be friendly / with Pilkington /
겉으론 사이가 좋은 듯 보이면서 / 필킹턴과 /

he had forced / Frederick to raise his price / by twelve
그는 만들었다 / 프레데릭이 (목재) 가격을 올리도록 / 12파운드나

pounds. But the superior quality of Napoleon's mind, /
그러나 나폴레옹의 지적 능력의 우수성은 /

said Squealer, / was shown in the fact / that he trusted
스퀼러가 말했다 / 사실에서 나타난다고 / (어떤 사실?) 그는 누구도 믿지

nobody, / not even Frederick. Frederick had wanted to
않는 (사실에) / 심지어 프레데릭 조차도. 프레데릭은 지불하길 원했다 /

pay / for the timber / with something called a check, /
목재 값을 / 수표라고 불리는 것으로 /

which, it seemed, / was a piece of paper / with a promise
그것은 겉보기에는 / 한 장의 종이였다 / 지불하겠다는 약속이 종위

to pay written upon it. But Napoleon was too clever /
위에 쓰인 그러나 나폴레옹은 너무나 영리했다 /

for him. He had demanded / payment / in real five-pound
그가 상대하기에는. 나폴레옹은 요구했다 / 지불할 것을 / 진짜 5파운드 지폐로 /

notes, / which / were to be handed over / before the
그래서 그 돈을 / 건네주기로 했다 / 목재가 옮겨지기 전에

timber was removed. Already Frederick had paid up; /
이미 프레데릭은 대금 전액을 지불했다 /

and the sum he had paid / was just enough / to buy the
그가 지불한 금액은 / 아주 충분했다 / 기계를 살만큼 /

machinery / for the windmill. Meanwhile / the timber
풍차에 필요한. 그동안 / 목재는 운반되고 있었다 /

was being carted away / at high speed. When it was all
빠른 속도로 목재가 모두 사라졌을 때 /

gone, / another special meeting was held / in the barn /
또 다른 특별 회의가 열렸다 / 헛간에서 /

seeming 외관상, 겉으로 tell ~하도록 명령하다, 지시하다 alter 바꾸다, 변경하다 assure 자신 있게 말하다
story 소문 impending 지금당장 일어나려하는, 닥쳐오는 tale 소문 exaggerate ~을 과장하다
originate ~에서 발생하다, 비롯되다 pensioner 연금수령자 in ecstasy 황홀한, 매우 기쁜 mind 지적 능력
pay up 대금 전액을 지불하다 sum 금액, 총액 meanwhile 그동안, 그사이에

for the animals to inspect / Frederick's bank-notes.
동물들이 자세히 살펴보기 위해 / 프레데릭의 지폐를

Smiling beatifically, / and wearing both his decorations, /
행복에 넘쳐서 미소를 지으며 / 두 개의 훈장을 달고 있던 /

Napoleon reposed / on a bed of straw on the platform, /
나폴레옹은 누워 쉬고 있었다 / 연단 위의 밀짚 잠자리에서 /

with the money at his side, / neatly piled on a china dish /
(그때) 돈이 그의 옆에 있었다 / 도자기 접시 위에 단정하게 쌓인 채로 /

from the farmhouse kitchen. The animals filed slowly past,
농가 주택의 부엌에서 가져온. 동물들은 한 줄로 천천히 지나가며 /

/ and each gazed his fill. And Boxer put out his nose /
각자가 마음껏 쳐다보았다. 그리고 박서는 코를 내밀었다 /

to sniff at the bank-notes, / and the flimsy white things
지폐 냄새를 맡으려고 / 그러자 얇고 하얀 것들이 움직이며 /

stirred / and rustled / in his breath.
바스락 거렸다 / 그가 숨을 쉴 때

Three days later / there was a terrible hullabaloo.
(그 후로부터) 3일 후에 / 굉장히 큰 소동이 일어났다

Whymper, / his face deadly pale, / came racing up the path
윔퍼는 / 그의 얼굴이 극도로 창백해진 / 길을 달려왔다 /

/ on his bicycle, / flung it down / in the yard / and rushed
자전거를 타고 / 그리고 자전거를 내팽개치고 / 마당에 / 곧장 뛰어왔다 /

straight / into the farmhouse.
농장 주택 안으로

The next moment / a choking roar of rage / sounded /
다음 순간에 / 목메도록 분노에 찬 고함소리가 / 들려왔다 /

from Napoleon's apartments. The news / of what had
나폴레옹의 방에서 소식은 / 어떤 일이 일어났는지에

happened / sped round the farm / like wildfire.
대한 / 농장 주변으로 퍼졌다 / 아주 빠르게.

The banknotes were forgeries!
그 지폐는 위조품이었다.

Frederick had got the timber / for nothing!
프레데릭은 목재를 얻었다 / 공짜로

inspect 살펴보다, 조사하다 bank-note 지폐 beatifically 행복에 넘쳐 decoration 훈장 repose 쉬다, 휴식하다
one's fill 흡족, 만족하는 양 stir 움직이다 rustle 바스락거리다 hullabaloo 대소동
fling(fling-flung-flung) 내던지다, 내팽개치다 choking 목메는, 숨 막히는 roar 고함소리, 으르렁거리는 소리
rage 분노 speed(speed-sped-sped) 빠르게 움직이다 like wildfire 아주 빠르게 forgery 위조품

SCENE 6

Napoleon called the animals together / immediately /
나폴레옹은 동물들을 모이게 했다 / 곧바로 /

and in a terrible voice / pronounced the death sentence /
그리고 무시무시한 목소리로 / 사형선고를 내렸다 /

upon Frederick. When captured, / he said, / Frederick
프레데릭에게 붙잡히기만 하면 / 그는 말했다 / 프레데릭을

should be boiled alive. At the same time he warned them
산채로 삶을 것이라고. 동시에 그는 동물들에게 경고했다 /

/ that after this treacherous deed / the worst was to be
이러한 배반행위 다음에는 / 최악의 사태를 예상해야 한다고

expected. Frederick and his men / might make their long-
프레데릭과 그의 일꾼들은 / 오래전부터 예상했던 공격을 할지도

expected attack / at any moment.
몰랐다 / 지금 당장이라도

Sentinels were placed / at all the approaches to the farm.
보초를 배치했다 / 농장으로 오는 모든 입구에

In addition, / four pigeons were sent / to Foxwood /
게다가 / 네 마리의 비둘기들이 파견됐다 / 팍스우드에 /

with a conciliatory message, / which it was hoped /
회유적인(화해) 메시지를 가지고 / 그 메시지는 바랐다 /

might re-establish good relations / with Pilkington.
우호 관계를 다시 맺기를 / 필킹턴과

The very next morning / the attack came. The animals
바로 다음날 아침에 / 공격이 시작되었다 동물들은 아침을 먹고

were at breakfast / when the look-outs came racing in /
있었다 / 그때 파수꾼들이 농장 안으로 달려왔다 /

with the news / that Frederick and his followers had
소식을 가지고 / (어떤 소식?) 프레데릭과 그의 지지자들이 이미 통과했다는 (소식을) /

already come / through the five-barred gate.
다섯 개의 빗장이 달려있는 문을

Boldly enough / the animals sallied forth / to meet them, /
아주 용감하게 / 동물들은 자진해서 돌격했다 / 그들에게 대항하기 위해 /

treacherous 배반하는, 신뢰할 수 없는 deed 행위 at any moment 지금 당장이라도, 곧 sentinel 보초
approach 입구, 통로 conciliatory 회유적인, 화해하는 look-out 보초, 파수꾼
sally 자진해서 나가다, 돌격(반격)하다 meet ~에 대항하다, 반응하다

but this time / they did not have the easy victory /
그러나 이번에는 / 그들은 쉽게 승리를 거두지 못했다 /

that they had had / in the Battle of the Cowshed.
그들이 해냈던 것처럼 / 외양간 전투에서

There were fifteen men, / with half a dozen guns /
15명의 사람들이 있었다 / 여섯 자루의 총을 가진 /

between them, / and they opened fire / as soon as they
그들 사이에 (모두 합하여) / 그들은 발사했다 / 그들이 50야드 안으로 들어오

got within fifty yards. The animals could not face /
자마자. / 동물들은 맞설 수가 없었다 /

the terrible explosions / and the stinging pellets, /
소름끼치는 폭음과 / 찌르는 듯이 아픈 탄알에 /

and in spite of the efforts of Napoleon and Boxer /
그래서 나폴레옹과 박서의 노력에도 불구하고 /

to rally them, / they were soon driven back. A number of
(흩어진 동물을) 재집결시키려는 / 그들은 곧 후퇴하게 되었다. / 많은 동물들이

them were already wounded. They took refuge / in the
이미 부상당했다 / 그들은 도망쳤고 /

farm buildings / and peeped cautiously out / from chinks
농장건물 속으로 / 조심스럽게 밖을 살펴보았다 / 갈라진 벽 틈새와

and knot-holes. The whole of the big pasture, / including
옹이구멍으로 / 커다란 목초지 전체가 / 풍차를 포함한 /

the windmill, / was in the hands of the enemy.
적의 수중으로 들어갔다

For the moment / even Napoleon seemed at a loss.
잠시 동안 / 나폴레옹조차도 당황한 것처럼 보였다

He paced up and down / without a word, / his tail
그는 왔다 갔다 했다 / 말없이 / 그의 꼬리는

rigid and twitching. Wistful glances were sent / in the
빳빳하고 실룩실룩 움직이며 / 간절히 바라는 눈길을 보냈다(간절히 바라봤다) /

direction of Foxwood. If Pilkington and his men /
팍스우드 쪽을 / 만일 필킹턴과 그의 일꾼들이 /

would help them, / the day might yet be won.
그들을 도와준다면 / 싸움에서 이길 수 있을 것이다

But at this moment / the four pigeons, /
그러나 바로 이 순간에 / 네 마리의 비둘기들이 /

who had been sent out / on the day before, / returned, /
(어떤 비둘기들?) 내보냈던 / 전투 전날에 / 돌아왔다 /

one of them bearing a scrap of paper / from Pilkington.
그들 중 한 마리는 종이 한 조각을 가지고 있었다 / 필킹턴이 보낸

On it was pencilled / the words: "Serves you right."
그 종이 위에 연필로 쓰여 있었다 / "꼴좋다" 라는 말이

Meanwhile Frederick and his men had halted / about the
그러는 동안에 프레데릭과 그의 일꾼들은 멈추어 있었다 / 풍차근처에서

windmill. The animals watched them, / and a murmur of
동물들은 그들을 지켜보았고 / 당황하여 속삭이는 소리가

dismay went round. Two of the men had produced /
퍼졌다. 두 명의 일꾼이 꺼냈다 /

a crowbar and a sledge hammer. They were going to
쇠지레와 큰 망치를 그들은 풍차를 두들겨 넘어뜨리는 중이었

knock the windmill down. "Impossible!" cried Napoleon.
다. "불가능해!" 나폴레옹이 소리쳤다.

"We have built the walls / far too thick for that.
"우리는 (풍차의) 벽을 만들었다 / 그렇게 하기에는 너무나 두꺼운

They could not knock it down / in a week. Courage,
그들은 넘어뜨릴 수 없을 거야 / 일주일이 걸려도. 용기를 냅시다.

comrades!" But Benjamin was watching / the movements
동지 여러분!" 그러나 벤자민은 지켜보고 있었다 / 일꾼들의 동작을 /

of the men / intently. The two / with the hammer and
집중해서(유심히). 두 사람은 / 망치와 쇠지레를 들고 있던 /

the crowbar / were drilling a hole / near the base of the
구멍을 뚫고 있었다 / 풍차의 바닥 근처에

windmill. Slowly, and with an air almost of amusement, /
천천히 그리고 거의 재미있다는 태도로 /

Benjamin nodded / his long muzzle.
벤자민은 끄덕거렸다 / 그의 긴 주둥이를

"I thought so," he said. "Do you not see / what they are
"그럴 줄 알았지," 그는 말했다 "모르겠어 / 그들이 무엇을 하고 있는지?

doing? In another moment / they are going to pack /
곧바로 / 그들은 채워 넣을 거야 /

blasting powder / into that hole."
폭약을 / 저 구멍에

rally ~을 재집결시키다, 재조직하다 take refuge ~에 피난하다, 도망치다 peep 엿보다 cautiously 조심스럽게
chink 갈라진 틈 pasture 목초지, 목장 hand 손, 지배, 관리 wistful 간절히 바라는 glance 흘긋 봄, 눈짓
the day 싸움, 승리 Serves you right 꼴좋다, 고소하다 murmur 속삭임, 중얼거림 dismay 당황
produce 꺼내다 crowbar 쇠지레 sledge hammer 큰 망치 intently 집중하여 base 기초, 주춧돌, 바닥
air 태도, 분위기 pack 채워 넣다 blasting powder 폭약

Terrified, the animals waited. It was impossible now /
두려움에 떨면서, 동물들은 기다렸다   이제 불가능했다 /

to venture out / of the shelter of the buildings.
과감하게 나가는 것은 /   피난처인 건물 밖으로

be to 부정사란?

주어 다음에 "be 동사 + to 동사원형"의 패턴이 오면, "be to 부정사"라고 부른다. 이런 패턴은 "예정(~할 것이다), 의무(~해야 한다), 의도(~하고자 한다), 가능(~할 수 있다), 운명(~할 운명이다)"등과 같은 여러 의미로 사용된다. 이 패턴을 쉽게 사용하기는 힘들다. 그 이유는 "be to 부정사"가 사용되는 상황에 따라, 어떤 의미로 사용되는지 알아볼 수 있어야 되기 때문이다. 예를 들어 누군가의 배신행위 때문에 분노에 가득 찬 사람은 복수심으로 가득 차 있을 것이다. 이런 경우, 상대방에게 "최악의 상태를 예상해야 한다."라고 말할 수 있다.

예) After this treacherous deed / the worst was to be expected.
   이러한 배반 행위 다음에는 / 최악의 사태를 예상해야 했다

shelter 피난 장소, 은신처

SCENE 7

After a few minutes / the men were seen / to be running
몇 분 후 /　　　　　　　　　인간들이 보였다 /　　　　　　사방으로 흩어지면서 달

in all directions. Then there was a deafening roar.
아나고 있는 것이　　　　　그러고 나서 귀를 찢을 듯한 굉음이 들렸다.

The pigeons swirled / into the air, / and all the animals, /
비둘기들은 빙빙 돌며 날아갔다 /　　공중으로 /　　　　모든 동물들은 /

except Napoleon, / flung themselves flat / on their bellies
나폴레옹을 제외한 /　　　　몸을 납작하게 내던졌다 /　　　　배를 땅에 대려고 /

/ and hid their faces. When they got up again, / a huge
　그리고 얼굴을 가렸다.　　　　그들이 다시 일어났을 때 /　　　　거대한 검은 연

cloud of black smoke / was hanging / where the windmill
기 구름이 /　　　　　위쪽을 덮고 있었다(피어올랐다) / (어디에?) 풍차가 있던

had been. Slowly the breeze / drifted it away.
자리에.　　천천히 산들바람이 /　　검은 연기를 사라지게 했다

The windmill had ceased to exist!
풍차는 더 이상 존재하지 않게 되었다(사라졌다)!

At this sight / the animals' courage returned to them.
이 광경을 보았을 때 / 동물들의 용기가 되돌아왔다(용기를 되찾았다)

The fear and despair / they had felt a moment earlier
두려움과 절망은 /　　　　(어떤 감정?) 그들이 조금 전에 느꼈던 /

/ were drowned in their rage / against this vile,
　분노 속에 파묻혔다(사라졌다) /　　　이 혐오스럽고 경멸할 만한 행동에 대한

contemptible act.

A mighty cry for vengeance / went up, / and without
복수를 하자는 강력한 함성 소리가 /　　끓어올랐다 /　그리고 더 이상 명령을 기다

waiting for further orders / they charged forth / in a body
리지 않고 /　　　　　그들은 앞으로 돌진하여 /　　　일제히 (다함께)

/ and made straight for the enemy.
/ 곧장 적으로 향했다

This time they did not heed / the cruel pellets /
이번에 그들은 신경 쓰지 않았다 /　　잔인한 총알에 /

swirl 빙글빙글 돌며 움직이다 drift ~을 밀려 보내다, 표류시키다 cease ~하지 않게 되다, 멈추다
vile 나쁜, 혐오할 만한 contemptible 경멸할 만한 vengeance 복수 make for ~으로 향하다
heed 염려(주의)하다, 신경 쓰다

that swept / over them like hail.
(어떤 총알?) 휩쓸고 지나가는 / 그들의 머리위에서 우박처럼

It was a savage, bitter battle. The men fired / again and
잔인하고 견디기 힘든 전투였다.　　　　　인간들은 총을 발사했다 / 계속 /

again, / and, when the animals got to close quarters, /
그리고 동물들이 아주 가까운 거리에 이르렀을 때 /

lashed out / with their sticks and their heavy boots.
(인간들은) 때렸다 / 몽둥이와 무거운 장화로

A cow, three sheep, and two geese were killed, /
한 마리의 암소, 양 세 마리와 두 마리의 거위가 죽었고 /

and nearly everyone was wounded.
거의 모두가 부상당했다.

Even Napoleon, / who was directing operations / from
심지어 나폴레옹은 /　　　(어떤 나폴레옹?) 작전을 지휘하고 있던 /　　　후방에서 /

the rear, / had the tip of his tail chipped / by a pellet.
그의 꼬리 끝이 잘려나갔다 /　　　　　총알에

But the men did not go unscathed / either.
그러나 인간들도 상처를 입지 않은 것은 아니었다 /　　또한

Three of them had their heads broken / by blows from
세 명의 인간들은 머리에 상처를 입었다 /　　　　박서의 발굽으로 타격을 받아 /

Boxer's hoofs; / another was gored in the belly / by a
또 다른 사람은 배를 찔렸고 /　　　　　암소의 뿔로 /

cow's horn; / another had his trousers nearly torn off /
다른 사람은 바지가 거의 찢겨질 뻔했다 /

by Jessie and Bluebell. And when the nine dogs of
제시와 블루벨에 의해　　　그리고 나폴레옹의 경호원인 아홉 마리의 개가 /

Napoleon's own bodyguard, / whom he had instructed /
(어떤 개?) 그들에게 나폴레옹은 지시한 /

to make a detour / under cover of the hedge, / suddenly
우회하라고 /　　　울타리를 이용하여 /　　　(그 개들이) 갑자기

appeared / on the men's flank, / baying ferociously, /
나타나서 /　　인간들의 측면에 /　　사납게 짖을 때 /

panic overtook them. They saw / that they were in
공포가 그들을 덮쳤다(공포에 사로잡혔다). 인간들은 알아차렸다 / 자신들이 위험에 빠져 있다는

danger / of being surrounded.
것을 /　　포위당할

Frederick shouted to his men / to get out / while the
프레데릭은 그의 일꾼들에 소리쳤다 /　　　빠져나가라고 /　　상황이 좋을 때 /

going was good, / and the next moment / the cowardly
그러자 바로 그 순간에 /   비겁한 적들은 /

enemy / was running for dear life. The animals chased
귀중한 목숨을 건지려고 (필사적으로) 달아났다. 동물들은 그들을 쫓아갔다 /

them / right down to the bottom of the field, / and got
들판의 끝까지 /   그리고 마지막으로

in some last kicks / at them / as they forced their way /
몇 번씩 발길질했다 /   그들에게 /   그들이 애를 쓰며 나가려할 때 /

through the thorn hedge. They had won, / but they were
가시나무 울타리를 통해.   그들은 승리했다 /   그러나 그들은 지쳤으며

weary and bleeding. Slowly they began to limp back /
피를 흘리고 있었다.   천천히 그들은 발을 절뚝거리며 돌아오기 시작했다 /

towards the farm. The sight of their dead comrades /
농장으로   사망한 동지들을 본 것은 /

stretched upon the grass / moved some of them / to tears.
풀밭 위에 대자로 누워있는 /   그들 중 몇몇의 마음을 움직여서 / 눈물을 흘리게 했다.

And for a little while / they halted / in sorrowful silence /
그리고 잠시 동안 /   그들은 멈췄다 /   슬픔에 잠겨 말없이 /

at the place / where the windmill had once stood.
(어떤) 곳에서 /   예전에 풍차가 서있던 (곳에서)

Yes, it was gone; / almost the last trace of their labor was
그렇다, 풍차는 사라졌다 /   자신들의 노고의 마지막 흔적조차도 사라졌다!

gone! Even the foundations were partially destroyed.
심지어 (풍차의) 토대까지도 부분적으로 파괴되어 있었다.

And in rebuilding it / they could not this time, as before,
그리고 풍차를 재건할 때 /   그들은 이번에는 전처럼 사용할 수 없을 것이다 /

make use / of the fallen stones. This time the stones had
떨어져 있는 돌을   이번에는 돌까지 사라졌다

vanished too. The force of the explosion had flung them /
폭발력은 돌을 던졌다(날려 버렸다) /

to distances of hundreds of yards. It was as though the
수백 야드의 거리까지(멀리).   마치 풍차가 존재하지 않았던 것처럼

windmill had never been.
보였다.

SCENE 8

As they approached the farm / Squealer, / who had
그들이 농장에 다가갔을 때 /　　　　　　　스퀄러는 /　　(어떤 스퀄러?) 웬일인지

unaccountably been absent / during the fighting, /
사라졌었던 /　　　　　　　　전투 중에 /

came skipping towards them, / whisking his tail / and
그들에게 뛰어왔다 /　　　　　　　　(그때) 그의 꼬리를 흔들며 /

beaming with satisfaction.
만족하여 환한 미소를 지었다

And the animals heard, / from the direction of the farm
그리고 동물들은 들었다 /　　　　농장건물이 있는 쪽에서 /

buildings, / the solemn booming of a gun.
　　　　엄숙하게 울리는 총소리를

"What is that gun firing for?" said Boxer.
　"왜 그 총을 쏘고 있지요?"　　　　박서가 물었다

"To celebrate our victory!" cried Squealer.
　"우리의 승리를 축하하려고!"　　스퀄러가 소리쳤다

"What victory?" said Boxer. His knees were bleeding, /
　"무슨 승리요?"　　박서가 말했다.　그의 무릎에서는 피가 흘러나왔고, /

he had lost a shoe / and split his hoof, / and a dozen
그는 한쪽 발의 편자를 잃었고 / 발굽이 찢어졌고 /　　　열두 개의 총알이 박혀있었다 /

pellets had lodged themselves / in his hind leg.
　　　　　　　　　　그의 뒷다리에

"What victory, comrade? Have we not driven the enemy
　"무슨 승리라니요, 동지?　　　우리는 적을 쫓아내지 않았나요 /

off / our soil / —the sacred soil of Animal Farm?"
　　우리의 땅에서 /　(그것도) 동물 농장의 신성한 땅에서"

"But they have destroyed / the windmill.
　"그러나 인간들은 파괴해 버렸잖아요 /　풍차를

And we had worked on it / for two years!"
게다가 우리는 작업을 했잖아요 /　　2년 동안이나!"

unaccountably 이상하게도, 웬일인지 skip 가볍게 뛰다 whisk (꼬리를) 흔들다 beam 환하게 미소 짓다
solemn 엄숙한 shoe (말의) 편자 lodge (탄환을 쏘아) 박혀있게 하다 hind 후방의, 뒤의
drive off ~을 쫓아 버리다

"What matter? We will build / another windmill.
"무슨 문제가 있습니까? 우리는 건설할 것입니다 / 또 다른 풍차를

We will build six windmills / if we feel like it.
우리는 여섯 개의 풍차를 건설할 것입니다 / 우리가 원한다면

You do not appreciate, / comrade, the mighty thing / that
당신은 인정하지 않는군요 / 동지여, 위대한 일을 / (어떤 일?)

we have done. The enemy was in occupation / of this
우리가 해낸. 적은 점령하고 있었습니다 / 바로 이 땅을 /

very ground / that we stand upon. And now / —thanks
우리가 지금 서있는. 그리고 이제 / 나폴레옹 동지의

to the leadership of Comrade Napoleon—we have won
지도력 덕분에 / 우리는 모든 땅을 다시

every inch of it back again!"
찾았습니다!"

"Then we have won back / what we had before," / said
"그렇다면 우리는 다시 찾은 것이네요 / 전에 가지고 있던 것을" / 박서가 말했다

Boxer. "That is our victory," said Squealer.
"그것이 우리의 승리입니다" 스퀼러가 말했다

They limped into the yard. The pellets / under the skin of
그들은 절뚝거리며 마당 안으로 들어갔다. 총알은(때문에) / 박서의 다리 살 속에 박힌 /

Boxer's leg / smarted painfully. He saw ahead of him /
고통스럽게 아프게 했다(아팠다). 그는 자신 앞에 있다는 것을 알았다 /

the heavy labor of rebuilding the windmill / from the
(무엇이?) 풍차를 재건하려고 중노동하는 모습이 / 토대부터 /

foundations, / and already in imagination / he braced
그래서 벌써 마음속으로 / 그는 준비했다 /

himself for / the task. But for the first time it occurred to
그 과업을 할. 그러나 처음으로 생각이 들었다 (어떤 생각?) /

him / that he was eleven years old / and that perhaps his
자신이 열한 살이고 / 아마 그의 거대한 근육이 /

great muscles / were not quite what they had once been.
예전과 같은 상태가 아니라는 (생각이 들었다)

But when the animals saw / the green flag flying, / and
그러나 동물들이 보았을 때 / 초록색 깃발이 휘날리는 것을 / 그리고

heard / the gun firing again / —seven times it was fired /
들었을 때 / 총이 다시 발사되는 것을 / (그것도) 일곱 번이나 총이 발사되었을 때 /

in all— / and heard the speech / that Napoleon made, /
모두 합해 / 그리고 연설을 들었을 때 / (어떤 연설?) 나폴레옹이 하는 /

congratulating them on their conduct, / it did seem to
그들의 행동을 칭찬하는 (연설을) /　　　　　　　　　결국 그들은 생각하는 것

them after all / that they had won a great victory.
같았다 /　　　　자신들이 큰 승리를 거뒀다고

The animals / slain in the battle / were given a solemn
동물들에게는 /　　전투할 때 전사한 /　　　엄숙한 장례식을 베풀었다

funeral. Boxer and Clover pulled the wagon /
　　　박서와 클로버는 마차를 끌었다 /

which served as a hearse, / and Napoleon himself walked
(어떤 마차?) 영구차 역할을 하는 /　　　그리고 나폴레옹은 맨 앞에서 걸었다 /

at the head / of the procession. Two whole days were
　　　　　(장례) 행렬의　　　　꼬박 2일이 주어졌다 /

given over / to celebrations. There were songs, speeches, /
　　　축하의식을 하는데　　　노래 부르기, 연설이 있었고 /

and more firing of the gun, / and a special gift of an apple
그리고 더 많이 축포를 발사했다 /　　　또한 사과 한 개씩의 특별한 선물이 주어졌다 /

was bestowed / on every animal, / with two ounces of
　　　　모든 동물에게 /　　　2온스의 밀을 모든 새에게 /

corn for each bird / and three biscuits / for each dog.
　　　　세 개의 비스킷을 /　　　모든 개에게

It was announced / that the battle would be called /
발표되었다 /　　　전투를 명명할 것이며 /

the Battle of the Windmill, / and / that Napoleon had
풍차전투라고 /　　　그리고 (발표되었다) / 나폴레옹이 새로운 훈장을

created a new decoration, / the Order of the Green
만들었다고 /　　　녹색 깃발 훈장이라는 /

Banner, / which he had conferred / upon himself.
　　그리고 나서 그는 훈장을 수여했다 /　　자신에게

In the general rejoicings / the unfortunate affair of the
전체의 동물이 축하행사를 하는 동안에 /　지폐에 대한 불행한 사건은 잊혀졌다

banknotes was forgotten.

appreciate (~의 가치를) 인정하다 occupation 점령 win back ~을 되찾다, 탈환하다 smart 따끔따끔하다,
아프다 imagination (상상의 장소로서의) 마음 brace oneself for ~을 할 마음의 준비를 하다
congratulate 칭찬하다 slain 전사한, 살해된 hearse 영구차 at the head 맨 앞에서, 선두에서 bestow ~을 주다
banner (국가, 군의)기 confer 수여하다, 주다 general 전체의 rejoicing 축하(행사)

SCENE 9

It was a few days later than this / that the pigs came upon /
이것보다(이런 일이 있은 지) 며칠 후에 /   돼지들이 우연히 발견했다 /

a case of whisky / in the cellars of the farmhouse.
한 상자의 위스키를 /   농장 주택의 지하실에서

It had been overlooked / at the time when the house was
눈치 채지 못했다 /   (언제?) 농장 주택을 처음으로 점령했을 때에는

first occupied.

That night / there came from the farmhouse / the sound of
그날 밤 /   농장 주택에서 나왔다 /   시끄럽게 노래 부르는

loud singing, / in which, / to everyone's surprise, /
소리가 /   그 (노래) 소리 속에는 / 모두가 놀랍게도 /

the strains of 'Beasts of England' / were mixed up.
'영국의 동물들' 의 곡조가 /   섞여있었다.

At about half past nine / Napoleon, / wearing an old
대략 9시 반경에 /   나폴레옹이 /   존스씨의 낡은 중산모자를 쓴 /

bowler hat of Mr. Jones's, / was distinctly seen / to emerge
틀림없이 목격되었다 /   뒷문에서 나타나서 /

from the back door, / gallop rapidly round the yard, /
마당을 돌면서 빠르게 달리고 /

and disappear indoors again. But in the morning / a deep
농장 주택 안으로 다시 사라지는 것이 (목격되었다). 그러나 아침이 되자 /   심각한 침묵이

silence hung / over the farmhouse. Not a pig appeared
감돌았다 /   농장 주택에는.   한 마리의 돼지도 일어나지 않은 듯했다.

to be stirring. It was nearly nine o'clock / when Squealer
거의 9시였다 /   (언제?) 스퀼러가 나타났을

made his appearance, / walking slowly and dejectedly, /
때는 /   (그때 그는) 천천히 기운 없이 걸었고 /

his eyes dull, / his tail hanging limply behind him, /
그의 눈은 흐릿했으며 / 그의 꼬리는 뒤로 축 늘어져있었다 /

and with every appearance of being seriously ill.
또한 심각하게 아픈 듯한 온갖 모습이었다.

He called the animals together / and told them /
그는 동물들을 불러 모으고 /   그들에게 말했다 /

that he had a terrible piece of news / to impart.
심각한 소식이 있다고 /   전해 줄

Comrade Napoleon was dying! A cry of lamentation
나폴레옹 동지가 죽어가고 있었다(위독하다)!   애도하는 울음소리가 커졌다.

went up. Straw was laid down / outside the doors of the
    밀짚을 깔았다 /   농장 주택의 문밖에 /

farmhouse, / and the animals walked on tiptoe.
    그리고 동물들은 발끝으로 걸어 다녔다.

With tears in their eyes / they asked / one another /
눈에는 눈물을 글썽이며 /   그들은 물었다 /   서로에게 /

what they should do / if their Leader were taken away
어떻게 해야 하느냐고 /   만일 자신들의 지도자가 떠나면

from them. A rumor went round / that Snowball had
    소문이 나돌았다 /   (어떤 소문?) 스노볼이 결국 고의로

after all contrived to introduce poison / into Napoleon's
독을 넣었다는 /   나폴레옹의 음식에

food. At eleven o'clock Squealer came out / to make
  11시에 스퀼러가 나왔다 /   또 다른 발표를 하려고

another announcement. As his last act upon earth, /
    이 세상에서 마지막 조치로서 /

Comrade Napoleon had pronounced / a solemn decree: /
나폴레옹 동지는 발표했다 /   엄숙한 법령을 /

the drinking of alcohol / was to be punished / by death.
술을 마시는 것은 /   처벌받을 것이다 /   사형으로

By the evening, however, / Napoleon appeared to be
그러나 저녁 무렵이 되자 /   나폴레옹은 다소 좋아진 것처럼 보였다 /

somewhat better, / and the following morning / Squealer
    그리고 그 다음날 아침에는 /   스퀼러는

was able to tell them / that he was well on the way to
동물들에게 말할 수 있었다 /   나폴레옹이 회복하고 있는 중이라고

recovery. By the evening of that day / Napoleon was
    그날 저녁에는 /   나폴레옹은

back at work, / and on the next day / it was learned /
다시 일을 시작했고 /   그 다음날에 /   알게 되었다 /

come upon 우연히 발견하다 cellar 지하실 overlook ~을 눈치 채지 못하다, 못보고 지나치다
occupy 차지하다, 점령하다 strains 곡조, 노랫가락 distinctly 틀림없이, 분명히 emerge ~에서 나타나다
gallop 질주하다, 빠르게 달리다 stir (잠자리에서) 일어나다 dejectedly 기운 없이 limply 축 늘어진, 처진
impart 주다, 전해주다 lamentation 애도, 비탄 on tiptoe 발끝으로 contrive to 고의로(일부러) ~하다
introduce ~을 삽입하다, 안에 넣다 decree 법령 on the way to ~하는 중

that he had instructed Whymper / to purchase in
(무엇을?) 그가 윔퍼에게 지시했다는 사실이 / 윌링턴에서 몇 권의 소책자를 구입하

Willingdon some booklets / on brewing and distilling.
라고 / 양조와 증류에 관한

A week later / Napoleon gave orders / that the small
일주일 후에 / 나폴레옹은 명령을 했다 / 작은 방목장을 /

paddock / beyond the orchard, / which it had previously
과수원 뒤편에 있는 / (어떤 방목장?) 그리고 그것을 전에 따로

been intended to set aside / as a grazing-ground /
떼어놓으려 했던 / 목초지로 /

for animals who were past work, / was to be plowed up.
은퇴한 동물들을 위해 / (그 작은 방목장을) 경작하라고 (명령했다)

It was given out / that the pasture was exhausted /
발표되었다 / 목초지의 지력이 고갈되어 /

and needed re-seeding; / but it soon became known /
다시 씨앗을 뿌려야 한다고 / 그러나 곧 알려졌다 /

that Napoleon intended to sow it with barley.
(무엇이?) 나폴레옹은 그곳에 보리씨를 뿌릴 계획이라고

About this time / there occurred a strange incident /
이 무렵에 / 이상한 사건이 발생했다 /

which hardly anyone was able to understand.
(어떤 사건?) 아무도 이해할 수 없는 (사건이)

One night at about twelve o'clock / there was a loud
어느 날 밤 12시 쯤에 / 요란하게 부딪치는 소리가 났다 /

crash / in the yard, / and the animals rushed out / of their
마당에서 / 그래서 동물들은 달려 나갔다 / 축사에서

stalls. It was a moonlit night. At the foot / of the end
달 밝은 밤이었다. 밑에 / (어디에?) 큰 헛간 끝 쪽

wall of the big barn, / where the Seven Commandments
벽의 (밑에) / 7계명이 쓰여 있는 /

were written, / there lay a ladder / broken in two pieces.
사다리 한 개가 놓여있었다 / 두 동강이로 부러진 스퀼러는 /

Squealer, / temporarily stunned, / was sprawling /
잠시 동안 기절해있던 / 대자로 누워있었다 /

beside it, / and near at hand there lay / a lantern,
사다리 옆에 / 그리고 가까운 곳에 놓여있었다 / 전등,

a paint-brush, and an overturned pot of white paint.
페인트 붓과 뒤집어진 흰색 페인트 통이

The dogs immediately / made a ring round Squealer, /
개들은 곧바로 / 스퀼러를 둥글게 둘러쌌다 /

and escorted him back / to the farmhouse / as soon as he
그리고 그를 호위해줬다 / 농장 주택까지 / 그가 걸을 수 있게

was able to walk. None of the animals could form any
되자마자 / 동물 중 누구도 전혀 이해할 수 없었다 /

idea / as to what this meant, / except old Benjamin, /
이것이 무엇을 의미하는지 / 늙은 벤자민을 제외하곤 /

who nodded his muzzle / with a knowing air, /
그(벤자민)는 주둥이를 끄덕거렸고 / 뭔가 알고 있다는 표정으로 /

and seemed to understand, / but would say nothing.
이해하고 있는 듯했다 / 그러나 어떤 말도 하려하지 않았다

But a few days later Muriel, / reading over the Seven
그러나 며칠 후 뮤리엘이 / (어떤 뮤리엘?) 7계명을 읽고 있던 /

Commandments / to herself, / noticed / that there was
혼자서 / 알아차렸다 (무엇을?) / 또 따른 계명이 있다는 것을 /

yet another of them / which the animals had remembered
(어떤 계명?) 동물들이 잘못 기억하고 있는

wrong. They had thought / the Fifth Commandment /
그들은 생각했었다 / 다섯 번째 계명은 /

was "No animal shall drink alcohol," / but there were
"어떤 동물도 술을 마시면 안 된다" 라고 / 그러나 두 단어가 있었다 /

two words / that they had forgotten.
(어떤 두 단어?) 그들이 잊고 있는(기억하지 못하는)

Actually the Commandment read: / "No animal shall
실제로 그 계명은 다음과 같이 쓰여 있었다 / "어떤 동물도 술을 마시면

drink alcohol / to excess."
안 된다 / 지나치게

booklet 소책자 brewing 양조 distilling 증류 paddock 작은 방목장 grazing-ground 목초지
plow up (밭을) 갈다, 경작하다 pasture 목초지, 방목장 exhaust (지력을) 고갈시키다 intend to ~할 계획이다
sow (씨를) 뿌리다 sprawl 큰대자로 눕다 near(close) at hand 가까운 곳에, 근처에 overturned 뒤집힌
idea 이해, 인식 with a knowing air 뭔가 알고 있다는 표정으로 yet another 또 다른, 그 위에 다시
to excess 지나치게

Quiz 8

A. 내용 이해하기

다음 문장을 읽고 본문의 내용과 맞으면 T(True), 틀리면 F(False)를 쓰세요.

1. The animals thought that there was some rule about not killing other animals, but upon inspection find that the rules has been changed.

2. The pigs continue to rewrite the principles of Animalism for their own benefit.

3. The pigs reveal their inexperience by failing to distinguish Napoleon's hangover from imminent death.

4. The animals see Napoleon unconscious on the ground next to a fallen ladder and a bucket of white paint beneath the commandments written on the barn.

B. 단어

다음 제시된 단어의 설명을 읽고, 어떤 단어의 정의를 설명하는지 아래의 박스에서 찾아 써 보세요.

1. try to have an influence on things that do not concern you

2. to live in an area or place

3. a word which is used before someone's name to show their rank in an organization

4. lack of knowledge about something

5. to write, cut, or put words on the surface of an object

6. to think about one particular thing seriously for a long time

7. clever, complicated, secret, and often unfair plans

8. to strongly criticize someone for something

9. to change something slightly

10. going to happen so soon; imminent

title	inscribe	alter	machinations	inhabit
ignorance	impending	contemplate	censure	meddle

Answer A. 1. T 2. T 3. T 4. F

B. 1. meddle 2. inhabit 3. title 4. ignorance 5. inscribe 6. contemplate 7. machinations 8. censure 9. alter 10. impending

C. 직독직해

아래에 제시된 문장을 직독직해로 해석해보세요.

1. The killings / which had taken place / did not square with this.

   →

2. He was always referred to / in formal style / as "our Leader, Comrade Napoleon".

   →

3. It was surmounted by / a portrait of Napoleon, / in profile, / executed by Squealer / in white paint.

   →

4. A gander / who had been privy to the plot / had confessed his guilt / to Squealer.

   →

D. 동시통역

아래에 제시된 직독직해를 보고, 영어로 말해보세요.

1. 여름이 지나가면서 / 풍차가 거의 완성되었다

   →

2. 그는 생각한다고 / 그것은 자신의 위신을 떨어뜨리는 일이라고 / 그가 말했다

   →

3. 아침이 되자 / 심각한 침묵이 감돌았다 / 농장 주택에는

   →

4. 동물 중 누구도 전혀 이해할 수 없었다 / 이것이 무엇을 의미하는지

   →

Chapter 9

SCENE 1

Boxer's split hoof was a long time / in healing.
박서의 갈라진 발굽은 오랜 시간이 걸렸다 / 낫는데

They had started / the rebuilding of the windmill /
동물들은 시작했다 / 풍차의 재건을 /

the day after the victory celebrations were ended.
승리의 축제가 끝난 다음날부터

Boxer refused / to take even a day off work, /
박서는 거절했고 / 하루라도 쉬는 것을 /

and made it a point of honor / not to let it be seen /
(그것을?) 체면 문제로 여기고 있었다 / (그것이란?) 보이지 않는 것을 /

that he was in pain. In the evenings / he would admit
자신이 고통을 받고 있는 모습을. 저녁이 되면 / 그는 남몰래 털어놓곤 했다 /

privately / to Clover / that the hoof troubled him /
클로버에게 / 발굽이 그를 괴롭힌다고 /

a great deal. Clover treated the hoof / with poultices of
매우 많이. 클로버는 발굽을 치료했다 / 약초로 만든 찜질 약으로 /

herbs / which she prepared / by chewing them, and both
(어떤 약초?) 그녀가 조제했던 / 약초를 씹어서 / 그리고 그녀와 벤자민은 권유

she and Benjamin urged / Boxer to work less hard.
했다 / 박서에게 쉬엄쉬엄 일하라고

"A horse's lungs do not last / for ever," she said to him.
"말의 폐는 견딜 수 있는 것은 아니에요 / 영원히" 그녀가 그에게 말했다

But Boxer would not listen. He had, / he said, / only one
그러나 박서는 말을 들으려하지 않았다. 그에게는 있다고 / 그는 말했다 / 남아 있는 진

real ambition left / —to see / the windmill well under
정한 목표만이 / (그것은) 보는 것이다 / 풍차건설이 진행되는 것을 /

way / before he reached / the age for retirement.
그가 이르기 전에 / 은퇴할 연령에

At the beginning, / when the laws of Animal Farm were
맨 처음에는 / 동물 농장의 법이 처음으로 체계화되었던 /

first formulated, / the retiring age had been fixed /
은퇴 연령이 결정되었다 /

for horses and pigs at twelve, / for cows at fourteen,
말과 돼지는 12세로 / 암소에게는 14세로,

for dogs at nine, for sheep at seven, and for hens and
개에게는 9세로, 양에게는 7세로, 그리고 암탉과 거위에게는 5세로

geese at five. Liberal old-age pensions had been agreed
넉넉한 고령 연금을 주기로 합의했다

upon. As yet no animal had actually retired / on pension, /
(그러나) 이제까지는 어떤 동물도 실제로 은퇴하지 않았다 / 연금을 받고 /

but of late the subject had been discussed / more and more.
그러나 최근 그 주제는 토론되었다 / 더욱더 자주

Now that the small field beyond the orchard / had been set
과수원 넘어 작은 밭이 / 보리를 심을 곳으로

aside for barley, / it was rumored / that a corner of the
따로 떼어두었기 때문에 / 소문이 돌았다 / (어떤 소문?) 큰 목초지의 한 구석에 /

large pasture / was to be fenced off / and turned into a
담장을 둘러 / 목초지로 변경할 예정이라는

grazing-ground / for superannuated animals.
(소문이) / 은퇴한 동물들을 위해

For a horse, / it was said, / the pension would be five
말에게는 / 소문에 의하면 / 연금은 5파운드의 밀일 것이다 /

pounds of corn / a day / and, in winter, / fifteen pounds
하루에 / 그리고 겨울에는 / 15파운드의 건초일 것이다 /

of hay, / with a carrot or possibly an apple / on public
한 개의 당근이나 어쩌면 사과가 추가될 것이다 / 공휴일에

holidays. Boxer's twelfth birthday / was due in the late
박서의 12번째 생일은 / 늦여름에 있을 예정이다 /

summer / of the following year.
다음 해

heal 상처가 낫다, 치료하다 refuse 거부하다, (아무리해도) ~하려 하지 않았다 a point of honor 체면 문제
poultice 찜질 포, 찜질 약 prepare (약을) 조제하다 urge 열심히 권유하다 under way (작업이) 진행 중인
retirement 은퇴, 퇴직 formulate ~을 체계화시키다, 명확하게 나타내다 liberal 넉넉한, 충분한
as yet 아직 이제(지금) 까지는 superannuated 은퇴한 possibly 아마, 어쩌면

Meanwhile life was hard. The winter was as cold /
그동안 생활은 힘들었다.　　　겨울은 추웠다 /

as the last one had been, / and food was even shorter.
지난해 겨울이 (추웠던 것) 만큼 /　　그리고 식량은 더욱더 부족했다.

Once again all rations were reduced, / except those of
또다시 모든 배급량이 줄어들었다 /　　돼지와 개의 배급량을 제외하고

the pigs and the dogs. A too rigid equality / in rations, /
지나치게 융통성 없이 평등하다면 / 배급량에 /

Squealer explained, / would have been contrary /
스퀼러는 설명했다 /　　위배된다고 /

to the principles of Animalism.
동물주의 원칙에

In any case / he had no difficulty in proving / to the other
어쨌든 /　　그는 증명하는데 어려움을 겪지 않았다 /　　다른 동물들에게 /

animals / that they were NOT in reality short of food, /
(무엇을?) 그들이 실제로 식량이 부족하지 않다고 /

whatever the appearances might be.
(외관상으로는) 어떤 상황일지라도

For the time being, certainly, / it had been found
지금은, 분명히 /　　필요한 것으로 드러났다 /

necessary / to make a readjustment of rations /
배급량을 재조정할 /

(Squealer always spoke of it as a "readjustment," /
(스퀼러는 언제나 이런 상황을 "재조정" 이라고 말했다 /

never as a "reduction"), but in comparison with the days
결코 "삭감" 이라고 말하지 않았다),　그러나 존스시절과 비교해보면 /

of Jones, / the improvement was enormous.
(농장 생활의) 개선은 엄청났다

SCENE 2

Reading out the figures / in a shrill, rapid voice, /
숫자를 읽어가면서 / 날카롭고 빠른 목소리로 /

he proved to them / in detail / that they had / more oats,
그는 동물들에게 증명했다 / 상세하게 / (무엇을?) 그들이 먹었다는 것을 / 더 많은 귀리,

more hay, more turnips / than they had had in Jones's
더 많은 건초, 더 많은 순무를 / 존스 시절에 먹었던 것보다 /

day, / that they worked shorter hours, /
(무엇을?) 그들이 더 적은 시간 일했다는 것을 /

that their drinking water was of better quality, /
(무엇을?) 식수의 질이 더 좋았다는 것을 /

that they lived longer, / that a larger proportion of their
(무엇을?) 그들이 더 오래 살았다는 것을 / (무엇을?) 대부분의 어린 새끼 동물들이 /

young ones / survived infancy, / and /
유아기에서 살아남는 다는 것을(유아기 사망률이 감소했다는 것을)

that they had more straw / in their stalls / and suffered
그리고 (무엇을?) 밀짚이 더 많아졌고 / 축사에 / 벼룩 때문에 고통을 덜

less from fleas. The animals believed / every word of it.
받았다는 것을 (증명했다). 동물들은 (그대로) 믿었다 / 스퀼러가 주장하는 모든 말을

Truth to tell, / Jones and all he stood for / had almost
사실대로 말한다면 / 존스와 그가 상징했던 모든 것은 / 거의 사라졌다 /

faded out / of their memories.
기억에서

They knew / that life nowadays was harsh and bare, /
그들은 알았다 / (무엇을?) 요즈음의 생활은 가혹하고 빠듯하다는 것을 /

that they were often hungry and often cold, /
(무엇을?) 자신들이 자주 굶주리고 자주 추위에 떤다는 것을 /

and / that they were usually working / when they were
그리고 (무엇을?) / 자신들이 늘 일한다는 것을 (알았다) / 잠들어 있지 않을 때는

not asleep. But doubtless / it had been worse / in the old
그러나 의심할 여지없이 / 상황이 더 나빴다 / 옛날에는

days. They were glad to believe / so.
그들은 기꺼이 믿었다 / 그렇다고 (스퀼러가 주장했던 대로)

shrill (소리가) 날카로운 a larger proportion of 대부분의 infancy 유아기 stand for ~을 상징하다

harsh 가혹한, 호된 bare 빠듯한, 가까스로

Besides, in those days / they had been slaves / and now
게다가 그 시절(옛날)에는 / 그들은 노예였다 / 그러나 이제

they were free, / and that made all the difference, /
그들은 해방되었다 / 그래서 그런 것이 아주 큰 차이였다 /

as Squealer did not fail to point out. There were many
스퀼러가 항상 틀림없이 지적했듯이 / 더 많은 부양가족이 있었다 /

more mouths / to feed now. In the autumn / the four
이제는 먹여 살려야 할. 가을에 / 네 마리의 암퇘지가

sows had all littered / about simultaneously, / producing
새끼를 낳았다 / 거의 동시에 / (그래서) 31마리의

thirty-one young pigs / between them. The young pigs
어린 돼지를 생산했다(낳았다) / 모두 합하여. 어린 돼지들은 얼룩무늬였고 /

were piebald, / and as Napoleon was the only boar /
나폴레옹이 유일한 수퇘지였기 때문에 /

on the farm, / it was possible to guess / at their parentage.
농장에서 / 짐작할 수 있었다 / 그들의 혈통을

It was announced / that later, / when bricks and timber
발표되었다 / 나중에 / 벽돌과 목재를 구입하면 /

had been purchased, / a schoolroom would be built /
교실을 지을 거라고 /

in the farmhouse garden. For the time being, / the young
농장 주택의 정원에 / 당분간 / 어린 돼지들은

pigs were given their instruction / by Napoleon himself /
교육을 받았다 / 나폴레옹으로부터 직접 /

in the farmhouse kitchen. They took their exercise /
농장 주택의 부엌에서 / 그들은 운동을 했다 /

in the garden, / and were discouraged from playing /
정원에서 / 그러나 놀지 못하게 했다 /

with the other young animals. About this time, too, /
다른 어린 동물들과 함께 / 이 무렵에, 또한 /

it was laid down as a rule / that when a pig and any other
규칙으로 정해졌다 / 돼지와 다른 동물이 만나면 /

animal met / on the path, / the other animal must stand
(좁은) 길에서 / 다른 동물이 옆으로 비켜서야 한다고 /

aside: / and also / that all pigs, / of whatever degree, /
그리고 또한 (규칙으로 정해졌다) / 모든 돼지들은 / 계급에 상관없이 /

were to have the privilege / of wearing green ribbons /
특권을 갖게 된다고 / 녹색 리본을 다는 /

on their tails on Sundays.
꼬리에. 일요일에는

The farm had had a fairly successful year, / but was still
농장은 꽤 성공적인 한해를 보냈다 /   그러나 여전히 돈이

short of money. There were the bricks, sand, and lime /
부족했다   벽돌, 모래와 석회가 있었다 /

for the schoolroom / to be purchased, / and it would
교실을 지으려면 /   구입해야 될 /   그리고 또한 필요했다 /

also be necessary / to begin saving up again / for the
                  다시 저축하기 시작할 /   기계를 구입하려면 /

machinery / for the windmill. Then there were / lamp oil
              풍차에 필요한   또한 있었다 /   등유와 양초가 /

and candles / for the house, / sugar / for Napoleon's own
              주택에 필요한 /   설탕이 /   나폴레옹의 식탁에 필요한 /

table / (he forbade this / to the other pigs, / on the ground
              (그는 이것(설탕)을 금했다 /   다른 돼지들에게는 /   그들을 뚱뚱하게 만든다는

that it made them fat), and all the usual replacements /
이유로),   그리고 일상적으로 보충해야 할 물건이 (있었다) /

such as tools, nails, string, coal, wire, scrap-iron, and dog
공구, 못, 줄, 석탄, 철사, 고철과 개 비스킷과 같은

biscuits. A haystack and part of the potato crop were sold
              건초더미와 감자 수확의 일부는 싸게 팔렸다 /

off, / and the contract for eggs was increased /
              그리고 계란 판매 계약이 증가되었다 /

to six hundred a week, / so that / that year the hens barely
일주일에 육백 개로 /   그래서 /   그해에 암탉은 겨우 부화시켰다 /

hatched / enough chicks / to keep their numbers /
              충분한 병아리를 /   암탉의 수를 유지할 수 있는 정도로 /

at the same level. Rations, / reduced in December, /
같은 수준으로   배급량이 /   12월에 감소됐던 /

mouth 부양해야할 가족(사람) sow 암퇘지 litter 새끼를 낳다 piebald (백색과 흑색의) 얼룩무늬의, 잡색의
boar 수퇘지 parentage 혈통 instruction 교육, 훈련 discourage ~을 못하게 하다, ~하는 것을 그만두게 하다
lay down ~라고 정하다, ~을 규정하다 degree 계급, 지위 lime 석회 lamp oil 등유
forbid (forbid-forbade-forbidden) ~을 허락하지 않다, 금하다 on the ground that ~라는 이유(근거)로
replacement 대체해야할 물건, (새것으로) 보충할 물건 scrap-iron 고철, 쇠 부스러기 sell off ~을 싸게 팔다
barely 겨우, 간신히 hatch 부화시키다

were reduced again in February, / and lanterns in the
다시 2월에 감소되었다 /　　　　　　　　그리고 축사에 있는 랜턴(사용)은 /

stalls / were forbidden / to save oil. But the pigs seemed
금지되었다 /　　　　기름을 절약하려고. 그러나 돼지들은 매우 편안해 보였다 /

comfortable enough, / and in fact were putting on weight /
실제로는 체중이 늘고 있었다 /

if anything.
오히려

if anything 오히려, 굳이 따지자면

SCENE 3

One afternoon / in late February / a warm, rich,
어느 날 오후에 / 2월 말 무렵 / 훈훈하고, 진하고,

appetising scent, / such as the animals had never smelled
식욕을 돋우는 냄새가 / (어떤 냄새?) 동물들이 전에는 냄새를 맡아보지 못했던 /

before, / wafted itself across the yard / from the little
마당을 건너서 흘러왔다 / 작은 양조장에서 /

brew-house, / which had been disused / in Jones's time, /
그 양조장은 사용되지 않았다 / 존스시대에는 /

and which stood beyond the kitchen.
그리고 그 양조장은 부엌보다 멀리 있었다.

Someone said / it was the smell / of cooking barley.
누군가 말했다 / 그것은 냄새라고 / 보리를 익히는

The animals sniffed the air / hungrily / and wondered /
동물들은 공기를 코로 들이마셨다 / 허기진 듯이 / 그리고 생각했다 /

whether a warm mash was being prepared / for their
따뜻한 사료 죽이 만들어지고 있는 게 아닌가라고 / 저녁으로.

supper. But no warm mash appeared, / and on the
그러나 따뜻한 사료 죽이 나오지 않았으며 / 그다음 일요일에 /

following Sunday / it was announced / that from now
발표되었다 / 앞으로 계속 /

onwards / all barley would be reserved / for the pigs.
모든 보리는 따로 떼어놓을 것이라고 / 돼지들을 위해

The field beyond the orchard / had already been sown /
과수원 건너편에 있는 밭에는 / 이미 뿌려져 있었다 /

with barley. And the news soon leaked out / that every
보리씨앗이. 그리고 소문이 곧 새어나왔다 / (어떤 소문?) 모든 돼

pig was now receiving / a ration of a pint of beer / daily, /
지는 이제 받고 있다는 (소문이) / 맥주 한 핀트의 배급량을 / 매일 /

with half a gallon for Napoleon himself, / which was
반 갤런의 맥주는 나폴레옹 자신에게 (준다는 소문이) / 그 맥주는 언제나 그에게

always served to him / in the Crown Derby soup tureen.
주어졌다 / 크라운 더비제 수프용 냄비에 담아서

appetising 식욕을 돋우는 scent 냄새 waft (공중을) 떠돌다, 흐르다 brew-house 양조장

sniff (공기를) 코로 들이마시다 mash 사료 죽(곡식을 온탕으로 걸쭉하게 만든 것) onwards 계속하여, 앞으로

reserve 남겨두다, 떼어두다 leak out (비밀이) 새어나가다, 누출되다 ration 배급 tureen 수프용 냄비

But if there were hardships / to be borne, / they were
그러나 고통이 있지만 / 참아야할 / 그 고통은 부분적으로

partly offset / by the fact / that life nowadays had a
보상받았다 / 사실 때문에 / (어떤 사실?) 요즘의 생활이 더 품위가 있다는

greater dignity / than it had had before.
(사실 때문에) / 과거의 생활보다

There were / more songs, more speeches, more
이었다 / 더 많은 노래 부르기, 더 많은 연설과 더 많은 행진이

processions. Napoleon had commanded / that once a
나폴레옹은 명령했다 / 일주일에 한번 /

week / there should be held / something called a
개최하라고 / 자발적인 시위라고 불리는 것을 /

Spontaneous Demonstration, / the object of which /
그 시위의 목적은

was to celebrate / the struggles and triumphs / of Animal
축하하기 위한 것이었다 / 투쟁과 승리를 / 동물 농장의

Farm. At the appointed time / the animals would leave
정해진 시간이 되면 / 동물들은 일터를 떠나고

their work / and march / round the precincts of the farm /
행진하곤 했다 / 농장 주위를 돌면서 /

in military formation, / with the pigs leading, / then the
군인처럼 대형을 이루어 / 돼지들이 선두에 서고 / 다음에는 말들,

horses, then the cows, then the sheep, / and then the
다음에는 암소들, 다음에는 양들 / 다음에는 가금류들 (순서로).

poultry. The dogs flanked the procession / and at the head
개들은 행렬의 측면에 섰고 / 모든 동물들 보다 앞에

of all marched / Napoleon's black cockerel.
서 행진했다 / 나폴레옹의 검은 수평아리가

Boxer and Clover always carried / between them /
박서와 클로버는 언제나 들고 행진했다 / 둘 가운데 하나가 /

a green banner / marked / with the hoof and the horn and
녹색 깃발을 / 표시되어 있는 / 발굽과 뿔 그리고 제목이 /

the caption, / "Long live Comrade Napoleon!"
"나폴레옹 동지 만세" 라고

Afterwards there were recitations of poems / composed /
다음에는 시 암송이었다 / 지어진 /

in Napoleon's honor, / and a speech by Squealer / giving
나폴레옹에게 경의를 표하기 위해 / 그리고 스퀼러의 연설이 있었다 /

particulars of the latest increases / in the production of
최근 증가에 대한 상세한 내용을 알려주는 /　　　식량 생산의 /

foodstuffs, / and on occasion / a shot was fired from
　　　이따금 /　　　　　　총알(축포가)이 발사되었다

the gun. The sheep were the greatest devotees / of the
양들이 가장 열렬한 지지자였고 /　　　　　　자발적인 시위의 /

Spontaneous Demonstration, / and if anyone complained /
　　　　　　누군가 불평한다면 (뭐라고?) /

(as a few animals sometimes did, / when no pigs or
(몇몇 동물들이 가끔씩 (불평)하는 듯이 /　　　돼지나 개가 주위에 없을 때)

dogs were near) that they wasted time / and meant a lot
자신들이 시간을 낭비했고 /　　　　　많이 서 있는 것일 뿐이라고 /

of standing about / in the cold, / the sheep were sure to
　　　　　추위 속에서 /　　양들은 틀림없이 그의 입을 다물게 했다 /

silence him / with a tremendous bleating /
　　큰소리로 울면서 외쳐 /

of "Four legs good, two legs bad!" But by and large the
"네 다리는 좋고, 두 다리는 나쁘다!" 라고　　　그러나 전반적으로 동물들은 /

animals / enjoyed these celebrations. They found / it
　　이런 의식을 즐겼다.　　　　　그들은 알았다 /

comforting / to be reminded / that, after all, they / were
위로가 된다는 것을 / (다음과 같이) 생각하면 / 어쨌든 자신이 /

truly their own masters / and / that the work they did /
진정으로 자기 자신의 주인이며 /　　그리고 (생각하면) / 자신이 하는 일은 /

was for their own benefit. So that, / what with the songs,
자신의 이익을 위한 일이라고.　　　그래서 /　　노래를 하고,

the processions, Squealer's lists of figures, the thunder of
행진을 하고,　　　　스퀄러가 숫자를 나열하고,　　　총소리가 울려 퍼지고,

the gun, the crowing of the cockerel, and the fluttering of
수평아리가 울고,　　　　　　　　깃발을 흔들면서 /

the flag, / they were able to forget / that their bellies were
그들은 잊을 수가 있었다 /　　　자신들의 배가 고프다는 것을 /

empty, / at least part of the time.
　　적어도 잠시나마

SCENE 4

In April, Animal Farm / was proclaimed a Republic, /
4월에 동물 농장은 /   공화국으로 선포되었다 /

and it became necessary / to elect a President.
그래서 필요하게 되었다 /   대통령을 선출하는 일이

There was / only one candidate, Napoleon, / who was
있었다 /   유일한 후보자인 나폴레옹만 /   그래서 그는 선출되

elected / unanimously. On the same day / it was given
었다 /   만장일치로   같은 날 /   발표되었다 /

out / that fresh documents had been discovered / which
          새로운 문서가 발견되었고 /

revealed further details / about Snowball's complicity
그 문서는 더 자세한 내용을 보여주었다 / 스노볼과 존스의 공모에 대해

with Jones. It now appeared / that Snowball had not, /
          이제는 어느 모로 보나 /   스노볼은 /

as the animals had previously imagined, / merely
동물들이 전에 생각했던 것처럼 /   단지

attempted to lose / the Battle of the Cowshed / by means
패배하려 시도했던 것만이 아니라 / 외양간 전투에서 /   술책을 이용하여 /

of a stratagem, / but had been openly fighting / on Jones's
          공공연하게 싸웠다   /   존스의 편에서

side. In fact, / it was he / who had actually been the
          사실은 /   바로 그가 /   실질적으로 지휘자였고 /

leader / of the human forces, / and had charged into battle
          인간 군대의 /   (바로 그가) 전투 현장으로 돌격했다 /

/ with the words "Long live Humanity!" on his lips.
 "인간 만세" 라는 말을 외치면서

The wounds on Snowball's back, / which a few of the
스노볼의 등에 난 상처는 /   (어떤 상처?) 몇몇의 동물이 아직도

animals still remembered / to have seen, / had been
기억하는 /   목격했다고 /   (그 상처는) 생긴 것이었

inflicted / by Napoleon's teeth.
다 /   나폴레옹의 이빨에 의해

In the middle of the summer / Moses the raven suddenly
한여름에 / 까마귀 모세가 갑자기 다시 나타냈다 /

reappeared / on the farm, / after an absence of several
농장에 / 몇 년 동안 사라진 후에

years. He was quite unchanged, / still did no work, / and
그는 전혀 변하지 않았고 / 여전히 일을 하지 않았다 / 그리고

talked in the same strain / as ever / about Sugarcandy
똑같은 말투로 말했다 / 변함없이 / 얼음사탕 산에 대해

Mountain. He would perch on a stump, / flap his black
그는 나무 그루터기에 앉아서 / 검은 날개를 퍼덕거리곤 했

wings, / and talk by the hour / to anyone / who would
다 / 그리고 몇 시간씩 이야기하곤 했다 / 누구에게라도 / 귀를 기울이는

listen. "Up there, comrades," he would say solemnly, /
"저 위에, 동지 여러분" 그는 엄숙하게 말하곤 했다 /

pointing to the sky / with his large beak / —"up there, just
하늘을 가리키면서 / 그의 큰 부리로 / "저 위에, 바로

on the other side / of that dark cloud / that you can see /
반대편에 / 저 검은 구름의 / (어떤 구름?) 여러분들이 볼 수 있는 /

—there it lies, / Sugarcandy Mountain, / that happy
그곳에 있습니다 / 얼음사탕 산 / 즉 행복한 나라가 /

country / where we poor animals shall rest / for ever /
그곳에서는 우리처럼 불쌍한 동물들이 쉴 수 있습니다 / 영원히 /

from our labors!"
노동에서 해방되어!"

He even claimed / to have been there / on one of his
그는 심지어 주장했다 / (뭐라고?) 그곳에 가보았다고 / 그가 더 높이 날던 중에 /

higher flights, / and to have seen / the everlasting fields
그리고 보았다고 (주장했다) / 끝이 보이지 않는 토끼풀(클로버) 밭과

of clover and the linseed cake / and lump sugar / growing
아마인으로 만든 깻묵이 / 그리고 각설탕이 / 울타리에서

on the hedges. Many of the animals believed / him. Their
자라고 있는 것을. 많은 동물들이 믿었다 / 그를. 이제

lives now, / they reasoned, / were hungry and laborious; /
자신들의 생활은 / 그들은 판단했다 / 배고프고 힘들다고 /

proclaim 선언하다, 공식적으로 선포하다 unanimously 만장일치로 reveal 보여주다, 드러내다
complicity 공모, 공범 attempt 시도(기도)하다 by means of ~을 이용하여 stratagem 술책, 계략
humanity 인류(간) inflict (상처를) 주다, 입히다 strain 말투, 어조 as ever 변함없이 perch (새가) ~에 앉다
stump (나무의) 그루터기 flap 날개를 퍼덕이다 reason ~라고 판단하다

was it not right and just / that a better world should
옳고 정당하지 않겠는가 / 더 좋은 세상이 존재하는 것이 /

exist / somewhere else? A thing that was difficult / to
다른 어딘가에 / 어려운 것은 /

determine / was the attitude of the pigs / towards Moses.
판단하기에 / 돼지들의 태도였다 / 모세에 대한

They all declared contemptuously / that his stories about
그들 모두는 무시하는 투로 주장했다 / 얼음사탕 산에 대한 그의 이야기는 /

Sugarcandy Mountain / were lies, / and yet they allowed /
거짓말이라고 / 하지만 그들은 허락했다 /

him to remain on the farm, / not working, /
그가 농장에 머무르도록 / 일을 하지 않아도 /

with an allowance of a gill of beer / a day.
사분의 일 핀트의 맥주를 수당으로 받으면서 / 하루에

After his hoof had healed up, / Boxer worked harder /
발굽이 다 나은 후 / 박서는 더 열심히 일했다 /

than ever. Indeed, all the animals worked / like slaves that
전보다 사실, 모든 동물들은 일했다 / 노예처럼 그해에는

year. Apart from / the regular work of the farm, / and the
뿐만 아니라 / 농장의 일상적인 일과 /

rebuilding of the windmill, / there was the schoolhouse /
풍차의 다시 건설하는 일 (뿐만 아니라) / 학교 건물이 있었다 /

for the young pigs, / which was started in March.
어린 돼지들을 위한 / 그 건물은 3월에 (건설되기) 시작했다

Sometimes / the long hours / on insufficient food /
때때로 / 장시간 노동은 / 부족한 음식을 먹으면서 /

were hard to bear, / but Boxer never faltered.
견디기 힘들었다 / 그러나 박서는 결코 흔들리지 않았다

In nothing that he said or did was there / any sign /
그가 말하고 행동하는 것에는 없었다 / 어떤 징조도 /

that his strength was not what it had been.
그의 힘이 예전과 같지 않다는 (징조도)

It was only his appearance / that was a little altered;
단지 그의 외모만이 / 조금 변했다

his hide was less shiny / than it had used to be,
그의 피부는 윤기가 덜 났고 / 예전보다

and his great haunches seemed to have shrunken.
그의 큰 엉덩이가 오그라진 것처럼 보였다

The others said, / "Boxer will pick up / when the spring
다른 동물들은 말했다 /   "박서는 회복할 것이라고 /   봄에 풀이 돋아나면" /

grass comes on"; / but the spring came / and Boxer grew
그러나 봄이 왔는데도 /   박서는 더 살이 오르지 않

no fatter.
았다

not A but B; A가 아니라 B다

A와 B는 대등한 관계인 것으로 사용해야 한다. A가 명사이면, B도 명사야 되고, A가 부사이면, B도 부사여야 된다. 그래서 아래 예문의 경우, A는 동사구이면, B도 동사구가 쓰였다.

예) Snowball had not merely attempted to lose / the Battle of the Cowshed /
　　스노볼은 단지 패배하도록 시도했던 것만이 아니라 / 외양간 전투에서 /
　　but had been openly fighting / on Jones's side.
　　공공연하게 싸웠다 / 존스의 편에서

determine 정확히 알다, 제대로 파악하다 contemptuously 무시하듯이, 경멸하듯이 gill 질(4분의 1 핀트)
apart from ~뿐만 아니라, ~에 더하여 falter (용기가) 꺾이다, 흔들리다 alter ~을 바꾸다, 변화시키다
haunches 궁둥이, 엉덩이 shrink (shrink-shrank-shrunken) 오그라들다, 수축하다

SCENE 5

Sometimes / on the slope / leading to the top of the
가끔씩 / 비탈에서 / 채석장 꼭대기로 올라가는 /

quarry, / when he braced his muscles / against the weight
그가 근육에 힘을 줄때면 / 거대한 돌의 무게 때문에 /

of some vast boulder, / it seemed / that nothing kept him
보였다 / 어떤 것도 그를 서있게 하지 못하는

on his feet / except the will to continue.
것처럼 / 계속 일을 하겠다는 의지를 제외하곤 (박서는 의지력으로만 버틴다)

At such times / his lips were seen / to form the words, /
이럴 때면 / 그의 입술은 보였다 / 말을 하는 것처럼 /

"I will work harder"; / he had no voice left.
"나는 더 열심히 일할 거야" 라고 / 하지만 그에게는 목소리가 남아있지 않았다(목소리로 말

Once again Clover and Benjamin warned him /
할 수 없었다) 다시 한번 클로버와 벤자민은 그에게 경고했다 /

to take care of his health, / but Boxer paid no attention.
자신의 건강을 보살피라고 / 그러나 박서는 주의를 기울이지 않았다.

His twelfth birthday was approaching.
그의 열두 번째 생일이 다가오고 있었다.

He did not care / what happened / so long as a good store
그는 상관하지 않았다 / 어떤 일이 일어나든지 / 많은 돌이 쌓이기만 하면 /

of stone was accumulated / before he went on pension.
자신이 연금에 의존해 살기 전에

Late one evening / in the summer, / a sudden rumor ran /
어느 날 저녁 늦게 / 여름에 / 갑자기 소문이 펴졌다 /

round the farm / that something had happened / to Boxer.
농장 주변에 / (어떤 소문?) 어떤 일이 생겼다고 / 박서에게

He had gone out alone / to drag a load of stone down /
그는 홀로 나갔다 / 마차 한대 분의 돌을 끌고 내려가려고 /

to the windmill. And sure enough, / the rumor was true.
풍차까지 예상한 대로 / 그 소문은 사실이었다.

A few minutes later two pigeons / came racing in /
몇 분후에 두 마리의 비둘기가 / 급하게 날아왔다 /

with the news; / "Boxer has fallen!
소식을 가지고 / "박서가 쓰러졌다!

He is lying on his side / and can't get up!"
그는 옆으로 누워있고(쓰러졌고) /   일어설 수 없다!"

About half the animals / on the farm / rushed out to the
약 반 정도의 동물이 /   농장에 있는 /   작은 언덕으로 뛰어갔다 /

knoll / where the windmill stood.
(어떤 언덕으로?) 풍차가 있는.

There lay Boxer, / between the shafts of the cart, /
그곳에 박서가 누워있었다 /   마차의 굴대 사이에 /

his neck stretched out, / unable even to raise his head.
그의 목을 쭉 내밀고 /   머리도 들지 못하면서

His eyes were glazed, / his sides matted with sweat.
그의 눈은 흐리멍덩했고 /   옆구리의 털은 땀으로 엉클어져 있었다

A thin stream of blood had trickled / out of his mouth.
가느다란 피 줄기가 뚝뚝 떨어졌다 /   입에서

Clover dropped to her knees / at his side.
클로버는 무릎을 꿇었다 /   그의 옆에

"Boxer!" she cried, / "how are you?"
"박서!" 그녀는 소리쳤다 /   "지금 어떤 상태야(괜찮아)?"

"It is my lung," said Boxer / in a weak voice.
"내 폐가 문제야"   박서는 말했다 /   약한 목소리로

"It does not matter. I think / you will be able to finish the
"괜찮아.   내 생각엔 /   너희들은 풍차를 완성할 수 있을 거야 /

windmill / without me. There is a pretty good store of
나 없이도   상당히 많은 양의 돌이 있어 /

stone / accumulated. I had only another month to go /
쌓아놓은.   나는 단지 한달만 남았거든 /

in any case. To tell you the truth, / I had been looking
어쨌든.   사실대로 말하면 /   나는 기다리고 있었지 /

slope 비탈, 경사지 brace 힘을 주다, 긴장시키다 boulder 둥근 돌 so long as ～하기만 하면, ～하는 한
a good store of 많은 accumulate 축적하다, 쌓다 go on pension 연금에 의존해 살다(생활하다)
sure enough 예상한 대로 race 빠르게 움직이다, 질주하다 shaft 채, 굴대 glazed 생기가 없는, 흐리멍덩한
mat (머리카락을) 엉클어지게 하다 trickle 똑똑 떨어지다, 졸졸 흐르다

forward to / my retirement. And perhaps, / as Benjamin
은퇴를(은퇴하는 날을). 그리고 아마도 / 벤자민도 늙고 있으니까 /

is growing old too, / they will let / him retire at the same
그들은 허락할 거야 / 그도 동시에 은퇴하도록 /

time / and be a companion to me."
그래서 (허락할 거야) 내 말동무가 되도록"

"We must get help / at once," / said Clover.
"도움을 구해야 해 / 당장" / 클로버가 말했다

"Run, somebody, / and tell Squealer / what has happened."
"누군가 빨리 가서 / 스퀼러에게 말해줘 / 어떤 일이 일어났는지"

All the other animals immediately / raced back / to the
다른 모든 동물들은 곧바로 / 달려갔다 / 농장 주택으로 /

farmhouse / to give Squealer the news. Only Clover and
스퀼러에게 소식을 전하려고. 클로버와 벤자민만이

Benjamin remained, / and Benjamin / who lay down at
남아 있었고 / 벤자민은 / (어떤 벤자민?) 박서 옆에

Boxer's side / without speaking / kept the flies off him /
앉아 있던 / 말없이 / 파리를 쫓아 주었다 /

with his long tail. After about a quarter of an hour /
긴 꼬리로 약 15분이 지나자 /

Squealer appeared, / full of sympathy and concern.
스퀼러가 나타냈다 / 동정심과 근심 어린 모습으로

He said / that Comrade Napoleon had learned /
그는 말했다 / 나폴레옹 동지가 들었다고 /

with the very deepest distress / of this misfortune /
몹시 슬퍼하면서 / 이러한 불행한 사건에 대해 /

to one of the most loyal workers / on the farm, /
가장 충성스러운 일꾼들 중 하나에게 일어난 / 농장에서 /

and was already making arrangements / to send Boxer /
그리고 이미 준비하고 있다고 / 박서를 보내려는 /

to be treated in the hospital / at Willingdon.
병원에서 받도록 / 윌링던에 있는

companion 친구, 동료, 동무 learn of ~에 대해 듣다 distress 슬픔, 비탄

SCENE 6

The animals felt a little uneasy / at this.
동물들은 약간 불안한 느낌이 들었다 / 이 말을 듣자

Except for Mollie and Snowball, / no other animal had
몰리와 스노볼을 제외하고 / 어떤 다른 동물도 농장을 떠나본 적이

ever left the farm, / and they did not like to think /
없었다 / 또한 그들은 생각하고 싶지 않았다 /

of their sick comrade in the hands of human beings.
자신들의 아픈 동지가 인간의 수중으로 들어가는 것을

However, Squealer easily convinced / them /
그러나 스퀼러는 쉽게 설득했다 / 동물들을 /

that the veterinary surgeon in Willingdon /
윌링던에 있는 수의사는 /

could treat Boxer's case / more satisfactorily /
박서의 병을 치료할 수 있다고 / 더 만족스럽게 /

than could be done on the farm. And about half an hour
농장에서 할 수 있는 것보다 그리고 약 30분 정도가 지나자 /

later, / when Boxer had somewhat recovered, / he with
박서가 어느 정도 회복되었을 때 / 그는 힘들게 일어

difficulty got on to his feet, / and managed to limp back /
섰고 / 발을 절뚝거리며 겨우 돌아왔다 /

to his stall, / where Clover and Benjamin had prepared /
축사로 / 그곳에서 클로버와 벤자민은 준비했다 /

a good bed of straw / for him.
훌륭한 짚 잠자리를 / 그를 위해

For the next two days / Boxer remained / in his stall.
그다음 이틀 동안 / 박서는 머물러 있었다 / 축사에

The pigs had sent out / a large bottle of pink medicine /
돼지들이 보냈다 / 큰 병에 든 분홍색 약을 /

which they had found / in the medicine chest / in the
(어떤 약?) 그들이 발견했던 / 약장에서 / 욕실에 있는 /

bathroom, / and Clover administered it to Boxer /
그리고 클로버는 그 약을 박서에게 먹였다 /

veterinary surgeon 수의사 case 병(세), 증상 administer 약을 복용시키다, 투여하다, 약을 먹게 하다

twice a day after meals. In the evenings / she lay in his
식후 하루에 두 번씩   저녁마다 /   그녀는 축사에 누워서 /

stall / and talked to him, / while Benjamin kept the
그에게 말했다 /   그 동안에 벤자민이 파리를 쫓아 주었다

flies off him. Boxer professed / not to be sorry /
박서는 말했다 /   슬퍼하지 않는다고 /

for what had happened. If he made a good recovery, /
자신에게 일어난 일에 대해.   만일 그가 제대로 회복하면 /

he might expect / to live another three years, / and he
그는 기대할 수 있었다 /   3년 정도 더 살 수 있다고 /   그는 평화로운

looked forward to the peaceful days / that he would
나날을 기다리고 있다 /   (어떤 날?) 그가 보낼 수 있는

spend / in the corner of the big pasture. It would be the
(날을) /   큰 목초지의 한 구석에서.   처음일 것이다 /

first time / that he had had leisure / to study and improve
그가 한가한 시간을 보내는 것은 /   공부하고 마음을 수양할 수 있는

his mind. He intended, he said, / to devote the rest of his
그의 계획(생각)은, 그는 말했다 /   나머지 생을 바칠 것이라고 /

life / to learning / the remaining twenty-two letters of the
배우는 데 /   나머지 알파벳의 22자를

alphabet.

However, Benjamin and Clover could only be / with
그러나 벤자민과 클로버는 겨우 있을 수만 있었다 /   박서와 함께 /

Boxer / after working hours, / and it was in the middle of
근무시간이 지나야 /   그런데 바로 한 낮에 /

the day / when the van came / to take him away.
짐마차가 왔다 /   그를 데려가려고

The animals were all at work / weeding turnips /
동물들은 모두가 일하고 있었다 /   순무 밭의 잡초를 뽑는 (일을) /

under the supervision of a pig, when they were
돼지의 감독에 따라 /   그때 그들은 깜짝 놀랐다 /

astonished / to see Benjamin come galloping / from the
벤자민이 전속력으로 달려오는 것을 보고 /   농장 건물 쪽에서 /

direction of the farm buildings, / braying at the top of his
큰 목소리로 울부짖으면서

voice.

It was the first time / that they had ever seen / Benjamin
처음이었다 /   그들이 지금까지 본 것은 /   벤자민이

excited / — indeed, / it was the first time / that anyone had
흥분한 것을   정말로   처음이었다 /   누구든 지금까지

ever seen / him gallop. "Quick, quick!" he shouted.
본 것은 /   그가 전속력으로 달리는 것을. "빨리, 빨리!" 그가 소리쳤다.

"Come at once! They're taking Boxer away!"
"당장 와!"   그들이 박서를 데리고 가고 있어!"

Without waiting for orders / from the pig, / the animals
명령을 기다리지 않고 /   돼지들로부터 /   동물들은

broke off work / and raced back to the farm buildings.
하던 일을 멈추었다 /   그리고 농장 건물로 뛰어갔다

Sure enough, / there in the yard was / a large closed van, /
예상한대로 /   마당에 있었다 /   커다란 상자모양의(유개) 짐마차가 /

drawn by two horses, / with lettering on its side /
두 마리의 말이 끄는 /   마차의 측면에는 글씨가 있으며

and a sly-looking man / in a bowler hat / sitting on the
그리고 교활해 보이는 남자가 /   중산모를 쓰고 있는 /   운전석에 앉아 있었다

driver's seat. And Boxer's stall was empty.
그리고 박서의 축사는 텅 비어 있었다.

The animals crowded / round the van. "Good-bye, Boxer!"
동물들은 모여들었다 /   짐마차 주위로   "안녕, 박서!"

they chorused, / "good-bye!"
그들은 이구동성으로(동시에) 말했다 /   "안녕!" 이라고

"Fools! Fools!" shouted Benjamin, / prancing round
"바보들이군! 바보들이군!" 벤자민이 소리쳤다 /   동물들 주위를 뛰어 다니고 /

them / and stamping the earth / with his small hoofs.
       땅바닥을 차면서 /   작은 발굽으로

"Fools! Do you not see / what is written / on the side of
"바보들아! 안보이니 /   뭐라고 쓰여 있는지 /   마차의 옆에

that van?"

keep ~off ~을 쫓다 profess ~라고 말하다, 고백하다 van 짐마차 weed 잡초를 뽑다(제거하다)
supervision 감독 astonished 깜짝 놀란 gallop 전속력으로 달리다 bray (당나귀가) 울다, 울부짖다
closed 상자모양의, 유개의 sly-looking 교활해 보이는 chorus 이구동성으로(일제히) 말하다
prance (말이) 뛰어다니다 stamp 발을 구르다, 발로 짓밟다

SCENE 7

That gave the animals pause, / and there was a hush.
그것(벤자민이 소리친 것)은 동물들을 멈추게 했고 / 침묵이 있었다(정적이 흘렀다)

Muriel began to spell out the words.
뮤리엘이 단어의 글자를 한자씩 읽기 시작했다.

But Benjamin pushed her aside and in the midst of a
그러나 벤자민이 그녀를 옆으로 밀어 내고 / 죽은 듯이 조용할 때 /

deadly silence / he read:
그는 다음과 같이 읽었다

"'Alfred Simmonds, Horse Slaughterer and Glue Boiler,
" '알프레드 시몬즈, 말 도축업자 및 아교 제조업자,

Willingdon. Dealer in Hides and Bone-Meal. Kennels
윌링던의 가죽과 골분 매매업자. 개집을 공급해 줌'

Supplied.' Do you not understand / what that means?
모르겠어 / 저것이 뭘 의미하는지

They are taking / Boxer to the knacker's!"
그들은 데리고 가고 있어 / 박서를 도살(축)장으로

A cry of horror burst / from all the animals.
공포의 비명소리가 터져 나왔다 / 모든 동물들로부터

At this moment / the man on the box / whipped up his
이때 / 마차의 운전석에 있던 남자가 / 말에게 채찍질을 했다 /

horses / and the van moved out of the yard / at a smart
그러자 짐마차는 마당에서 빠져나갔다 / 활발한 속보(빠른 속

trot. All the animals followed, / crying out / at the tops of
도)로. 모든 동물들이 따라갔고 / (그리고 그들은) 소리쳤다 / 목청껏

their voices. Clover forced her way / to the front.
클로버는 다른 동물들을 제치고 나갔다 / 앞으로.

The van began to gather speed. Clover tried to stir /
짐마차는 속도를 내기 시작했다. 클로버는 억지로 움직이려 했다 /

her stout limbs / to a gallop, / and achieved a canter.
뚱뚱한 다리를 / 전속력을 내려고 / 하지만 느린(구보의) 속도를 냈다

"Boxer!" she cried. "Boxer! Boxer! Boxer!" And just
"박서!" 그녀는 소리쳤다. "박서! 박서! 박서!" 그리고 바로 이 순간 /

at this moment, / as though he had heard / the uproar
마치 그가 들었던 것처럼 / 밖에서 들리는 소동을 /

outside, / Boxer's face, / with the white stripe down his
박서의 얼굴이 / 하얀 줄이 콧등에 있는 /

nose, / appeared / at the small window / the back of the
나타났다 / 작은 창문에 / 짐마차의 뒤쪽에 있는

van. "Boxer!" cried Clover / in a terrible voice.
"박서!" 클로버가 소리쳤다 / 무시무시한 목소리로

"Boxer! Get out! Get out quickly!
"박서! 나와! 빨리 나와!

They're taking you / to your death!"
그들이 너를 데리고 가고 있어 / 너를 죽이려고"

All the animals took up the cry / of "Get out, Boxer, get
모든 동물들이 다시 외치기 시작했다 / "나와, 박서, 나와!"

out!" But the van was already gathering speed /
그러나 짐마차는 이미 속도를 내고 있었으며 /

and drawing away from them. It was uncertain / whether
그들로부터 멀어져가고 있었다. 알 수 없었다 / 박서가 이해했

Boxer had understood / what Clover had said.
는지 / 클로버가 말한 것을

But a moment later / his face disappeared / from the
그러나 잠시 후에 / 그의 얼굴은 사라졌다 / 창문에서 /

window / and there was the sound / of a tremendous
그리고 소리가 들렸다 / 큰소리로 두드리는 (소리가) /

drumming / of hoofs inside the van. He was trying / to
마차 안에서 발굽을 / 그는 애쓰고 있었다 /

kick his way out. The time had been / when a few kicks
발로차서 밖으로 나오려고. 때가 있었다 / (어떤 때?) 박서의 발굽으로 몇

from Boxer's hoofs / would have smashed the van to
번 차는 것은(차면) / 짐마차를 산산 조각으로 박살내버렸던

hush 침묵, 조용함 in the midst of ~도중에, 한창 ~할 때 slaughterer 도축업자 glue 아교, 풀 kennel 개집
knacker's 도살(축)장 box (마차의) 운전석 smart 활발한 trot (말의) 속보, 약간 빠른 걸음 stir (억지로) 움직이다
stout 뚱뚱한, 살찐 gallop (말이 네 발을 모두 땅에서 떼고 뛰는 일) 최대속도의 구보, 전속력으로 달리기 canter
느린 구보(trot과 gallop의 중간) uproar 소란, 소동 take up (중단된 활동을) 다시 시작하다, 재개하다 drum 두드리다

matchwood. But alas! his strength had left him; /
그러나 슬프다! 그와 같은 힘은 그로부터 사라졌다 /

and in a few moments / the sound of drumming hoofs /
그래서 잠시 후에 / 발굽을 두드리는 소리는 /

grew fainter / and died away.
점점 희미해지다가 / 잠잠해졌다

In desperation / the animals began appealing / to the two
필사적으로 / 동물들은 애원하기 시작했다 / 두 마리의 말에게 /

horses / which drew the van / to stop.
(어떤 말?) 짐마차를 끌고 있던 / 멈춰달라고.

"Comrades, comrades!" they shouted.
"동지들, 동지들!" 그들은 소리치기 시작했다

"Don't take your own brother / to his death!"
"너희 형제를 데려가지마 / 그를 죽이는 곳(도살장)으로"

But the stupid brutes, / too ignorant to realize / what was
그러나 멍청한 동물들은 / 너무나 무지하여 깨닫지 못했다 / 무슨 일이

happening, / merely set back their ears / and quickened
일어나고 있는지 / 단지 귀를 뒤로 제치고 / 걸음걸이 속도를 재촉했다

their pace. Boxer's face did not reappear / at the window.
박서의 얼굴이 다시 나타지 않았다 / 창문에

Too late, / someone thought of / racing ahead /
너무 늦었다 / 누군가 생각해낸 것은 / 먼저 달려가서 /

and shutting the five-barred gate; / but in another moment
다섯 개의 빗장이 달려있는 문을 닫는 것을 / 그러나 곧바로 /

/ the van was through it / and rapidly disappearing / down
짐마차는 문을 통과했고 / 빠르게 사라지고 있었다 / 길 아래로

the road. Boxer was never seen again.
박서는 다시 보이지 않았다.

Key Expression 🔑

grow +형용사; 차츰 ~되다, ~해지다

1. The sound began to grow louder.
   소리가 점점 더 커지기 시작했다
2. The sound of drumming hoofs / grew fainter / and died away.
   발굽을 두드리는 소리는 / 점점 희미해지다가 / 잠잠해졌다

matchwood 산산조각, 성냥개비 재료 in desperation 필사적으로 appeal ~에게 애원(간청)하다
brute 짐승, 동물 ignorant 무지한, 무식한

SCENE 8

Three days later / it was announced / that he had died /
3일 후 / 발표되었다 / 박서가 죽었다고 /

in the hospital at Willingdon, / in spite of receiving
윌링던의 병원에서 / 모든 치료를 다 받아 보았지만 /

every attention / a horse could have. Squealer came to
말이 받을 수 있는. 스퀼러가 발표하러 왔다 /

announce / the news to the others. He had, / he said, /
그 소식을 다른 동물들에게. 그는 / 그가 말했다 /

been present / during Boxer's last hours.
(박서와 함께) 있었다고 / 박서의 마지막 몇 시간동안

"It was the most affecting sight / I have ever seen!" / said
"그것은 가장 감동적인 광경이었습니다 / 제가 지금까지 본 것 중에 /

Squealer, / lifting his trotter and wiping away a tear.
스퀼러가 말했다 / 다리를 들어 올리고 눈물을 닦으면서

"I was at his bedside / at the very last.
"저는 그의 침대 곁에 있었습니다 / 임종의 마지막 순간에

And at the end, / almost too weak to speak, /
그리고 임종할 때 / 너무 힘이 없어 말할 수 없었던 /

he whispered in my ear / that his sole sorrow was to have
그는 내 귀에 속삭였다 / 그의 유일한 슬픔은 죽는 것이라고 /

passed on / before the windmill was finished.
풍차가 완성되기 전에

'Forward, comrades!' he whispered. 'Forward / in the
'전진하세요, 동지 여러분!' 그는 속삭였다 '전진하세요 / 반란의 이름으로

name of the Rebellion. Long live Animal Farm!
동물 농장 만세!

Long live Comrade Napoleon! Napoleon is always right.'
나폴레옹 동지 만세! 나폴레옹이 언제나 옳아'

Those were his very last words, comrades."
그것이 그의 마지막 말이었습니다, 동지 여러분."

attention 치료, 보살핌, 시중 affecting 감동적인, 애처로운 sorrow 슬픔, 비애

Here Squealer's demeanor suddenly changed. He fell
이 때 스퀼러의 태도가 갑자기 변했다.　　　　　그는 침묵에 잠겼다 /

silent / for a moment, / and his little eyes darted suspicious
잠시 동안 /　　그 다음에 그의 작은 눈은 의심스럽게 힐긋 쳐다보았다 /

glances / from side to side / before he proceeded.
좌우로 /　　그가 말을 계속하기 전에

It had come to his knowledge, / he said, / that a foolish
그가 알게 되었다고 /　　그는 말했다 /　어리석고 사악한 소문이 /

and wicked rumor / had been circulated / at the time of
퍼졌다고 /　　박서를 이동할 때

Boxer's removal. Some of the animals had noticed /
몇몇 동물들이 알아보았다 /

that the van / which took Boxer away / was marked
짐마차에는 /　　(어떤 짐마차?) 박서를 데리고 갔던 /

"Horse Slaughterer," / and had actually jumped to the
"말 도축업자" 라고 표시되어 있는 것을 / 그래서 정말로 성급하게 결론을 내렸다 /

conclusion / that Boxer was being sent / to the knacker's.
박서가 보내지고 있다고 /　　도살(축)장으로

"It was almost unbelievable," / said Squealer, / "that
"거의 믿을 수 없다" /　　라고 스퀼러가 말했다 /　"어떤 동물이라도

any animal could be so stupid." He cried indignantly, /
그렇게 어리석어 질 수 있다는 것은"　　그는 화를 내면서 외쳤다 /

whisking his tail / and skipping from side to side.
꼬리를 흔들고 /　　좌우로 깡충깡충 뛰면서

"Surely you know / our beloved Leader, Comrade
"분명히 여러분들은 알고 있겠지요? / 우리의 경애하는 지도자 나폴레옹 동지는 /

Napoleon, / would never allow that?"
그런 일을 허락하지 않는다는 것을"

But the explanation was really very simple.
그러나 해명은 정말로 매우 간단했다.

The van had previously been the property / of the knacker,
그 짐마차는 이전에 소유물이었으며 /　　도축업자의 /

/ and had been bought / by the veterinary surgeon, /
매입되었다 /　　수의사에 의해 /

who had not yet painted the old name out.
그런데 그는 오래된 상호 명을 지우지 않았다

That was how / the mistake had arisen.
그래서 / 오해가 생기게 되었다

The animals were enormously relieved / to hear this.
동물들은 매우 마음이 놓였다 / 이런 해명을 듣고

And when Squealer went on to give further graphic
그리고 스퀼러가 생생하게 더 자세한 내용을 계속 말할 때 /

details / of Boxer's death-bed, / the admirable care /
박서의 임종에 대해 / 훌륭한 보살핌(간호)에 대해 /

he had received, / and the expensive medicines /
그가 받았던 / 그리고 비싼 약에 대해 /

for which Napoleon had paid / without a thought as to
나폴레옹이 값을 치른 / 비용에 대해서는 잠시도 생각하지 않고 /

the cost, / their last doubts disappeared / and the sorrow /
그들의 마지막 의심은 사라졌다 / 그리고 슬픔은 /

that they felt / for their comrade's death / was tempered /
(어떤 슬픔?) 자신들이 느꼈던 / 동지의 죽음 때문에 / 진정되었다 /

by the thought / that at least he had died happy.
생각으로(했기 때문에) / 최소한 그는 행복하게 죽었다고

demeanor 태도 dart a glance ~을 힐긋 보다 proceed (말을) 계속하다 circulate (소문이) 돌다, 퍼지다
jump to the conclusion 성급하게 결론을 내리다 indignantly 화를 내며, 화가 나서 whisk (꼬리를) 흔들다
skip 깡충깡충 뛰다 property 소유물, 재산 veterinary surgeon 수의사 paint out (페인트를 덧발라) 지우다
arise (arise-arose-arisen) 생기다, 발생하다 go on to ~하는 것을 계속하다 graphic (묘사가) 생생한, 사실적인
temper 진정시키다, 부드럽게 하다

SCENE 9

Napoleon himself appeared / at the meeting / on the
나폴레옹 자신이 (친히) 나타났다 /　　　　　회의에 /　　　　　그 다음

following Sunday morning / and pronounced a short
일요일 아침 /　　　　　　　　그리고 짧은 연설을 했다 /

oration / in Boxer's honor.
　　　　　박서에게 경의를 표하는

It had not been possible, / he said, / to bring back /
불가능했다라고 /　　　　　　　　그는 말했다 /　다시 모셔오는 것은 /

their lamented comrade's remains / for interment on the
(고인이 되어) 애도 받는 동지의 유해를 /　　　농장에 매장하기 위해 /

farm, / but he had ordered / a large wreath to be made /
　　　　그러나 그는 명령했다 /　　큰 화환을 만들라고 /

from the laurels in the farmhouse garden / and sent down
농장 주택 정원에 있는 월계수로 /　　　　　　　그리고 보내라고 (명령

/ to be placed on Boxer's grave.
했다) / 박서의 무덤에 놓이도록

And in a few days' time / the pigs intended to hold /
그리고 며칠이 지나자 /　　　　돼지들은 개최할 의도였다 /

a memorial banquet / in Boxer's honor. Napoleon ended
추모 연회를 /　　　　　　박서를 기리는.　　　나폴레옹은 자신의 연설을

his speech / with a reminder / of Boxer's two favorite
끝마쳤다 /　상기시키는 말을 하면서 /　박서가 가장 좋아하는 두 가지 좌우명인 /

maxims, / "I will work harder" and "Comrade Napoleon
　　　　"난 더 열심히 일할거야" 와　　　　"나폴레옹 동지는 언제나 옳다" 라

is always right"—maxims, / he said, /
는 좌우명을 /　　　　　　나폴레옹의 주장에 따르면 /

which every animal would do well to adopt / as his own.
그 좌우명을 모든 동물들이 채택하면 더 좋을 것이다 /　　각자 자신의 좌우명으로

On the day appointed for the banquet, / a grocer's van
추모 연회를 베풀기로 예정된 날에 /　　　　　식료품상의 트럭이 와서 /

drove up / from Willingdon / and delivered a large
　　　　윌링던에서 /　　　큰 나무상자를 배달했다 /

wooden crate / at the farmhouse.
　　　　　　　농장 주택으로

That night / there was the sound of uproarious singing, /
그날 밤에 /　　　소란스럽게 노래를 하는 소리가 있었고 /

which was followed by / what sounded like a violent
노래 소리 다음에 이어졌다 /　　　격렬한 말다툼같이 들리는 소리가 /

quarrel / and ended at about eleven o'clock / with a
　　　그리고 (소란이) 약 열한시 무렵에 끝났다 /　　　엄청 큰 소리로 유리

tremendous crash of glass.
가 깨지면서

No one stirred / in the farmhouse / before noon on the
누구도 일어나지 않았다 / 농장 주택에서 /　　그 다음날 정오 전까지

following day, and the word went round / that from
그리고 소문이 퍼졌다 /　　　　　(어떤 소문?) 어딘가에서 /

somewhere or other / the pigs had acquired the money /
　　　　돼지들이 돈을 마련했다는 (소문이) /

to buy themselves another case of whisky.
또 한 상자의 위스키를 살 수 있는

speak vs. whisper

"speak"와 "whisper"는 "말하다"라는 의미를 공통적으로 지니고 있지만 말하는 방법이 다르다. "speak"란 동사는 "목소리를 내어 말하다"라는 의미이고, "whisper"란 "목소리가 아니라 숨소리를 이용하여 조용하게 말하다"라는 의미다.

예) Almost too weak to speak, / he whispered in my ear /
너무 힘이 없어 말할 수 없었던 / 그는 내 귀에 속삭였다 /
that his sole sorrow was to have passed on / before the windmill was finished.
(뭐라고?) 그의 유일한 슬픔은 죽는 것이라고 / 풍차가 완성되기 전에

pronounce 말하다, 발음하다 oration 연설 in Boxer's honor 박서에게 경의를 표하여, 박서를 기념하여
lamented (고인이 되어) 애도 받는 remains 유해 interment 매장 wreath 화환 laurel 월계수
memorial 추도의, 추모의 banquet 연회, 향연 reminder 생각나게 하는 말(사람) maxim 좌우명, 금언
would do well to ~하는 것이 더 좋다 appointed 예정된, 정해진 crate (포장 운송용) 나무 상자 uproarious
소란한, 시끄러운 A is followed by B A 다음에 B가 온다, 뒤따르다 word 소문, 말 acquire ~을 얻다, 획득하다

Quiz 9

A. 내용 이해하기

다음 문장을 읽고 본문의 내용과 맞으면 T(True), 틀리면 F(False)를 쓰세요.

1. Boxer continues to believe in Animalism even though most of its rules have been broken by the pigs.

2. The pigs get special privileges and don't interact with the other animals.

3. One day, while working on the new windmill, Boxer collapses because of a lung ailment and he is no longer able to work.

4. Squealer tells the animals that Boxer was not taken to a knacker but that the veterinarian had bought the knacker's van.

B. 단어

다음 제시된 단어의 설명을 읽고, 어떤 단어의 정의를 설명하는지 아래의 박스에서 찾아 써 보세요.

1. difficult to live, unkind, unpleasant or severe

2. not allowed by an official rule

3. to cause an egg to break in order to let a young animal come out

4. the total amount of food given to a member of a group in a particular period of time

5. to make a series of small gentle movements in the air

6. to announce something officially

7. to show something that was previously secret or unknown

8. a very large round rock

9. to give a medicine to someone

10. quite fat and heavy

forbidden administer reveal flutter ration

harsh proclaim stout boulder hatch

Answer   A. 1. T 2. T 3. T 4. T

B. 1. harsh 2. forbidden 3. hatch 4. ration 5. flutter 6. proclaim 7. reveal 8. boulder 9. administer

10. stout

C. 직독직해

아래에 제시된 문장을 직독직해로 해석해보세요.

1. Jones and all he stood for / had almost faded out / of their memories.

    →

2. They were discouraged from playing / with the other young animals.

    →

3. The animals wondered / whether a warm mash was being prepared / for their supper.

    →

4. The pigs intended to hold / a memorial banquet / in Boxer's honor.

    →

D. 동시통역

아래에 제시된 직독직해를 보고, 영어로 말해보세요.

1. 박서는 거부했다 / 하루라도 쉬는 것을

    →

2. 이제까지는 어떤 동물도 실제로 은퇴하지 않았다 / 연금을 받고

    →

3. 어려운 것은 / 판단하기에 / 돼지들의 태도였다 / 모세에 대한

    →

4. 저는 그의 침대 곁에 있었습니다 / 임종의 마지막 순간에

    →

SCENE 1

YEARS passed. The seasons came and went, /
몇 해가 지나갔다.　　계절은 오고 갔고 /

the short animal lives fled by.
(수명이) 짧은 동물의 삶은 빠르게 지나갔다(세상을 떠났다)

A time came / when there was no one / who remembered
때가 왔다 /　　아무도 없는 (때가) /　　옛 시절을 기억하는 동물이 /

the old days / before the Rebellion, / except Clover,
반란 전의 /　　클로버, 벤자민, 까마귀 모세와 많

Benjamin, Moses the raven, and a number of the pigs.
은 돼지들을 제외하고

Muriel was dead; Bluebell, Jessie, and Pincher were
뮤리엘은 죽었다.　　블루벨, 제시와 핀처도 죽었다.

dead. Jones too was dead-he had died / in an inebriates'
존스도 또한 죽었다.　　그는 죽었다 /　　알코올중독자 수용소에서 /

home / in another part of the country.
그 지방의 다른 마을에 있는

Snowball was forgotten. Boxer was forgotten, /
스노볼은 잊혀졌다.　　박서도 잊혀졌다(박서를 기억하는 자는 없었다) /

except by the few / who had known him.
소수를 제외하고 /　　전에 그를 알고 지냈던

Clover was an old stout mare / now, / with stiff joints and
클로버는 늙고 뚱뚱한 암말이 되었다 /　　이제는 /　　관절이 뻣뻣하고 눈이 나쁜

bad eyes. She was two years past / the retiring age, /
그녀는 2년이 지났다 /　　은퇴할 연령을 /

but in fact / no animal had ever actually retired.
그러나 사실 /　　어떤 동물도 지금까지 은퇴하지 않았다

The talk / of setting aside a corner of the pasture / for
이야기는 /　　(어떤 이야기?) 목초지의 한 귀퉁이를 따로 떼어 놓는다는 /　　퇴직한 동

superannuated animals / had long since been dropped.
물들을 위해 /　　오래전에 중단되었다(더 이상 이야기하지 않았다)

Napoleon was now a mature boar / of twenty-four stone.
나폴레옹은 이제 성숙한 수퇘지가 되었다 /　　　　체중이 336파운드 나가는

Squealer was so fat / that he could with difficulty see /
스퀼러는 너무 살이 쪘다 /　　　그래서 그는 힘겹게 볼 정도였다 /

out of his eyes. Only old Benjamin was much the same
자신의 눈 밖을 (살이 쪄서 눈뜨기도 힘들었다) 늙은 벤자민만이 언제나 같았다 /

as ever, / except for being a little grayer / about the
　　　　좀더 회색으로 변한 것을 제외하고 /　　　주둥이 주위가 /

muzzle, / and, since Boxer's death, / more morose and
　　그리고 박서의 사망 이후에는 /　　　더욱더 시무룩하고 말이 없었다 /

taciturn / than ever.
　　어느 때 보다

There were many more creatures / on the farm now, /
더욱더 많은 동물들이 있었다 /　　　　이제 농장에는 /

though the increase / was not so great / as had been
비록 동물 수의 증가는 /　　그렇게 크지 않았지만 /　　초기에 예상했던 것만큼

expected in earlier years. Many animals had been born /
　　　　많은 동물들이 태어났다 /

to whom / the Rebellion / was only a dim tradition, /
(어떤 자들에게?)그들에게는 / 반란은 /　희미한 전설일 뿐이었고 /

passed on by word of mouth, / and others had been
구두로 전해졌던 (자들에게) /　　　또한 다른 동물들이 구입되었다 /

bought / who had never heard / mention of such a thing
　　　(어떤 다른 동물?) 결코 들어본 적이 없는 / 그런 일(반란)을 말하는 것을 /

/ before their arrival. The farm possessed three horses /
그들이 농장으로 오기 전까지.　　농장에는 세 마리의 말이 있었다 /

now besides Clover. They were fine upstanding beasts,
이제 클로버이외도.　　　　그들은 멋있고 튼튼한 동물이었고,

willing workers and good comrades, / but very stupid.
자발적인 일꾼이며 선량한 동지였다 /　　　그러나 매우 멍청했다.

None of them proved able to learn / the alphabet beyond
그들 중 어느 누구도 배울 수 없게 되었다 /　　　B 이상의 알파벳을

the letter B.

flee(fly) by 빠르게 지나가다 inebriate 알코올중독자, 주정뱅이 superannuated (연금을 받고) 퇴직한
long since 오래전에 boar 수퇘지 stone 14파운드(중량의 단위) muzzle 주둥이, 동물의 코 부분
morose 시무룩한 taciturn 말이 없는, 입이 무거운 tradition 전설 possess ～을 소유하다, 가지고 있다
upstanding 몸이 튼튼한, 강건한 prove (결과로서) ～가 되다

They accepted everything / that they were told /
그들은 모든 것을 사실로(그대로) 인정했다 / 그들이 들은 /

about the Rebellion and the principles of Animalism, /
반란과 동물주의의 원칙에 대해 /

especially from Clover, / for whom / they had an almost
특히 클로버로부터 (들은) 클로버에게 / 그들은 거의 자식처럼 존경심을

filial respect; / but it was doubtful / whether they
품었다 / 그러나 의심스러웠다 / 그들이 이해했는지 /

understood / very much of it.
그 이야기의 대부분을 (제대로)

The farm was more prosperous / now, / and better
농장은 더 번창했고 / 이제 / 더 잘 체계화되었다 /

organized: / it had even been enlarged / by two fields /
심지어 농장은 더욱더 커졌다 / 두 개의 밭(목초지)이 생겨서 /

which had been bought / from Mr. Pilkington.
(어떤 밭?) 구입한 / 필킹턴씨로부터

The windmill had been successfully completed / at last, /
풍차는 성공적으로 완성되었다 / 드디어 /

and the farm possessed / a threshing machine and a hay
그리고 농장에는 있었다 / 탈곡기와 건초 운반기가 /

elevator of its own, / and various new buildings had been
그리고 여러 개의 새로운 건물이 추가되었다

added to it. Whymper had bought himself / a dogcart.
윔퍼는 자신이 쓰려고 구입했다 / 개가 끄는 이륜마차를

The windmill, however, had not after all been used /
그러나 풍차는 결국 사용되지 않았다 /

for generating electrical power. It was used / for milling
전기를 생성하는데 그것은 사용되었다 / 곡물을 빻는데 /

corn, / and brought in a handsome money profit.
그래서 상당한 이윤이 생기게 했다

The animals were hard at work / building yet another
동물들은 열심히 일했다 / 또 다른 풍차를 건설하려고

windmill; when that one was finished, / so it was said, /
그것이 완성될 때 / 소문에 따르면 /

the dynamos would be installed.
발전기가 설치될 것이다

But the luxuries / of which Snowball had once taught /
그러나 호화로운 것들은 /　　(어떤 호화스러운 것?) 스노볼이 예전에 가르쳤던 /

the animals to dream, / the stalls with electric light and
동물들이 꿈꾸도록 /　　　　　　　　(예를 들어) 전등이 있는 축사와 냉온수 /

hot and cold water, / and the three-day week, /
　　　　　　　　　그리고 주 3일 근무와 같은 것 /

were no longer talked about.
(이런 것에 대해) 더 이상 이야기하지 않았다

Napoleon had denounced / such ideas / as contrary to the
나폴레옹은 비난했다 /　　　　　그와 같은 생각은 / 동물주의 정신에 위배된다고

spirit of Animalism. The truest happiness, / he said, /
　　　　　　　　　정말로 진정한 행복은 /　　　　　그는 말했다 /

lay / in working hard and living frugally.
있다고 / 열심히 일하고 검소하게 생활하는데

denounce A as B; A가 ~B라고 비난하다, A가 B하다고 비난하다

예) They denounced / him as a traitor.
　그들은 비난했다 / 그가 변절자라고
　Napoleon had denounced / such ideas / as contrary / to the spirit of Animalism.
　나폴레옹은 비난했다 / 그와 같은 생각은 / 위배된다고 / 동물주의 정신에

accept 사실로 인정하다 filial 자식(으로서)의 dogcart 소형 이륜마차 generate (전기를) 발생시키다, 일으키다
mill 가루로 만들다, 빻다 corn 곡물 handsome 상당한, 꽤 많은 dynamo 발전기 install 설치하다
denounce 비난하다 frugally 검소하게

SCENE 2

Somehow it seemed / as though the farm had grown
어쨌든 보였다 /   농장이 더 부유해진 것처럼 /

richer / without making the animals themselves any
동물들 자신들은 조금이라도 더 부유해지지 않았지만 /

richer / —except, of course, for the pigs and the dogs.
물론 돼지와 개들을 제외하고

Perhaps this was partly because there were / so many
아마도 이렇게 된 부분적 이유는 있었기 때문이다 /   너무나 많은

pigs and so many dogs. It was not / that these creatures
돼지와 개들이   (그렇게 된 이유는) 아니었다 / 동물들이 일하지 않는 것이 /

did not work, / after their fashion.
자기들 나름대로

There was, / as Squealer was never tired of explaining, /
있었다 /   스퀼러가 지치지 않고 설명하는 것처럼 /

endless work / in the supervision and organization of the
끊임 없는 일이 /   농장을 감독하고 체계화하는 데

farm. Much of this work / was of a kind / that the other
이런 일의 대부분은 /   종류의 일이었다 /   다른 동물들이

animals were too ignorant to understand. For example,
너무나 무지하여 이해할 수 없는   예를 들어,

Squealer told them / that the pigs had to expend
스퀼러는 그들에게 말했다 /   돼지들이 엄청난 노력을 들여야 한다고 /

enormous labors / every day / upon mysterious things /
매일 /   수수께끼 같은 것 때문에 /

called "files," "reports," "minutes," and "memoranda."
공문서,   보고서,   회의록,   비망록(기록)이라고 불리는

These were large sheets of paper / which had to be
이런 것들은 큰 종잇장이었다 /   (어떤 종잇장?) 글로

closely covered with writing, / and as soon as they were
빽빽하게 가득 차 있어야하는 /   그리고 종잇장에 글로 그렇게(빽빽하게)

so covered, / they were burnt in the furnace.
채워지자마자 /   그들을 난로 속에 태웠다.

This was of the highest importance / for the welfare of
이런 일은 대단히 중요하다고 /   농장의 복지를 위해 /

the farm, / Squealer said.
스퀼러가 말했다

But still, / neither pigs nor dogs produced / any food /
그러나 여전히 / 돼지들과 개들은 생산하지 않았다 / 어떤 식량도 /

by their own labor; and there were very many of them, /
자신들의 노동으로 그리고 그들의 수는 많았고 /

and their appetites were always good.
그들의 식욕은 언제나 왕성했다.

As for the others, / their life, / so far as they knew, /
다른 동물들에 대해 말한다면 / 그들의 삶은 / 그들이 아는 한 /

was as it had always been.
과거와 마찬가지로 언제나 변함이 없었다.

They were generally hungry, / they slept on straw, /
그들은 대체로 배가 굶주렸고 / 그들은 짚 위에 잠을 잤고 /

they drank from the pool, / they labored in the fields; /
그들은 연못에서 물을 마셨고 / 그들은 밭에서 노동을 했다 /

in winter they were troubled / by the cold, / and in
겨울에는 그들은 고생했다 / 추위로 / 그리고 여름에는

summer by the flies. Sometimes the older ones among
(고생했다) 파리 때문에 가끔씩 동물들 중 나이가 많은 자들은 /

them / racked their dim memories / and tried to
희미한 기억을 더듬으며 애써 회상하고 / 정확히 알아보려고 노력했다 /

determine / whether in the early days of the Rebellion, /
반란 초기에 /

when Jones's expulsion was still recent, / things had
(반란의 초기 언제?) 존스의 추방이 아직 최근의 일이었을 때인 / 상황(사정)이 더 좋았는지

been better or worse / than now.
아니면 더 나빴는지 (알아보려고 노력했다) / 지금보다

They could not remember.
그들은 기억할 수 없었다

There was nothing / with which they could compare /
아무것도 없었다 / 그들이 비교해볼 수 있는 것이 /

their present lives: / they had nothing to go upon /
현재의 생활과 / 그들은 판단할 것이 전혀 없었다 /

fashion 방법, 방식 after their fashion 그들 방식대로, 자기들 나름대로 expend (노력, 시간을) 쓰다, 들이다
labor 일, 고생, 노력 minutes 회의록, 의사록 memoranda 비망록, 기록 furnace 화로, 난로
rack (머리를) 짜내다, 혹사시키다 determine ~인지 정확히 알다 go upon ~에 기초하여 판단하다

except Squealer's lists of figures, / which invariably
스퀼러가 제시한 숫자목록(통계표) 이외에는 / 그 숫자의 리스트는 언제나

demonstrated / that everything was getting better and
증명해보였다 / 모든 것이 점점 나아지고 있다는 것을

better. The animals found / the problem insoluble;
동물들은 깨달았다 / 이러한 문제는 해결할 수 없다는 것을

in any case, / they had little time / for speculating on
어쨌든 / 그들은 시간이 없었다 / 그런 것을 깊이 생각해볼 만한 /

such things / now.
이제는

Only old Benjamin professed to remember / every detail
늙은 벤자민만이 기억하고 있다고 말했다 / 자신의 긴 삶의 모든

of his long life / and to know / that things never had been,
자세한 내용을 / 그리고 알고 있다고 (말했다) / 상황이 더 좋아지지도 않았다는 것을 /

/ nor ever could be much better /
더 좋아질 수도 없다는 것을 /

or much worse / —hunger, hardship, and disappointment
또는 더 나빠지지 않았다는 것을 / 굶주림, 고난과 실망은 /

being, / so he said, / the unalterable law of life.
그의 말에 따르면 / 변치 않는 삶의 법칙이기 때문이었다.

And yet the animals never gave up / hope.
그러나 동물들은 결코 포기하지 않았다 / 희망을

More, / they never lost, / even for an instant, / their sense
게다가 / 그들은 결코 잃지 않았다 / 한순간이라도 / 명예와 특권 의식을 /

of honor and privilege / in being members of Animal
동물 농장의 일원이라는 것에

Farm. They were still the only farm / in the whole county
그들은 여전히 유일한 농장이었다 / 주 전체에서 /

—in all England! / —owned and operated / by animals.
영국 전체에서 / 소유하고 운영하는 / 동물들이

Not one of them, not even the youngest, not even the
그들 중 단 하나의 동물도, 심지어 가장 어린 자들마저도, 새로운 동물조차도, /

newcomers / who had been brought from farms /
(어떤 새로운 동물들?) 농장에서 데려온 /

ten or twenty miles away, / ever ceased to marvel at that.
십 또는 이십 마일 떨어져 있던 / (그들은) 그러한 것에 대해 감탄을 멈출 수 없었다
(감탄할 수밖에 없었다)

And when they heard / the gun booming / and saw /
그리고 그들이 들었을 때 /　　　　축포가 울려 퍼지는 소리를 /　그리고 보았을 때 /

the green flag fluttering at the masthead, / their hearts
녹기가 깃대의 꼭대기에서 펄럭이는 것을 /　　　　　그들의 가슴은

swelled / with imperishable pride, / and the talk turned
부풀어 올랐다 / 불멸의 자부심으로 /　　　　그리고 이야깃거리(화제)는

always / towards the old heroic days,
늘 흘러갔다 / 과거의 영웅적인 시절로,

the expulsion of Jones, the writing of the Seven
존스의 추방으로,　　　　　7계명의 기록으로,

Commandments, the great battles / in which the human
위대한 전투로 (흘러갔다) /　　　　(어떤 전투) 인간 침략자들이 패배

invaders had been defeated.
당했던

As for; ~에 대하여 말하면

전에 말하던 화제와 관련된 일에 대해 뭔가 다른 것을 말하고 싶을 때 사용하는 표현이다.

예) As for the others, / their life, / so far as they knew, / was as it had always been.
다른 동물들에 대해 말한다면 / 그들의 삶은 / 그들이 아는 한 / 과거와 마찬가지로
언제나 변함이 없었다.

invariably 언제나, 늘 insoluble 해결할 수 없는 speculate 깊이 생각해보다, 심사숙고하다
profess 공언하다, 말하다, 주장하다 unalterable 변치 않는, 불변의 instant 순간, 찰나 operate ~을 운영하다
cease 그만두다, 멈추다 flutter (깃발이) 펄럭이다 masthead 돛대머리, 깃대의 꼭대기
swell 가슴이 부풀다, 뿌듯해지다 imperishable 불멸의, 영속적인 invader 침략자

SCENE 3

None of the old dreams had been abandoned.
예전의 꿈 중 어떤 것도 포기하지 않았다

They still believed in / the Republic of the Animals /
그들은 여전히 믿고 있었다 /   동물 공화국이 올 것이라고 /

which Major had foretold.
(어떤 동물 공화국?) 메이저가 예언했던

A country / where the green fields of England should be
(그 공화국이란) 나라이다 / (어떤 나라?) 영국의 녹색 들판이 밟히지 않는 /

untrodden / by human feet. Some day it was coming: /
           인간의 발에.   언젠가 그것(동물 공화국)은 올 것이다 /

it might not be soon, / it might not be with / in the
곧 오지 않을 수도 있고 /   그것은 오지 않을 수도 있다 /   지금 살고 있는

lifetime of any animal now living, / but still it was
어떤 동물의 일생 동안에는 /   그럼에도 불구하고 그것은

coming. Even the tune of 'Beasts of England' / was
올 것이다.   심지어   '영국의 동물들' 의 노래 가락이 /

perhaps hummed secretly / here and there: / at any rate,
아마 남몰래 콧노래로 불려졌다 /   여기저기서 /   어쨌든

it was a fact / that every animal on the farm knew / it, /
(그것은?) 사실이었다 / 농장의 모든 동물들은 알고 있다는 것이 /   그 노래를 /

though no one would have dared to sing / it aloud.
비록 누구도 감히 부르지 못했었지만 /   그 노래를 큰소리로

It might be / that their lives were hard / and that not all of
아마도 /   그들의 삶은 고되었고 /   그들의 모든 희망은 실현되지

their hopes had been fulfilled;
않았을 것이다

but they were conscious / that they were not as other
그러나 그들은 의식하고 있었다 /   자신들이 다른 동물들과 같지 않다는 것을

animals. If they went hungry, / it was not from /
비록 자신들이 굶주린 다해도 /   그런 일은 생긴 것이 아니었다 /

feeding tyrannical human beings; / if they worked hard, /
폭군 같은(포악한) 인간을 먹여 살리기 때문에 /   비록 그들이 힘들게 일을 했을 지라도 /

at least they worked / for themselves.
최소한 그들은 일했다 /   자신들을 위하여

No creature among them went upon two legs.
그들 중 어떤 동물도 두 다리로 걷지 않았다.

No creature called / any other creature "Master."
어떤 동물도 부르지 않았다 /   다른 동물을 "주인님"이라고

All animals were equal.
모든 동물들이 평등했다.

One day in early summer / Squealer ordered /
어느 날 초여름의 /   스퀄러는 명령했다 /

the sheep to follow him, / and led them out / to a piece of
양들에게 그를 따라 오라고 /   그리고 그들을 이끌고 나갔다 / 황무지의 한 구석으로 /

waste ground / at the other end of the farm, / which had
             농장의 반대편 끝에 있는 /   그곳은 무성해졌다 /

become overgrown / with birch saplings.
             어린 자작나무로

The sheep spent the whole day / there / browsing at the
양들은 하루 종일 보냈다 /   그곳에서 / 잎을 먹으면서 /

leaves / under Squealer's supervision. In the evening /
        스퀄러의 감독에 따라   저녁에 /

he returned / to the farmhouse himself, but, as it was
그는 돌아왔다 /   홀로 농장 주택으로,   그러나 따뜻한 날씨였기

warm weather, / told the sheep / to stay where they were.
때문에 /   양들에게 지시했다 /   그들이 있던 곳에 남아있으라고

It ended / by their remaining there / for a whole week, /
이런 일은 끝났다 / 양들이 그곳에 머무르고 나서 /   일주일 내내 /

during which time / the other animals saw nothing of
그 기간 동안에 /   다른 동물들은 양들을 전혀 보지 못했다

them. Squealer was with them / for the greater part of
      스퀄러가 그들과 함께 보냈다 /   매일 대부분의 시간을

every day. He was, / he said, / teaching them /
      그는 /   그의 말에 의하면 / 그들에게 가르치고 있었다 /

to sing a new song, / for which / privacy was needed.
새 노래를 부르는 것을 / 그리고 그런 일을 하려면 / 은밀하게 진행할 필요가 있었기 때문이었다.

abandon 포기하다 foretell 예언하다 untrodden 밟히지 않은 fulfill (기대, 소망을) 이루다, 실현하다, 성취하다
tyrannical 폭군 같은, 포악한 if(even if) 비록 ~일지라도 overgrown (초목이) 무성한 birch 자작나무
sapling 어린나무, 묘목 browse (가축이) 어린잎을 먹다

It was just after the sheep had returned, / on a pleasant
바로 양들이 돌아온 직후 /   기분 좋은 어느 날 저녁에 /

evening / when the animals had finished work /
동물들이 일을 마치고 /

and were making their way back / to the farm buildings, /
돌아오고 있을 때 /   농장 건물로 /

that the terrified neighing of a horse sounded / from the
겁에 질린 말의 울음소리가 들렸다 /   마당에서

yard. Startled, / the animals stopped / in their tracks.
깜짝 놀랐던 /   동물들은 멈추었다 /   가던 길에서

It was Clover's voice. She neighed again, / and all the
그것은 클로버의 목소리였다.   그녀는 다시 울음소리를 냈고 /   모든 동물들은 /

animals / broke into a gallop / and rushed into the yard.
전속력으로 달리기 시작하여 /   마당으로 뛰어 들어갔다.

Then they saw / what Clover had seen.
그때 그들은 목격했다 /   클로버가 본 것을

It was a pig walking / on his hind legs.
바로 돼지 한 마리가 걷고 있었다 / 뒷다리로 서서

It may be that; 아마도

이 표현을 글자대로 해석하면, "어떤 사건이 발생할 수도 있다", "어떤 것이 사실일 수도 있다"
라는 의미다. 이런 표현을 쉽고 빠르게 이해하려면, "아마도, ~일 것이다"라고 해석한다.

예) It might be that / their lives were hard / and that not all of their hopes had
been fulfilled;

아마도 / 그들의 삶은 고되었고 / 그들의 모든 희망은 실현되지 않았을 것이다

neigh (말이) 울다 break into 갑자기 ~하기 시작하다 on one's hind legs 뒷다리로 서서

SCENE 4

Yes, it was Squealer. A little awkwardly, /
그렇다, 그것은 스퀼러였다.　　　약간 어설프게 /

as though not quite used to / supporting his considerable
비록 완전히 익숙하지 않았지만 /　　　상당히 비대한 몸을 지탱하는 일에 /

bulk / in that position, / but with perfect balance, /
그런 자세로 /　　　그러나 완벽하게 균형을 유지하면서 /

he was strolling / across the yard.
그는 한가롭게 거닐고 있었다 / 마당을 가로 질러

And a moment later, / out from the door of the farmhouse
그리고 잠시 후에 /　　　농장 주택의 문 밖으로 나왔다 /

came / a long file of pigs, / all walking /
돼지들의 긴 행렬이 /　　　모두가 걷고 있었다 /

on their hind legs.
뒷다리로 서서

Some did it better than others, / one or two were even a
어떤 돼지는 더 잘했다 /　　　다른 돼지들보다 /

trifle unsteady / and looked / as though they would have
한두 마리는 약간 불안정했고 / 보였다 /　마치 그들이 좋아할 것같이 /

liked / the support of a stick, / but every one of them made
지팡이에 의지하는 것을 /　　　그러나 그들 모두가 마당을 한바퀴 돌았다 /

his way right round the yard / successfully.
　　　　　　　　　　　　　　성공적으로

And finally / there was a tremendous baying of dogs /
그리고 마침내 /　개들이 엄청 큰소리로 짖어댔고 /

and a shrill crowing from the black cockerel, /
검은 수평아리의 날카로운 울음소리가 들렸다 /

and out came Napoleon himself, / majestically upright, /
그 다음에는 나폴레옹이 나왔다 /　　　당당한 모습으로 똑바로 서서 /

casting haughty glances from side to side, /
거만하게 좌우를 쳐다보면서 /

and with his dogs gambolling round him.
또한 개들이 그의 주위에서 깡충깡충 뛰고 있었다.

awkwardly 어설프게, 서투르게 considerable 상당한 bulk 비대한 몸 stroll 한가롭게 거닐다 file 행렬, 줄
a trifle 약간, 조금 bay (개가) 짖다 shrill (소리가) 날카로운 majestically 당당한(장엄한) 모습으로 upright 직립한,
똑바로 선 haughty 거만한 glance 힐끗 봄 cast glances 힐긋 보다 gambol 깡충깡충 뛰다, 뛰어다니다

He carried a whip / in his trotter.
그는 채찍을 들고 있었다 / 발에

There was a deadly silence. Amazed, terrified, huddling
죽은 듯이 조용했다. 놀라고, 겁먹고, 함께 움츠리고 있던 /

together, / the animals watched / the long line of pigs
동물들은 지켜봤다 / 긴 줄(행렬)의 돼지들이 걷는 것을 /

march / slowly round the yard.
천천히 마당을 돌면서

It was as though the world had turned upside-down.
그 광경은 마치 세상이 거꾸로 뒤엎어진 것 같았다.

Then there came a moment / when the first shock had
그 다음에 순간이 왔다 / 첫 번째 충격이 사라지고 /

worn off / and when, in spite of everything /
그리고 모든 것에도 불구하고 /

—in spite of their terror of the dogs, / and of the habit, /
개에 대한 공포에도 불구하고 / 그리고 습관에도 (불구하고) /

developed through long years, / of never complaining,
오랜 세월동안 형성된 / 절대로 불평하지 않고,

never criticising, / no matter what happened /
절대로 비난하지 않는 (습관에도 불구하고) / 어떤 일이 일어나도 /

—they might have uttered / some word of protest.
그들이 말할 수도 있는 (순간이 왔다) / 몇 마디의 항의를

But just at that moment, / as though at a signal, /
그러나 바로 그 때 / 마치 어떤 신호를 받은 것처럼 /

all the sheep burst out / into a tremendous bleating of—
모든 양들이 갑자기 외치기 시작했다 / 엄청난 울음소리로

"Four legs good, two legs better!
"네 다리는 좋고, 두 다리는 더 좋다!

Four legs good, two legs better!
네 다리는 좋고, 두 다리는 더 좋다!

Four legs good, two legs better!"
네 다리는 좋고, 두 다리는 더 좋다!"

It went on / for five minutes without stopping.
그 소리는 계속되었다 / 5분 동안 멈추지 않고

And by the time the sheep had quieted down, /
그리고 양들이 조용해졌을 때 /

the chance to utter any protest / had passed, /
말로 어떤 항의라도 할 기회는 / 사라져버렸다 /

for the pigs had marched / back into the farmhouse.
왜냐하면 돼지들이 걸어갔기 때문이다 / 다시 농장 주택 안으로

Benjamin felt / a nose nuzzling / at his shoulder.
벤자민은 느꼈다 / 어떤 주둥이가 비비고 있는 것을 / 그의 어깨를

He looked round. It was Clover. Her old eyes looked
그는 돌아다 봤다. 바로 클로버였다. 그녀의 눈은 더 희미해보였다 /

dimmer / than ever. Without saying anything, / she
어느 때보다 어떤 말도 하지 않으면서 / 그녀는

tugged gently / at his mane / and led him round / to the
부드럽게 당기고 / 그의 갈기를 / 그를 이끌고 갔다 /

end of the big barn, / where the Seven Commandments
큰 헛간의 끝 쪽으로 / 그곳에는 7계명이 쓰여 있었다.

were written. For a minute or two / they stood gazing /
일이 분 동안 / 그들은 서서 뚫어지게 쳐다보았다 /

at the wall / with its white lettering.
벽을 / 흰색 글자가 있는

"My sight is failing," she said finally. "Even when I was
"내 시력이 나빠지고 있어" 그녀는 마침내 말했다. "심지어 어렸을 때도 /

young / I could not have read / what was written there.
나는 읽을 수 없었지 / 저기에 쓰여 있는 것을

But it appears to me / that that wall looks different.
그렇지만 내 생각에는 / 저 벽은 달라 보여

Are the Seven Commandments the same /
(저 벽에 있는) 7계명이 똑같은가 /

as they used to be, Benjamin?"
예전에 있던 것과, 벤자민?"

trotter (동물의) 발, 족 march (당당하게) 걷다, 행군하다 wear off 점차로 약해지다, 사라지다
utter 말하다, 발언하다 burst out (into) 갑자기 외치다 bleating (양의) 울음소리 nuzzle 코를 비비다, 문대다
dim (눈이) 침침한, 희미한 mane (말, 사자의) 갈기 gaze 뚫어지게 쳐다보다, 응시하다

SCENE 5

For once / Benjamin consented / to break his rule, /
이번 만은 / 벤자민은 동의했다 / 자신의 규칙을 깨뜨리기로 /

and he read out to her / what was written on the wall.
그리고 그는 클로버에게 읽어주었다 / 벽에 쓰여 있는 것을

There was nothing / there now / except a single
아무것도 없었다 / 이제 그곳에는 / 단 하나의 계명을 제외하고

Commandment.

It ran:
그것은 다음과 같이 쓰여 있었다.

ALL ANIMALS ARE EQUAL
모든 동물들은 평등하다

BUT SOME ANIMALS ARE MORE EQUAL /
그러나 어떤 동물들은 더 평등하다 /

THAN OTHERS
다른 동물들보다

After that / it did not seem strange / when next day the
그런 일이 있은 후에는 / 이상해보이지 않았다 / (무엇이?) 다음날 돼지들이 /

pigs / who were supervising the work of the farm /
(어떤 돼지들?) 농장의 일을 감독하고 있던 /

all carried whips / in their trotters.
(그 돼지들) 모두가 채찍을 들고 있는 것이 / 자신들의 발에

It did not seem strange / to learn / that the pigs had
이상해 보이지 않았다 / 알게 되어도 (무엇을?) / 돼지들이 샀고 /

bought / themselves a wireless set, / were arranging to
자신들이 사용할 라디오를 / 전화기를 설치하려고 준비하고 있고 /

install a telephone, / and had taken out subscriptions /
예약 구독했다는 것을 (알게 되어도) /

to John Bull, Tidbits, and the Daily Mirror.
전형적인 영국인, 토막뉴스와 데일리 미러라는 잡지를

It did not seem strange / when Napoleon was seen
이상해보이지 않았다 / (무엇이?) 나폴레옹이 한가롭게 거닐고 있는 것이 보이는

strolling / in the farmhouse garden / with a pipe in his
것도 / 농가 주택의 정원에서 / 담뱃대를 입에 물고 /

mouth / —no, not / even when the pigs took Mr. Jones's
아니, (이상해보이지) 않았다 / 심지어 돼지들이 존스씨의 옷을 꺼내어 /

clothes / out of the wardrobes / and put them on, /
옷장에서 / 그 옷들을 입는 것도 /

Napoleon himself appearing / in a black coat, riding
그리고 나폴레옹이 자신이 나타나는 것도 / 검정색 코트, 승마복 바지와

breeches, and leather leggings, / while his favorite sow
가죽 각반을 입고서 / 한편 그가 제일 좋아하는 암돼지가 나타나

appeared / in the watered silk dress / which Mrs. Jones
는 것도 / 물결무늬가 있는 비단 드레스를 입고 / (어떤 드레스?) 존스부인이

had been used to wear / on Sundays.
입곤 했었던 / 일요일이면

A week later, in the afternoon, / a number of dogcarts
일주일 후, 오후에 / 많은 이륜마차가 농장으로 왔다.

drove up to the farm. A deputation of neighbouring
이웃 농장 주인들의 대표단이 초대받았다 /

farmers had been invited / to make a tour of inspection.
시찰 여행(견학)을 해보라고

They were shown / all over the farm, / and expressed
그들은 안내받았고 / 농장 구석구석을 / 굉장한 찬사를 퍼부었다 /

great admiration / for everything they saw, / especially
그들이 본 모든 것에 대해 / 특히 풍차에 대해

the windmill. The animals were weeding / the turnip
동물들은 잡초를 뽑고 있었다 / 순무 밭에서

field. They worked diligently / hardly raising their faces /
그들은 부지런히 일했다 / 거의 얼굴을 들지 않고 /

from the ground, / and not knowing / whether to be more
땅에서 / 그리고 모르면서 (부지런히 일했다) / 돼지를 더 무서워해야 할지 /

frightened of the pigs / or of the human visitors.
아니면 인간 방문객을 (더 무서워해야 할지)

That evening / loud laughter and bursts of singing came /
그날 저녁 / 큰 웃음소리와 갑자기 노래하는 소리가 나왔다 /

from the farmhouse. And suddenly, / at the sound of
농장 주택에서 / 그리고 갑자기 / 뒤섞인 여러 가지 목소리를 듣고서 /

the mingled voices, / the animals were stricken with
동물들은 호기심을 느끼게 되었다

curiosity. What could be happening / in there, /
무슨 일이 일어나고 있을까 / 저 주택 안에서 /

now that for the first time / animals and human beings
이제 처음으로 / 동물과 인간이 만나고 있으니 /

were meeting / on terms of equality?
동등한 관계로

With one accord / they began to creep / as quietly as
일제히 / 그들은 살금살금 걷기 시작했다 / 가능한 조용히 /

possible / into the farmhouse garden.
농장 주택의 정원 안으로

At the gate they paused, / half frightened / to go on /
문 앞에서 그들은 멈췄다 / 꽤 두려웠기 때문에 / 계속 걸어 들어가기가 /

but Clover led the way in.
그러나 클로버가 앞장서서 안으로 안내했다

They tiptoed up to the house, / and such animals as were
그들은 발끝으로 주택까지 걸어갔다 / 그리고 충분히 키가 큰 동물들은 /

tall enough / peered in / at the dining-room window.
안을 들여다보았다 / 식당 창문에서

There, round the long table, / sat / half a dozen farmers
그곳에, 기다란 식탁주위에 / 앉아있었다 / 여섯 명의 농장 주인들과 여섯 마리

and half a dozen of the more eminent pigs, /
의 지위 높은 돼지들이 /

Napoleon himself occupying / the seat of honor /
(그리고) 나폴레옹은 차지하고 있었다 / 주빈 석(상좌)을 /

at the head of the table.
식탁 끄트머리의

The pigs appeared / completely at ease / in their chairs.
돼지들은 보였다 / 매우 편안하게 / 좌석에 앉아 있는 것으로

The company had been enjoying / a game of cards /
손님들은 즐기고 있었다 / 카드게임을 /

but had broken off for the moment, / evidently in order to
그러나 잠시 게임을 중단했다 / 분명히 건배를 하려는 것이었다.

drink a toast. A large jug was circulating, /
큰 술 주전자가 (식탁 위에서) 돌고 있었고 /

and the mugs were being refilled / with beer.
머그잔은 다시 채워지고 있었다 / 맥주로

No one noticed / the wondering faces of the animals /
아무도 알아차리지 못했다 / 이상히 여기는 동물들의 얼굴을 /

that gazed in at the window.
(어떤 얼굴?) 창가에서 안을 들여다보고 있는

"be shown"?

"show" 동사에는 "누군가에게 어떤 장소를 안내하다"라는 의미로 사용된다. 이동사가 "be shown"
이 되면, "누군가로부터 안내받다"라는 의미로 쓰인다. "give" 동사에는 "물건을 어떤 사람에게 주
다"라는 의미지만, 수동태로 "be given"이 되면, "어떤 물건을 받다"라는 의미로 쓰일 수 있다. 또한
"tell" 동사에는 "누군가에게 ~라고 말하다"라는 의미지만, "be told"는 "이야기를 듣다"라는 의미
로 쓰이는 경우가 있다.

예) They were shown / all over the farm, /
그들은 안내받았고 / 농장 구석구석을 /
and expressed great admiration / for everything they saw.
굉장한 찬사를 퍼부었다 / 그들이 본 모든 것에 대해

bursts of 갑자기 ~함(하기), 감정의 폭발 mingled 뒤섞인 stricken(strike-struck-stricken) ~을 느끼게 하다
terms 대인 관계 creep 살금살금 걷다 half 꽤, 상당히 lead the way 안내하다 peer 자세히 보다, 응시하다
eminent 지위가 높은 the seat of honor 주빈 석(상좌) break off 중단하다, 그만두다 drink a toast 건배를 하다

SCENE 6

Mr. Pilkington, of Foxwood, / had stood up, / his mug
팍스우드의 필킹턴씨는 / 일어섰다 / 술잔을 손에 들고

in his hand. In a moment, he said, / he would ask the
잠시 후에, 그는 말했다 / 그는 참석한 일행에게 요청하겠다고 /

present company / to drink a toast.
건배할 것을

But before doing so, / there were a few words /
그러나 그렇게 하기 전에 / 몇 마디가 있었다 /

that he felt / it incumbent upon him to say.
(어떤 몇 마디?) 자신이 생각하기엔 / 말하는 것이 자신의 의무인

It was a source of great satisfaction / to him, / he said /
(그것이?) 큰 만족의 원천이었다고 / 자신에게 / 그는 말했다 /

—and, he was sure, / to all others present— /
그리고 그는 확신한다고 / 참석한 모든 사람들에게도 (만족의 원천이었다고) /

to feel / that a long period of mistrust and
(무엇이?) 느끼는 것이 / 오랜 기간의 불신과 오해가

misunderstanding / had now come to an end.
이제 끝났다고

There had been a time / —not that he, or any of the
한 시기가 있었다 / 그 또는 참석한 누구라도

present company, had shared such sentiments /
그런 감정(불신과 오해)을 함께 느낀다는 것은 아니지만 /

—but there had been a time / when the respected
그렇지만 한 시기가 있었다 / (어떤 시기?) 존경하는

proprietors of Animal Farm had been regarded, /
동물 농장의 주인들을 바라보았던 (시기가) /

he would not say with hostility, / but perhaps /
자신이 적대감이라고 말하지 않겠지만 / 그러나 아마도 /

with a certain measure of misgiving, /
어느 정도의 불안감을 가지고 (바라보았던 시기가 있었다) /

by their human neighbours.
인간 이웃들이

Unfortunate incidents had occurred, / mistaken ideas
불행한 사건들이 발생했고 / 잘못된 생각이 널리 퍼져있었다.

had been current. It had been felt / that the existence of
(이웃 농장주들은) 생각했다 / (뭐라고?) 농장이 존재한다는 것은 /

a farm / owned and operated by pigs / was somehow
돼지가 소유하고 운영하는 / 약간 비정상적이며 /

abnormal / and was liable to have an unsettling effect /
까딱하면 불안한 영향을 끼칠 수 있다고 /

in the neighbourhood. Too many farmers had assumed, /
이웃에. 너무나 많은 농장 주인들이 생각했었다 /

without due inquiry, / that on such a farm /
적절히 조사해보지도 않고 / (뭐라고?) 그런 농장에는 /

a spirit of licence and indiscipline would prevail.
방종과 무질서와 같은 분위기가 우세할 것이라고

They had been nervous / about the effects upon their
그들은 걱정을 했었다 / (무엇을?) 자신들의 동물에게 미치는 (나쁜) 영향에 대해

own animals, or even upon their human employees.
또한 심지어 자신들의 인부들에게 (미치는 영향에 대해)

But all such doubts / were now dispelled.
그러나 그와 같은 모든 의혹은 / 이제 사라졌다

Today he and his friends had visited Animal Farm /
오늘 그(필킹턴)와 그의 친구들은 동물농장을 방문하여 /

and inspected / every inch of it with / their own eyes, /
살펴보았다 / 구석구석을 / 자신의 눈으로 /

and what did they find? Not only the most up-to-date
그리고 나서 무엇을 그들은 발견했는가? (그들은) 가장 현대적인 (농장 운영)방법뿐만 아니라 /

methods, / but a discipline and an orderliness /
규율과 질서를 (발견했다) /

which should be an example / to all farmers everywhere.
마땅히 모범이 되어야 할 / 도처의 모든 농장 주인들에게 /

He believed / that he was right in saying /
그는 믿었다 / 자신이 말한 것이 옳다고 /

company 동석한 모든 사람들, 일행 drink a toast 건배하다 incumbent 의무가 있는 mistrust 불신
time 시기, 시절 proprietor 주인 regard 바라보다, 대하다 hostility 적대감 a certain measure of 어느 정도의
misgiving 불안감 current 널리 퍼진, 유포되어 있는 liable ~하기 쉬운, ~할 것 같은 unsettling 불안한
assume ~라고 생각하다, 믿다 inquiry 조사, 질문 license 방종 indiscipline 무질서 prevail 우세하다
dispell ~을 쫓아버리다, 사라지게 하다 up-to-date 현대적인, 최신식의

that the lower animals on Animal Farm did more work /
동물 농장의 하급 동물들이 더 많이 일하고 /

and received less food / than any animals in the county.
더 적은 식량을 받는다고 / 그 주의 다른 어떤 동물들보다

Indeed, he and his fellow-visitors / today had observed /
정말로 그와 그의 동료 방문객들은 / 오늘 관찰했다 /

many features / which they intended to introduce /
많은 특색을 / (어떤 특색?) 자신들이 도입할 의도가 있는 /

on their own farms immediately.
자신의 농장에 곧바로

He would end his remarks, / he said, / by emphasizing
그는 자신의 발언을 끝내겠다고 / 그는 말했다 / 한 번 더 강조하면서 /

once again / the friendly feelings / that subsisted, /
우호적인 감정을 / (어떤 우호적 감정?) 이제 존재하는 /

and ought to subsist, / between Animal Farm and its
또한 (앞으로) 당연히 존재해야 되는 / 동물 농장과 이웃들 사이에 /

neighbours. Between pigs and human beings /
돼지와 인간들 사이에는 /

there was not, / and there need not be, / any clash of
없었고 / 있을 필요도 없다 / (무엇이?) 어떠한 이해의 충돌도 /

interests / whatever.
조금이라도

Their struggles and their difficulties were one.
그들이 열심히 노력해야 하는 일과 어려운 일도 같은 것이었다.

Was not the labor problem the same / everywhere?
노동 문제는 같지 않았던가 / 어디에서나

Here it became apparent / that Mr. Pilkington was about
이 시점에서는(여기까지 말하자) 명백해졌다 / 필킹턴씨가 갑자기 말하려 했던 것이

to spring / some carefully prepared witticism /
신중하게 준비한 재담을 /

on the company, / but for a moment / he was too
함께 동석한 자들에게 / 그러나 잠시 동안 / 그는 너무나 압도되어 /

overcome / by amusement / to be able to utter it.
즐거움(유쾌한 감정)에 / 그 재담을 말할 수 없었다.

After much choking, / during which / his various chins
한참 목이 멘 후(말문이 막힌 후) / 그 기간 동안에는 / 그의 여러 겹의 턱살이 보라색으

turned purple, / he managed to get it out: /
로 변했다 /   (그러고 나서) 그는 겨우 말을 입 밖으로 내뱉었다 /

"If you have your lower animals / to contend with," /
"만일 여러분들이 하급 동물들이 있다면 /   대처해야 할" /

he said, / "we have our lower classes!"
그는 말했다 /   우리도 하층 계급이 있습니다!"

This bon mot / set the table in a roar; /
이런 재치 있는 말(명언)은 / 식탁에 앉아 있는 사람들을 크게 웃게 했다.

and Mr. Pilkington once again congratulated / the pigs /
그리고 필킹턴씨는 다시 한번 칭찬했다 /   돼지들을 /

on the low rations, the long working hours, and the
적은 배급량에 대해,   긴 노동시간에 대해,   그리고 전반적으로

general absence of pampering / which / he had observed
사정을 봐주기가 없는 것에 대해 /   이런 것을 / 그는 동물 농장에서 관찰했다

on Animal Farm.

It has been felt that; ~라고 생각했다, ~라고 생각하는 사람들도 있었다.

이 표현은 "Neighboring farmers had felt that"의 수동태 모양이다. "It had been felt that"를 사용한 이유는 예전에 부정적 생각과 편견을 갖고 있던 사람들은 이웃 농장 주인들이었다. 이제 우호적인 관계를 시작했기 때문에 그들을 직접 언급하고 싶지 않았기 때문에 수동태로 시작했다.

예) It had been felt that /
(이웃 농장주들은) 생각했다 /
the existence of a farm / owned and operated by pigs /
농장이 있다는 것은 / 돼지가 소유하고 운영하는 /
was somehow abnormal.
약간 비정상적이라고

county (영국의) 주 feature 특색, 특징 remark 의견, 발언 subsist 존재하다 here 이 시점에, 이 대목에서
apparent 명백한 spring ~에게 말하다, 질문하다 witticism 재담, 명언 amusement 즐거움(유쾌한 감정)
utter 말하다, 발언하다 choke 목이 메다, 말문이 막히다 contend with (곤란에) 대처하다 bon mot 재치 있는 명언
set the table in a roar 식탁에 앉아 있는 사람들을 크게 웃게 하다 pamper 사정을 봐주다, 제멋대로 하게 하다

SCENE 7

And now, he said finally, / he would ask the company /
그리고 이제, 그는 마침내 말했다 /　　자신이 동석한 자들에게 요청하겠다고 /

to rise to their feet / and make certain / that their glasses
일어나서 /　　확인할 것을 (무엇을?) /　　잔이 가득 채워져 있는지

were full.

"Gentlemen," concluded Mr. Pilkington, /
"신사 여러분"　　필킹턴씨는 다음과 같은 말로 이야기를 끝냈다 /

"gentlemen, I give you a toast: /
"신사 여러분,　　건배합시다 /

To the prosperity of Animal Farm!"
동물 농장의 번영을 위하여!"

There was enthusiastic cheering and stamping of feet.
열광적인 환호성 소리와 발을 구르는 소리가 났다.

Napoleon was so gratified / that he left his place / and
나폴레옹은 매우 만족했다 /　　그래서 그는 자리를 떠나 /

came round the table / to clink his mug against Mr.
식탁을 한바퀴 돌아갔다 /　　자신의 술잔을 필킹턴씨의 잔과 부딪치려고 /

Pilkington's / before emptying it.
술잔을 비우기 전에(쭉 들이키기 전에)

When the cheering had died down, / Napoleon, /
환호성 소리가 가라앉았을 때 /　　나폴레옹이 /

who had remained on his feet, / intimated / that he too
(어떤 나폴레옹?) 계속 서있었던 /　　말했다 /　　그도 또한

had a few words to say.
몇 마디 할말이 있다고

Like all of Napoleon's speeches, / it was short and to the
나폴레옹의 모든 연설처럼 /　　간단했고 요점이 있었다.

point. He too, / he said, / was happy / that the period of
자신도 또한 / 그는 말했다 / 기쁘다고 /　　오해하는 시기가 끝나서

misunderstanding was at an end.

For a long time / there had been rumors / circulated
오랫동안 / 소문이 돌았다 / 악의에 가득 찬 적에

by some malignant enemy / that there was something
의해 퍼뜨려진 / (어떤 소문?) 파괴적이며

subversive and even revolutionary / in the outlook of
심지어 혁명적인 면이 있다는 (소문) / 자신과 동료들의 견해에

himself and his colleagues. They had been credited /
동물들은 (인간들에 의해) 생각되었다 /

with attempting to stir up rebellion / among the animals /
반란을 선동하려 하고 있다고 / 동물들 간에 /

on neighbouring farms. Nothing could be further from
이웃농장에 있는 어떤 것도 사실이 아니었다.

the truth! Their sole wish, / now and in the past, / was to
그들의 유일한 바램은 / 지금이나 과거에나 / 살아가는

live / at peace / and in normal business relations / with
것이었다 / 평화롭고 / 그러면서 정상적인 거래 관계를 유지하는 것(이었다) / 이웃들과

their neighbours. This farm / which he had the honor to
이 농장은 / (어떤 농장?) 자신이 영광스럽게도 관리하는 /

control, / he added, / was a co-operative enterprise.
그는 덧붙여 말했다 / 일종의 공동으로 운영하는 기업이라고

The title-deeds, / which were in his own possession, /
부동산 권리증서는 / 그것을 자신이 소유하고 있던 /

were owned by the pigs / jointly.
(그 권리증서는) 돼지들이 소유하고 있다 / 공동으로

He did not believe, / he said, / that any of the old
그는 믿지 않는다고 / 그는 말했다 / 과거의 어떤 의혹도 지금까지 남아있다고

suspicions still lingered. But certain changes had been
그러나 어느 정도 변화가 일어났다 /

made / recently / in the routine of the farm, / which
최근에 / 농장의 일과에는 /

should have the effect / of promoting confidence still
그리고 그런 변화에는 효과가 있을 것이다 / 신뢰감을 더욱더 증가시키는데

prosperity 번영, 번창 cheering 환호성 소리 stamping 발 구르는 소리 gratified 만족한, 기쁜
clink (건배에서) 잔을 맞부딪치다 intimate 말하다, (공식적으로) 알렸다 malignant 악의 있는 subversive
파괴적인 outlook 견해 colleague 동료 credit ~이 있다고 생각하다 co-operative 협동의, 협동하여 운영하는
enterprise 업체 title-deed (부동산) 권리증서 linger 남다, 사라지지 않다 routine 일과, 일상의 일

further. Hitherto the animals on the farm / had had a
지금까지 농장의 동물들은 /   약간 쓸모없는

rather foolish custom / of addressing one another as
습관이 있었다 /   서로 "동지" 라고 부르는

"Comrade." This was to be suppressed.
이것은 금지될 것이다.

There had also been a very strange custom, /
또한 매우 이상한 습관이 있다 /

whose origin was unknown, / of marching every Sunday
그 습관의 유래가 알려지지 않았지만 /   일요일 아침마다 행진하는 (습관이) /

morning / past a boar's skull / which was nailed /
수퇘지의 두개골을 앞을 지나가며 / (어떤 두개골을?) 못 박혀 있던 /

to a post in the garden.
정원에 있는 기둥에

This, too, would be suppressed, / and the skull had
이것도 또한 금지 될 것이고 /   그 두개골은 이미 매장되었다

already been buried. His visitors might have observed, /
그의 방문객들은 보았을 것이다 /

too, / the green flag / which flew from the masthead.
또한 /   녹색 깃발을 /   (어떤 깃발?) 깃대 꼭대기에서 휘날리고 있는

If so, / they would perhaps have noted / that the white
만일 그렇다(봤다)면 / 그들은 아마도 알아챘을 것이다 /   (무엇을?) 하얀 발굽과 뿔이 /

hoof and horn / with which it had previously been
전에 깃발에 표시되어 있던 /

marked / had now been removed.
이제 없어졌다는 것을

It would be a plain green flag / from now onwards.
그것(깃발)은 무늬가 없는 녹색 깃발일 것이다 /   이제부터는

so 형용사 that 주어 + 동사; 매우 ~했다, 그래서 ~하다

"so 형용사"는 "매우 ~하다"라고 해석하고, "that" 앞에 나온 내용의 결과로 "그래서, 그렇기 때문에"라고 해석한다.

예) Napoleon was so gratified / that he left his place / and came round the table.
나폴레옹은 매우 만족했다 / 그래서 그는 자리를 떠나 / 식탁을 한바퀴 돌아갔다.

hitherto 지금까지 foolish 쓸모없는 address ~을 ~라고 부르다 suppress ~을 금하다, 폐지하다
masthead 돛대머리, 깃대 꼭대기 plain 무늬가 없는

SCENE 8

He had only one criticism, / he said, / to make of Mr.
딱 한 개의 흠잡을 말이 있다고 /   그는 말했다 /   필킹턴씨의 훌륭하고 우정어린

Pilkington's excellent and neighbourly speech.
연설에 대해 (흠잡을 것은)

Mr. Pilkington had referred / throughout to
필킹턴씨는 말했다 /   연설하는 동안 계속하여

"Animal Farm."
"동물 농장" 이라고

He could not of course know / —for he, Napoleon, /
물론 그가 알리가 없다 /   왜냐하면 그가, 즉 나폴레옹이 /

was only now for the first time announcing it— /
이제서 처음으로 발표했기 때문이다 /

that the name "Animal Farm" had been abolished.
"동물 농장" 이라는 이름이 폐지되었다고

Henceforward the farm / was to be known /
이제부터 동물 농장은 /   알려지게 될 것이다 /

as "The Manor Farm" —which, he believed, /
"매너 농장" 으로   그 이름이 그의 생각으로는 /

was its correct and original name.
정확한 원래의 이름이었다.

"Gentlemen," concluded Napoleon, /
"신사 여러분"   나폴레옹은 다음과 같이 말을 끝냈다 /

"I will give you the same toast as before, /
"저는 여러분들에게 전과 같이 건배를 제의합니다 /

but in a different form. Fill your glasses / to the brim.
하지만 다른 형식으로 (제의합니다).   여러분들의 잔을 채워 주십시요 / (술잔의 테두리까지)

Gentlemen, here is my toast: / To the prosperity of The
가득. 신사 여러분, 제가 건배를 제의합니다 /   매너 농장의 번영을 위하여!"

Manor Farm!"

There was the same hearty cheering / as before, / and the
열렬한 환호성 소리가 났고 / 전과 같이 /

mugs were emptied / to the dregs.
술잔은 비워졌다 / (찌꺼기만 남을 때까지) 남김없이

But as the animals outside gazed / at the scene, / it
그러나 동물들이 밖에서 보고 있을 때 / 이 장면을 /

seemed to them / that some strange thing was happening.
그들은 생각했다 / 뭔가 이상한 일이 일어나고 있다고

What was it / that had altered / in the faces of the pigs?
도대체 무엇일까 / 변한 것이 / 돼지들의 얼굴에서

Clover's old dim eyes / flitted / from one face to another.
클로버의 침침하고 늙은 눈이 / 빠르게 움직였다 / 한 얼굴에서 다른 얼굴로

Some of them had / five chins, / some had four, /
돼지들 중 일부는 이었다 / 다섯 개의 턱이 / 일부는 네 개의 턱이 /

some had three. But what was it / that seemed to be
일부는 세 개의 턱이. 그러나 도대체 무엇일까 / 녹아내리고 변하는 것은

melting and changing?

Then, the applause having come to an end, /
그때, 박수갈채가 끝났을 때 /

the company took up their cards / and continued the
모여 있던 모든 자들은 카드를 집어 들고 / 게임을 계속했다 /

game / that had been interrupted, / and the animals crept
(어떤 게임?) 중단되었던 / 그리고 동물들은 조용히 살금살금

silently away.
떠났다.

But they had not gone twenty yards / when they stopped
그러나 그들은 20야드도 가지 못했다 / 그들이 갑자기 멈추었을 때는

short. An uproar of voices was coming / from the
소란스러운 목소리가 흘러나오고 있었다 / 농장 주택에서

farmhouse. They rushed back / and looked through the
그들은 다시 달려가서 / 창문을 통해 다시 들여다보았다

window again.

Yes, a violent quarrel was in progress.
그렇다, 격렬한 말다툼이 진행되고(벌어지고) 있었다.

There were / shoutings, bangings on the table, sharp
있었다 /   고함치는 소리,   식탁을 치는 소리,   의심하는 날카로운

suspicious glances, furious denials.
시선,   격렬하게 부인하는 소리가

The source of the trouble appeared to be / that Napoleon
이런 문제의 원인은 있는 것 같았다 /   나폴레옹과 필킹턴씨가 /

and Mr. Pilkington / had each played an ace of spades /
                    스페이드 에이스 패를 낸 것에 /

simultaneously. Twelve voices were shouting / in anger, /
동시에.   열두 개의 목소리가 소리치고 있었고 /   화가 나서 /

and they were all alike. No question, now, / what had
모든 목소리가 서로 비슷했다.   의심할 여지가 없었다, 이제는 / 어떤 일이 일어났는지 /

happened / to the faces of the pigs. The creatures outside
            돼지들의 얼굴에.   밖에 있던 동물들은 쳐다봤다 /

looked / from pig to man, and from man to pig, and from
          돼지에서 인간으로, 그리고 인간에서 돼지로

pig to man again; / but already it was impossible /
그리고 다시 돼지에서 인간으로 / 그러나 이미 불가능했다 /

to say / which was which.
구별하는 것은 / 어느 것이 어느 것인지

Key Expression 🔑

전치사 to?

전치사 "to"가 장소 이동을 의미하는 동사와 함께 쓰이면, 목적지를 의미한다. 그래서 "어떤 장소로, 어떤 곳까지"라는 의미로 사용된다. 이 전치사가 어떤 행동, 행위의 결과를 표현한다면, "어떤 정도가 되기까지, 어떤 결과에 이르기까지" 행동한다는 의미다.

예) He tore the letter / to pieces.
그는 편지를 찢었다 / 조그만 조각이 되기까지
Fill your glasses / to the brim.
여러분들의 잔을 채워 주십시오 / (술잔의 테두리까지) 가득
The mugs were emptied / to the dregs.
술잔은 비워졌다 / (찌꺼기만 남을 때까지) 남김없이

dreg 찌꺼기, 앙금 to the dregs (찌꺼기까지) 남김없이 alter 변하다 flit 빠르게 움직이다 applause 박수갈채
interrupt 방해하다, 중단시키다 stop short 갑자기 멈추다 uproar 소동, 소음 furious 격렬한, 성난
denial 부인, 부정 source 원인, 근원 no question(there is no question) 의심할 여지가 없다, 분명하다
say 구별하다

Quiz 10

1. Mr. Frederick says that the truest happiness lays in working hard and living frugally.

2. The animals happen to see the horses suddenly walking on their hind legs.

3. The pigs, who once wanted to kill all humans, now start wearing clothes and carrying whips. And they seek friendly relations with neighboring farmers.

4. While the animals are peeking through the window, they realize that there is no difference between pigs and the humans.

B. 단어

다음 제시된 단어의 설명을 읽고, 어떤 단어의 정의를 설명하는지 아래의 박스에서 찾아 써 보세요.

1. old and no longer suitable for work

2. saying very little, so that you seem unfriendly

3. a short written report on a particular subject for a person

4. to state something openly

5. to state what will happen in the future

6. a young tree

7. the weight or shape of someone that is very large

8. to agree to do something

9. to be your duty to do something

10. the state of being successful and having everything that is needed for a good life

taciturn bulk consent foretell memorandum
superannuated sapling prosperity incumbent profess

Answer   A. 1. F 2. F 3. T 4. T

B. 1. superannuated 2. taciturn 3. memorandum 4. profess 5. foretell 6. sapling 7. bulk 8. consent 9. incumbent 10. prosperity

C. 직독직해

아래에 제시된 문장을 직독직해로 해석해보세요.

1. They accepted everything / that they were told / about the Rebellion / from Clover.

   →

2. This was of the highest importance / for the welfare of the farm, / Squealer said.

   →

3. The sheep spent the whole day / there / browsing at the leaves / under Squealer's supervision.

   →

4. Too many farmers had assumed / that on such a farm / a spirit of licence and indiscipline would prevail.

   →

D. 동시통역

아래에 제시된 직독직해를 보고, 영어로 말해보세요.

1. 동물들은 열심히 일했다 / 또 다른 풍차를 건설하려고

   →

2. 아무것도 없었다 / 그들이 비교해볼 수 있는 것이 / 현재의 생활과

   →

3. 그 것(광경)은 마치 세상이 거꾸로 뒤엎어진 것 같았다.

   →

4. 도대체 무엇일까 / 변한 것이 / 돼지들의 얼굴에서

   →

Animal Farm을 다시 읽어 보세요.

Chapter 1

SCENE 1

MR. JONES, of the Manor Farm, had locked the hen-houses for the night, but was too drunk to remember to shut the popholes. With the ring of light from his lantern dancing from side to side, he lurched across the barn yard, kicked off his boots at the back door, drew himself a last glass of beer from the barrel in the scullery, and made his way up to bed, where Mrs. Jones was already snoring.

As soon as the light in the bedroom went out there was a stirring and a fluttering all through the farm buildings. Word had gone round during the day that old Major, the prize Middle White boar, had had a strange dream on the previous night and wished to communicate it to the other animals. It had been agreed that they should all meet in the big barn as soon as Mr. Jones was safely out of the way. Old Major (so he was always called, though the name under which he had been exhibited was Willingdon Beauty) was so highly regarded on the farm that everyone was quite ready to lose an hour's sleep in order to hear what he had to say.

At one end of the big barn, on a sort of raised platform, Major was already ensconced on his bed of straw, under a lantern which hung from a beam. He was twelve years old and had lately grown rather stout, but he was still a majestic-looking pig, with a wise and benevolent appearance in spite of the fact that his tushes had never been cut. Before long the other animals began to arrive and make themselves comfortable after their different fashions. First came the three dogs, Bluebell, Jessie, and Pincher, and then the pigs, who settled down in the straw immediately in front of the platform. The hens perched themselves on the window-sills, the pigeons fluttered up to the rafters, the sheep and cows lay down behind the pigs and began to chew the cud. The two cart-horses, Boxer and Clover, came in together, walking very slowly and setting down their vast hairy hoofs with great care lest there should be some small animal concealed in the straw. Clover was

a stout motherly mare approaching middle life, who had never quite
got her figure back after her fourth foal. Boxer was an enormous beast,
nearly eighteen hands high, and as strong as any two ordinary horses
put together. A white stripe down his nose gave him a somewhat stupid
appearance, and in fact he was not of first-rate intelligence, but he was
universally respected for his steadiness of character and tremendous
powers of work.

SCENE 2

After the horses came Muriel, the white goat, and Benjamin, the
donkey. Benjamin was the oldest animal on the farm, and the worst
tempered. He seldom talked, and when he did, it was usually to make
some cynical remark-for instance, he would say that God had given
him a tail to keep the flies off, but that he would sooner have had no tail
and no flies. Alone among the animals on the farm he never laughed. If
asked why, he would say that he saw nothing to laugh at. Nevertheless,
without openly admitting it, he was devoted to Boxer; the two of them
usually spent their Sundays together in the small paddock beyond the
orchard, grazing side by side and never speaking.

The two horses had just lain down when a brood of ducklings,
which had lost their mother, filed into the barn, cheeping feebly and
wandering from side to side to find some place where they would not
be trodden on. Clover made a sort of wall round them with her great
foreleg, and the ducklings nestled down inside it and promptly fell
asleep. At the last moment Mollie, the foolish, pretty white mare who
drew Mr. Jones's trap, came mincing daintily in, chewing at a lump
of sugar. She took a place near the front and began flirting her white
mane, hoping to draw attention to the red ribbons it was plaited with.
Last of all came the cat, who looked round, as usual, for the warmest
place, and finally squeezed herself in between Boxer and Clover; there
she purred contentedly throughout Major's speech without listening to
a word of what he was saying.

All the animals were now present except Moses, the tame raven, who slept on a perch behind the back door. When Major saw that they had all made themselves comfortable and were waiting attentively, he cleared his throat and began: "Comrades, you have heard already about the strange dream that I had last night. But I will come to the dream later. I have something else to say first. I do not think, comrades, that I shall be with you for many months longer, and before I die, I feel it my duty to pass on to you such wisdom as I have acquired. I have had a long life, I have had much time for thought as I lay alone in my stall, and I think I may say that I understand the nature of life on this earth as well as any animal now living. It is about this that I wish to speak to you.

"Now, comrades, what is the nature of this life of ours? Let us face it: our lives are miserable, laborious, and short. We are born, we are given just so much food as will keep the breath in our bodies, and those of us who are capable of it are forced to work to the last atom of our strength; and the very instant that our usefulness has come to an end we are slaughtered with hideous cruelty. No animal in England knows the meaning of happiness or leisure after he is a year old. No animal in England is free. The life of an animal is misery and slavery: that is the plain truth.

SCENE 3

"But is this simply part of the order of nature? Is it because this land of ours is so poor that it cannot afford a decent life to those who dwell upon it? No, comrades, a thousand times no! The soil of England is fertile, its climate is good, it is capable of affording food in abundance to an enormously greater number of animals than now inhabit it. This single farm of ours would support a dozen horses, twenty cows, hundreds of sheep-and all of them living in a comfort and a dignity that are now almost beyond our imagining. Why then do we continue in this miserable condition? Because nearly the whole of the produce of our labor is stolen from us by human beings. There, comrades, is the answer to all our problems. It is summed up in a single word-Man. Man is the only real enemy we have. Remove Man from the scene, and the root cause of hunger and overwork is abolished for ever.

"Man is the only creature that consumes without producing. He does
not give milk, he does not lay eggs, he is too weak to pull the plough, he
cannot run fast enough to catch rabbits. Yet he is lord of all the animals.
He sets them to work, he gives back to them the bare minimum that
will prevent them from starving, and the rest he keeps for himself. Our
labor tills the soil, our dung fertilizes it, and yet there is not one of us
that owns more than his bare skin. You cows that I see before me, how
many thousands of gallons of milk have you given during this last year?
And what has happened to that milk which should have been breeding
up sturdy calves? Every drop of it has gone down the throats of our
enemies. And you hens, how many eggs have you laid in this last year,
and how many of those eggs ever hatched into chickens? The rest have
all gone to market to bring in money for Jones and his men. And you,
Clover, where are those four foals you bore, who should have been the
support and pleasure of your old age? Each was sold at a year old-you
will never see one of them again. In return for your four confinements
and all your labor in the fields, what have you ever had except your bare
rations and a stall?

SCENE 4

"And even the miserable lives we lead are not allowed to reach their
natural span. For myself I do not grumble, for I am one of the lucky
ones. I am twelve years old and have had over four hundred children.
Such is the natural life of a pig. But no animal escapes the cruel knife
in the end. You young porkers who are sitting in front of me, every one
of you will scream your lives out at the block within a year. To that
horror we all must come-cows, pigs, hens, sheep, everyone. Even the
horses and the dogs have no better fate. You, Boxer, the very day that
those great muscles of yours lose their power, Jones will sell you to the
knacker, who will cut your throat and boil you down for the foxhounds.
As for the dogs, when they grow old and toothless, Jones ties a brick
round their necks and drowns them in the nearest pond."

"Is it not crystal clear, then, comrades, that all the evils of this life of ours spring from the tyranny of human beings? Only get rid of Man, and the produce of our labor would be our own. Almost overnight we could become rich and free. What then must we do? Why, work night and day, body and soul, for the overthrow of the human race! That is my message to you, comrades: Rebellion! I do not know when that Rebellion will come, it might be in a week or in a hundred years, but I know, as surely as I see this straw beneath my feet, that sooner or later justice will be done. Fix your eyes on that, comrades, throughout the short remainder of your lives! And above all, pass on this message of mine to those who come after you, so that future generations shall carry on the struggle until it is victorious.

"And remember, comrades, your resolution must never falter. No argument must lead you astray. Never listen when they tell you that Man and the animals have a common interest, that the prosperity of the one is the prosperity of the others. It is all lies. Man serves the interests of no creature except himself. And among us animals let there be perfect unity, perfect comradeship in the struggle. All men are enemies. All animals are comrades."

At this moment there was a tremendous uproar. While Major was speaking four large rats had crept out of their holes and were sitting on their hindquarters, listening to him. The dogs had suddenly caught sight of them, and it was only by a swift dash for their holes that the rats saved their lives. Major raised his trotter for silence.

SCENE 5

"Comrades," he said, "here is a point that must be settled. The wild creatures, such as rats and rabbits-are they our friends or our enemies? Let us put it to the vote. I propose this question to the meeting: Are rats comrades?"

The vote was taken at once, and it was agreed by an overwhelming majority that rats were comrades. There were only four dissentients, the three dogs and the cat, who was afterwards discovered to have voted on both sides. Major continued:

"I have little more to say. I merely repeat, remember always your duty of enmity towards Man and all his ways. Whatever goes upon two legs is an enemy. Whatever goes upon four legs, or has wings, is a friend. And remember also that in fighting against Man, we must not come to resemble him. Even when you have conquered him, do not adopt his vices. No animal must ever live in a house, or sleep in a bed, or wear clothes, or drink alcohol, or smoke tobacco, or touch money, or engage in trade. All the habits of Man are evil. And, above all, no animal must ever tyrannise over his own kind. Weak or strong, clever or simple, we are all brothers. No animal must ever kill any other animal. All animals are equal.

"And now, comrades, I will tell you about my dream of last night. I cannot describe that dream to you. It was a dream of the earth as it will be when Man has vanished. But it reminded me of something that I had long forgotten. Many years ago, when I was a little pig, my mother and the other sows used to sing an old song of which they knew only the tune and the first three words. I had known that tune in my infancy, but it had long since passed out of my mind. Last night, however, it came back to me in my dream. And what is more, the words of the song also came back-words, I am certain, which were sung by the animals of long ago and have been lost to memory for generations. I will sing you that song now, comrades. I am old and my voice is hoarse, but when I have taught you the tune, you can sing it better for yourselves. It is called 'Beasts of England'."

Old Major cleared his throat and began to sing. As he had said, his voice was hoarse, but he sang well enough, and it was a stirring tune, something between Clementine and La Cucaracha.

SCENE 6

The words ran:
'Beasts of England', beasts of Ireland,

Beasts of every land and clime,
Hearken to my joyful tidings
Of the golden future time.

Soon or late the day is coming,
Tyrant Man shall be o'erthrown(overthrown),
And the fruitful fields of England
Shall be trod by beasts alone.

Rings shall vanish from our noses,
And the harness from our back,
Bit and spur shall rust forever,
Cruel whips no more shall crack.

Riches more than mind can picture,
Wheat and barley, oats and hay,
Clover, beans, and mangel-wurzels
Shall be ours upon that day.

Bright will shine the fields of England,
Purer shall its waters be,
Sweeter yet shall blow its breezes
On the day that sets us free.

For that day we all must labor,
Though we die before it break;
Cows and horses, geese and turkeys,
All must toil for freedom's sake.

Beasts of England, beasts of Ireland,
Beasts of every land and clime,
Hearken well and spread my tidings
Of the golden future time.

The singing of this song threw the animals into the wildest excitement.
Almost before Major had reached the end, they had begun singing it for

themselves. Even the stupidest of them had already picked up the tune
and a few of the words, and as for the clever ones, such as the pigs and
dogs, they had the entire song by heart within a few minutes. And then,
after a few preliminary tries, the whole farm burst out into 'Beasts of
England' in tremendous unison. The cows lowed it, the dogs whined
it, the sheep bleated it, the horses whinnied it, the ducks quacked it.
They were so delighted with the song that they sang it right through
five times in succession, and might have continued singing it all night if
they had not been interrupted.

Unfortunately, the uproar awoke Mr. Jones, who sprang out of bed,
making sure that there was a fox in the yard. He seized the gun which
always stood in a corner of his bedroom, and let fly a charge of number
6 shot into the darkness. The pellets buried themselves in the wall
of the barn and the meeting broke up hurriedly. Everyone fled to his
own sleeping-place. The birds jumped on to their perches, the animals
settled down in the straw, and the whole farm was asleep in a moment.

Chapter 2

SCENE 1

Three nights later old Major died peacefully in his sleep. His body was
buried at the foot of the orchard.

This was early in March. During the next three months there was much
secret activity. Major's speech had given to the more intelligent animals
on the farm a completely new outlook on life. They did not know when
the
Rebellion predicted by Major would take place, they had no reason
for thinking that it would be within their own lifetime, but they saw
clearly that it was their duty to prepare for it. The work of teaching and
organizing the others fell naturally upon the pigs, who were generally
recognised as being the cleverest of the animals. Pre-eminent among
the pigs were two young boars named Snowball and Napoleon, whom

Mr. Jones was breeding up for sale. Napoleon was a large, rather fierce-looking Berkshire boar, the only Berkshire on the farm, not much of a talker, but with a reputation for getting his own way. Snowball was a more vivacious pig than Napoleon, quicker in speech and more inventive, but was not considered to have the same depth of character. All the other male pigs on the farm were porkers. The best known among them was a small fat pig named Squealer, with very round cheeks, twinkling eyes, nimble movements, and a shrill voice. He was a brilliant talker, and when he was arguing some difficult point he had a way of skipping from side to side and whisking his tail, which was somehow very persuasive. The others said of Squealer that he could turn black into white.

These three had elaborated old Major's teachings into a complete system of thought, to which they gave the name of Animalism. Several nights a week, after Mr. Jones was asleep, they held secret meetings in the barn and expounded the principles of Animalism to the others. At the beginning they met with much stupidity and apathy. Some of the animals talked of the duty of loyalty to Mr. Jones, whom they referred to as "Master," or made elementary remarks such as "Mr. Jones feeds us. If he were gone, we should starve to death." Others asked such questions as "Why should we care what happens after we are dead?" or "If this Rebellion is to happen anyway, what difference does it make whether we work for it or not?", and the pigs had great difficulty in making them see that this was contrary to the spirit of Animalism.

SCENE 2

The stupidest questions of all were asked by Mollie, the white mare. The very first question she asked Snowball was: "Will there still be sugar after the Rebellion?"

"No," said Snowball firmly. "We have no means of making sugar on this farm. Besides, you do not need sugar. You will have all the oats and hay you want."

"And shall I still be allowed to wear ribbons in my mane?" asked Mollie.

"Comrade," said Snowball, "those ribbons that you are so devoted to are the badge of slavery. Can you not understand that liberty is worth more than ribbons?"

Mollie agreed, but she did not sound very convinced.

The pigs had an even harder struggle to counteract the lies put about by Moses, the tame raven. Moses, who was Mr. Jones's especial pet, was a spy and a tale-bearer, but he was also a clever talker. He claimed to know of the existence of a mysterious country called Sugarcandy Mountain, to which all animals went when they died. It was situated somewhere up in the sky, a little distance beyond the clouds, Moses said. In Sugarcandy Mountain it was Sunday seven days a week, clover was in season all the year round, and lump sugar and linseed cake grew on the hedges. The animals hated Moses because he told tales and did no work, but some of them believed in Sugarcandy Mountain, and the pigs had to argue very hard to persuade them that there was no such place.

Their most faithful disciples were the two cart-horses, Boxer and Clover. These two had great difficulty in thinking anything out for themselves, but having once accepted the pigs as their teachers, they absorbed everything that they were told, and passed it on to the other animals by simple arguments. They were unfailing in their attendance at the secret meetings in the barn, and led the singing of 'Beasts of England', with which the meetings always ended.

Now, as it turned out, the Rebellion was achieved much earlier and more easily than anyone had expected. In past years Mr. Jones, although a hard master, had been a capable farmer, but of late he had fallen on evil days. He had become much disheartened after losing money in a lawsuit, and had taken to drinking more than was good for him. For whole days at a time he would lounge in his Windsor chair in the kitchen, reading the newspapers, drinking, and occasionally feeding Moses on crusts of bread soaked in beer. His men were idle and dishonest, the fields were full of weeds, the buildings wanted roofing, the hedges were neglected, and the animals were underfed.

SCENE 3

June came and the hay was almost ready for cutting. On Midsummer's Eve, which was a Saturday, Mr. Jones went into Willingdon and got so drunk at the Red Lion that he did not come back till midday on Sunday. The men had milked the cows in the early morning and then had gone out rabbiting, without bothering to feed the animals. When Mr. Jones got back he immediately went to sleep on the drawing-room sofa with the News of the World over his face, so that when evening came, the animals were still unfed. At last they could stand it no longer. One of the cows broke in the door of the store-shed with her horn and all the animals began to help themselves from the bins. It was just then that Mr. Jones woke up. The next moment he and his four men were in the store-shed with whips in their hands, lashing out in all directions. This was more than the hungry animals could bear. With one accord, though nothing of the kind had been planned beforehand, they flung themselves upon their tormentors. Jones and his men suddenly found themselves being butted and kicked from all sides. The situation was quite out of their control. They had never seen animals behave like this before, and this sudden uprising of creatures whom they were used to thrashing and maltreating just as they chose, frightened them almost out of their wits. After only a moment or two they gave up trying to defend themselves and took to their heels. A minute later all five of them were in full flight down the cart-track that led to the main road, with the animals pursuing them in triumph.

Mrs. Jones looked out of the bedroom window, saw what was happening, hurriedly flung a few possessions into a carpet bag, and slipped out of the farm by another way. Moses sprang off his perch and flapped after her, croaking loudly. Meanwhile the animals had chased Jones and his men out on to the road and slammed the five-barred gate behind them. And so, almost before they knew what was happening, the Rebellion had been successfully carried through: Jones was expelled, and the Manor Farm was theirs.

For the first few minutes the animals could hardly believe in their good fortune. Their first act was to gallop in a body right round the boundaries of the farm, as though to make quite sure that no human being was hiding anywhere upon it; then they raced back to the farm buildings to wipe out the last traces of Jones's hated reign. The harness-room at the end of the stables was broken open; the bits, the nose-rings, the dog-chains, the cruel knives with which Mr. Jones had used to castrate the pigs and lambs, were all flung down the well. The reins, the halters, the blinkers, the degrading nosebags, were thrown on to the rubbish fire which was burning in the yard. So were the whips. All the animals capered with joy when they saw the whips going up in flames. Snowball also threw on to the fire the ribbons with which the horses' manes and tails had usually been decorated on market days.

"Ribbons," he said, "should be considered as clothes, which are the mark of a human being. All animals should go naked."

SCENE 4

When Boxer heard this he fetched the small straw hat which he wore in summer to keep the flies out of his ears, and flung it on to the fire with the rest.

In a very little while the animals had destroyed everything that reminded them of Mr. Jones. Napoleon then led them back to the store-shed and served out a double ration of corn to everybody, with two biscuits for each dog. Then they sang 'Beasts of England' from end to end seven times running, and after that they settled down for the night and slept as they had never slept before.

But they woke at dawn as usual, and suddenly remembering the glorious thing that had happened, they all raced out into the pasture together. A little way down the pasture there was a knoll that commanded a view of most of the farm. The animals rushed to the top of it and gazed round them in the clear morning light. Yes, it was theirs—everything that they could see was theirs! In the ecstasy of that thought they gambolled round and round, they hurled themselves into the air in great leaps of excitement. They rolled in the dew, they cropped mouthfuls of the sweet summer grass, they kicked up clods of the black earth and snuffed its rich scent. Then they made a tour of inspection of the whole farm and surveyed with speechless admiration the ploughland, the hayfield, the orchard, the pool, the spinney. It was as though they had never seen these things before, and even now they could hardly believe that it was all their own.

Then they filed back to the farm buildings and halted in silence outside the door of the farmhouse. That was theirs too, but they were frightened to go inside. After a moment, however, Snowball and Napoleon butted the door open with their shoulders and the animals entered in single file, walking with the utmost care for fear of disturbing anything. They tiptoed from room to room, afraid to speak above a whisper and gazing with a kind of awe at the unbelievable luxury, at the beds with their feather mattresses, the looking-glasses, the horsehair sofa, the Brussels carpet, the lithograph of Queen Victoria over the drawing-room mantelpiece. They were just coming down the stairs when Mollie was discovered to be missing. Going back, the others found that she had remained behind in the best bedroom. She had taken a piece of blue ribbon from Mrs. Jones's dressing-table, and was holding it against her shoulder and admiring herself in the glass in a very foolish manner. The others reproached her sharply, and they went outside. Some hams hanging in the kitchen were taken out for burial, and the barrel of beer in the scullery was stove in with a kick from Boxer's hoof, otherwise nothing in the house was touched. A unanimous resolution was passed on the spot that the farmhouse should be preserved as a museum. All agreed that no animal must ever live there.

The animals had their breakfast, and then Snowball and Napoleon called them together again.

"Comrades," said Snowball, "it is half past six and we have a long day before us. Today we begin the hay harvest. But there is another matter that must be attended to first."

The pigs now revealed that during the past three months they had taught themselves to read and write from an old spelling book which had belonged to Mr. Jones's children and which had been thrown on the rubbish heap. Napoleon sent for pots of black and white paint and led the way down to the five-barred gate that gave on to the main road. Then Snowball (for it was Snowball who was best at writing) took a brush between the two knuckles of his trotter, painted out MANOR FARM from the top bar of the gate and in its place painted ANIMAL FARM. This was to be the name of the farm from now onwards. After this they went back to the farm buildings, where Snowball and Napoleon sent for a ladder, which they caused to be set against the end wall of the big barn. They explained that by their studies of the past three months the pigs had succeeded in reducing the principles of Animalism to Seven Commandments. These Seven Commandments would now be inscribed on the wall; they would form an unalterable law by which all the animals on Animal Farm must live for ever after. With some difficulty (for it is not easy for a pig to balance himself on a ladder) Snowball climbed up and set to work, with Squealer a few rungs below him holding the paint-pot. The Commandments were written on the tarred wall in great white letters that could be read thirty yards away. They ran thus:

THE SEVEN COMMANDMENTS

1. Whatever goes upon two legs is an enemy.
2. Whatever goes upon four legs, or has wings, is a friend.
3. No animal shall wear clothes.

4. No animal shall sleep in a bed.

5. No animal shall drink alcohol.

6. No animal shall kill any other animal.

7. All animals are equal.

It was very neatly written, and except that "friend" was written "freind" and one of the "S's" was the wrong way round, the spelling was correct all the way through. Snowball read it aloud for the benefit of the others. All the animals nodded in complete agreement, and the cleverer ones at once began to learn the Commandments by heart.

"Now, comrades," cried Snowball, throwing down the paint-brush, "to the hayfield! Let us make it a point of honor to get in the harvest more quickly than Jones and his men could do."

But at this moment the three cows, who had seemed uneasy for some time past, set up a loud lowing. They had not been milked for twenty-four hours, and their udders were almost bursting. After a little thought, the pigs sent for buckets and milked the cows fairly successfully, their trotters being well adapted to this task. Soon there were five buckets of frothing creamy milk at which many of the animals looked with considerable interest.

"What is going to happen to all that milk?" said someone.

"Jones used sometimes to mix some of it in our mash," said one of the hens.

"Never mind the milk, comrades!" cried Napoleon, placing himself in front of the buckets. "That will be attended to. The harvest is more important. Comrade Snowball will lead the way. I shall follow in a few minutes. Forward, comrades! The hay is waiting."

So the animals trooped down to the hayfield to begin the harvest, and when they came back in the evening it was noticed that the milk had disappeared.

Chapter 3

SCENE 1

How they toiled and sweated to get the hay in! But their efforts were rewarded, for the harvest was an even bigger success than they had hoped.

Sometimes the work was hard; the implements had been designed for human beings and not for animals, and it was a great drawback that no animal was able to use any tool that involved standing on his hind legs. But the pigs were so clever that they could think of a way round every difficulty. As for the horses, they knew every inch of the field, and in fact understood the business of mowing and raking far better than Jones and his men had ever done. The pigs did not actually work, but directed and supervised the others. With their superior knowledge it was natural that they should assume the leadership. Boxer and Clover would harness themselves to the cutter or the horse-rake (no bits or reins were needed in these days, of course) and tramp steadily round and round the field with a pig walking behind and calling out "Gee up, comrade!" or "Whoa back, comrade!" as the case might be. And every animal down to the humblest worked at turning the hay and gathering it. Even the ducks and hens toiled to and fro all day in the sun, carrying tiny wisps of hay in their beaks. In the end they finished the harvest in two days' less time than it had usually taken Jones and his men. Moreover, it was the biggest harvest that the farm had ever seen. There was no wastage whatever; the hens and ducks with their sharp eyes had gathered up the very last stalk. And not an animal on the farm had stolen so much as a mouthful.

All through that summer the work of the farm went like clockwork. The animals were happy as they had never conceived it possible to be. Every mouthful of food was an acute positive pleasure, now that it was truly their own food, produced by themselves and for themselves, not doled out to them by a grudging master. With the worthless parasitical human beings gone, there was more for everyone to eat. There was more leisure too, inexperienced though the animals were. They met with many difficulties—for instance, later in the year, when they harvested the grain, they had to tread it out in the ancient style and blow away the chaff with their breath, since the farm possessed no threshing machine—but the pigs with their cleverness and Boxer with his tremendous muscles always pulled them through. Boxer was the admiration of everybody. He had been a hard worker even in Jones's time, but now he seemed more like three horses than one; there were days when the entire work of the farm seemed to rest on his mighty shoulders. From morning to night he was pushing and pulling, always at the spot where the work was hardest. He had made an arrangement with one of the cockerels to call him in the mornings half an hour earlier than anyone else, and would put in some volunteer labor at whatever seemed to be most needed, before the regular day's work began. His answer to every problem, every setback, was "I will work harder!"—which he had adopted as his personal motto.

SCENE 2

But everyone worked according to his capacity. The hens and ducks, for instance, saved five bushels of corn at the harvest by gathering up the stray grains. Nobody stole, nobody grumbled over his rations, the quarrelling and biting and jealousy which had been normal features of life in the old days had almost disappeared. Nobody shirked—or almost nobody. Mollie, it was true, was not good at getting up in the mornings, and had a way of leaving work early on the ground that there was a stone in her hoof. And the behaviour of the cat was somewhat peculiar. It was soon noticed that when there was work to be done the cat could never be found. She would vanish for hours on end, and then reappear at meal-times, or in the evening after work was over, as though nothing had happened. But she always made such excellent excuses, and purred so affectionately, that it was impossible not to believe in her good intentions. Old Benjamin, the donkey, seemed quite unchanged since the Rebellion. He did his work in the same slow obstinate way as he had done it in Jones's time, never shirking and never volunteering for extra work either. About the Rebellion and its results he would express no opinion. When asked whether he was not happier now that Jones was gone, he would say only "Donkeys live a long time. None of you has ever seen a dead donkey," and the others had to be content with this cryptic answer.

On Sundays there was no work. Breakfast was an hour later than usual, and after breakfast there was a ceremony which was observed every week without fail. First came the hoisting of the flag. Snowball had found in the harness-room an old green tablecloth of Mrs. Jones's and had painted on it a hoof and a horn in white. This was run up the flagstaff in the farmhouse garden every Sunday morning. The flag was green, Snowball explained, to represent the green fields of England, while the hoof and horn signified the future Republic of the Animals which would arise when the human race had been finally overthrown. After the hoisting of the flag all the animals trooped into the big barn for a general assembly which was known as the Meeting. Here the work of the coming week was planned out and resolutions were put forward and debated. It was always the pigs who put forward the resolutions. The other animals understood how to vote, but could never think of any resolutions of their own. Snowball and Napoleon were by far the most active in the debates. But it was noticed that these two were never in agreement: whatever suggestion either of them made, the other could be counted on to oppose it. Even when it was resolved—a thing no one could object to in itself—to set aside the small paddock behind the orchard as a home of rest for animals who were past work, there was a stormy debate over the correct retiring age for each class of animal. The Meeting always ended with the singing of 'Beasts of England', and the afternoon was given up to recreation.

SCENE 3

The pigs had set aside the harness-room as a headquarters for themselves. Here, in the evenings, they studied blacksmithing, carpentering, and other necessary arts from books which they had brought out of the farmhouse. Snowball also busied himself with organizing the other animals into what he called Animal Committees.

He was indefatigable at this. He formed the Egg Production Committee for the hens, the Clean Tails League for the cows, the Wild Comrades' Re-education Committee (the object of this was to tame the rats and rabbits), the Whiter Wool Movement for the sheep, and various others, besides instituting classes in reading and writing. On the whole, these projects were a failure. The attempt to tame the wild creatures, for instance, broke down almost immediately. They continued to behave very much as before, and when treated with generosity, simply took advantage of it. The cat joined the Re-education Committee and was very active in it for some days. She was seen one day sitting on a roof and talking to some sparrows who were just out of her reach. She was telling them that all animals were now comrades and that any sparrow who chose could come and perch on her paw; but the sparrows kept their distance.

The reading and writing classes, however, were a great success. By the autumn almost every animal on the farm was literate in some degree.

As for the pigs, they could already read and write perfectly. The dogs learned to read fairly well, but were not interested in reading anything except the Seven Commandments. Muriel, the goat, could read somewhat better than the dogs, and sometimes used to read to the others in the evenings from scraps of newspaper which she found on the rubbish heap. Benjamin could read as well as any pig, but never exercised his faculty. So far as he knew, he said, there was nothing worth reading. Clover learned the whole alphabet, but could not put words together. Boxer could not get beyond the letter D. He would trace out A, B, C, D, in the dust with his great hoof, and then would stand staring at the letters with his ears back, sometimes shaking his forelock, trying with all his might to remember what came next and never succeeding. On several occasions, indeed, he did learn E, F, G, H, but by the time he knew them, it was always discovered that he had forgotten A, B, C, and D. Finally he decided to be content with the first four letters, and used to write them out once or twice every day to refresh his memory. Mollie refused to learn any but the six letters which spelled her own name. She would form these very neatly out of pieces of twig, and would then decorate them with a flower or two and walk round them admiring them.

SCENE 4

None of the other animals on the farm could get further than the letter A. It was also found that the stupider animals, such as the sheep, hens, and ducks, were unable to learn the Seven Commandments by heart. After much thought Snowball declared that the Seven Commandments could in effect be reduced to a single maxim, namely: "Four legs good, two legs bad." This, he said, contained the essential principle of Animalism. Whoever had thoroughly grasped it would be safe from human influences. The birds at first objected, since it seemed to them that they also had two legs, but Snowball proved to them that this was not so.

"A bird's wing, comrades," he said, "is an organ of propulsion and not of manipulation. It should therefore be regarded as a leg. The distinguishing mark of man is the HAND, the instrument with which he does all his mischief."

The birds did not understand Snowball's long words, but they accepted his explanation, and all the humbler animals set to work to learn the new maxim by heart. FOUR LEGS GOOD, TWO LEGS BAD, was inscribed on the end wall of the barn, above the Seven Commandments and in bigger letters. When they had once got it by heart, the sheep developed a great liking for this maxim, and often as they lay in the field they would all start bleating "Four legs good, two legs bad! Four legs good, two legs bad!" and keep it up for hours on end, never growing tired of it.

Napoleon took no interest in Snowball's committees. He said that the education of the young was more important than anything that could be done for those who were already grown up. It happened that Jessie and Bluebell had both whelped soon after the hay harvest, giving birth between them to nine sturdy puppies. As soon as they were weaned,

Napoleon took them away from their mothers, saying that he would make himself responsible for their education. He took them up into a loft which could only be reached by a ladder from the harness-room, and there kept them in such seclusion that the rest of the farm soon forgot their existence.

The mystery of where the milk went to was soon cleared up. It was mixed every day into the pigs' mash. The early apples were now ripening, and the grass of the orchard was littered with windfalls. The animals had assumed as a matter of course that these would be shared out equally; one day, however, the order went forth that all the windfalls were to be collected and brought to the harness-room for the use of the pigs. At this some of the other animals murmured, but it was no use. All the pigs were in full agreement on this point, even Snowball and Napoleon. Squealer was sent to make the necessary explanations to the others.

SCENE 5

"Comrades!" he cried. "You do not imagine, I hope, that we pigs are doing this in a spirit of selfishness and privilege? Many of us actually dislike milk and apples. I dislike them myself. Our sole object in taking these things is to preserve our health. Milk and apples (this has been proved by Science, comrades) contain substances absolutely necessary to the well-being of a pig. We pigs are brainworkers. The whole management and organization of this farm depend on us. Day and night we are watching over your welfare. It is for YOUR sake that we drink that milk and eat those apples. Do you know what would happen if we pigs failed in our duty? Jones would come back! Yes, Jones would come back! Surely, comrades," cried Squealer almost pleadingly, skipping from side to side and whisking his tail, "surely there is no one among you who wants to see Jones come back?"

Now if there was one thing that the animals were completely certain of, it was that they did not want Jones back. When it was put to them in this light, they had no more to say. The importance of keeping the pigs in good health was all too obvious. So it was agreed without further argument that the milk and the windfall apples (and also the main crop of apples when they ripened) should be reserved for the pigs alone.

Chapter 4

SCENE 1

By the late summer the news of what had happened on Animal Farm had spread across half the county. Every day Snowball and Napoleon sent out flights of pigeons whose instructions were to mingle with the animals on neighbouring farms, tell them the story of the Rebellion, and teach them the tune of 'Beasts of England'.

Most of this time Mr. Jones had spent sitting in the taproom of the Red Lion at Willingdon, complaining to anyone who would listen of the monstrous injustice he had suffered in being turned out of his property by a pack of good-for-nothing animals. The other farmers sympathized in principle, but they did not at first give him much help. At heart, each of them was secretly wondering whether he could not somehow turn Jones's misfortune to his own advantage. It was lucky that the owners of the two farms which adjoined Animal Farm were on permanently bad terms. One of them, which was named Foxwood, was a large, neglected, old-fashioned farm, much overgrown by woodland, with all its pastures worn out and its hedges in a disgraceful condition. Its owner, Mr. Pilkington, was an easy-going gentleman farmer who spent most of his time in fishing or hunting according to the season. The other farm, which was called Pinchfield, was smaller and better kept. Its owner was a Mr. Frederick, a tough, shrewd man, perpetually involved in lawsuits and with a name for driving hard bargains. These two disliked each other so much that it was difficult for them to come to any agreement, even in defense of their own interests.

Nevertheless, they were both thoroughly frightened by the rebellion on Animal Farm, and very anxious to prevent their own animals from

learning too much about it. At first they pretended to laugh to scorn
the idea of animals managing a farm for themselves. The whole thing
would be over in a fortnight, they said. They put it about that the
animals on the Manor Farm (they insisted on calling it the Manor Farm;
they would not tolerate the name "Animal Farm") were perpetually
fighting among themselves and were also rapidly starving to death.
When time passed and the animals had evidently not starved to death,
Frederick and Pilkington changed their tune and began to talk of the
terrible wickedness that now flourished on Animal Farm. It was given
out that the animals there practiced cannibalism, tortured one another
with red-hot horseshoes, and had their females in common. This was
what came of rebelling against the laws of Nature, Frederick and
Pilkington said.

However, these stories were never fully believed. Rumors of a
wonderful farm, where the human beings had been turned out and the
animals managed their own affairs, continued to circulate in vague
and distorted forms, and throughout that year a wave of rebelliousness
ran through the countryside. Bulls which had always been tractable
suddenly turned savage, sheep broke down hedges and devoured garden
vegetables, cows kicked the pail over, hunting horses refused their
fences and shot their riders on to the other side. Above all, the tune and
even the words of 'Beasts of England' were known everywhere. It had
spread with astonishing speed.

SCENE 2

The human beings could not contain their rage when they heard this
song, though they pretended to think it merely ridiculous. They could
not understand, they said, how even animals could bring themselves
to sing such contemptible rubbish. Any animal caught singing it was
given a flogging on the spot. And yet the song was irrepressible. The
blackbirds whistled it in the hedges, the pigeons cooed it in the elms,
it got into the din of the smithies and the tune of the church bells. And
when the human beings listened to it, they secretly trembled, hearing in
it a prophecy of their future doom.

Early in October, when the corn was cut and stacked and some of it was already threshed, a flight of pigeons came whirling through the air and alighted in the yard of Animal Farm in the wildest excitement. Jones and all his men, with half a dozen others from Foxwood and Pinchfield, had entered the five-barred gate and were coming up the cart-track that led to the farm. They were all carrying sticks, except Jones, who was marching ahead with a gun in his hands. Obviously they were going to attempt the recapture of the farm.

This had long been expected, and all preparations had been made. Snowball, who had studied an old book of Julius Caesar's campaigns which he had found in the farmhouse, was in charge of the defensive operations. He gave his orders quickly, and in a couple of minutes every animal was at his post.

As the human beings approached the farm buildings, Snowball launched his first attack. All the pigeons, to the number of thirty-five, flew to and fro over the men's heads and muted upon them from mid-air; and while the men were dealing with this, the geese, who had been hiding behind the hedge, rushed out and pecked viciously at the calves of their legs. However, this was only a light skirmishing maneuver, intended to create a little disorder, and the men easily drove the geese off with their sticks. Snowball now launched his second line of attack. Muriel, Benjamin, and all the sheep, with Snowball at the head of them, rushed forward and prodded and butted the men from every side, while Benjamin turned around and lashed at them with his small hoofs. But once again the men, with their sticks and their hobnailed boots, were too strong for them; and suddenly, at a squeal from Snowball, which was the signal for retreat, all the animals turned and fled through the gateway into the yard.

The men gave a shout of triumph. They saw, as they imagined, their enemies in flight, and they rushed after them in disorder. This was just what Snowball had intended. As soon as they were well inside the yard, the three horses, the three cows, and the rest of the pigs, who had been lying in ambush in the cowshed, suddenly emerged in their rear, cutting

them off. Snowball now gave the signal for the charge. He himself
dashed straight for Jones. Jones saw him coming, raised his gun and
fired. The pellets scored bloody streaks along Snowball's back, and a
sheep dropped dead. Without halting for an instant, Snowball flung his
fifteen stone against Jones's legs. Jones was hurled into a pile of dung
and his gun flew out of his hands.

SCENE 3

But the most terrifying spectacle of all was Boxer, rearing up on his
hind legs and striking out with his great iron-shod hoofs like a stallion.
His very first blow took a stable-man from Foxwood on the skull and
stretched him lifeless in the mud. At the sight, several men dropped
their sticks and tried to run. Panic overtook them, and the next moment
all the animals together were chasing them round and round the yard.
They were gored, kicked, bitten, trampled on. There was not an animal
on the farm that did not take vengeance on them after his own fashion.
Even the cat suddenly leapt off a roof onto a cowman's shoulders and
sank her claws in his neck, at which he yelled horribly. At a moment
when the opening was clear, the men were glad enough to rush out of
the yard and make a bolt for the main road. And so within five minutes
of their invasion they were in ignominious retreat by the same way as
they had come, with a flock of geese hissing after them and pecking at
their calves all the way.

All the men were gone except one. Back in the yard Boxer was pawing
with his hoof at the stable-man who lay face down in the mud, trying to
turn him over. The boy did not stir.

"He is dead," said Boxer sorrowfully. "I had no intention of doing that.
I forgot that I was wearing iron shoes. Who will believe that I did not
do this on purpose?"

"No sentimentality, comrade!" cried Snowball from whose wounds the
blood was still dripping. "War is war. The only good human being is a
dead one."

"I have no wish to take life, not even human life," repeated Boxer, and his eyes were full of tears.

"Where is Mollie?" exclaimed somebody.

Mollie in fact was missing. For a moment there was great alarm; it was feared that the men might have harmed her in some way, or even carried her off with them. In the end, however, she was found hiding in her stall with her head buried among the hay in the manger. She had taken to flight as soon as the gun went off. And when the others came back from looking for her, it was to find that the stable-man, who in fact was only stunned, had already recovered and made off.

SCENE 4

The animals had now reassembled in the wildest excitement, each recounting his own exploits in the battle at the top of his voice. An impromptu celebration of the victory was held immediately. The flag was run up and 'Beasts of England' was sung a number of times, then the sheep who had been killed was given a solemn funeral, a hawthorn bush being planted on her grave. At the graveside Snowball made a little speech, emphasizing the need for all animals to be ready to die for Animal Farm if need be.

The animals decided unanimously to create a military decoration, "Animal Hero, First Class," which was conferred there and then on Snowball and Boxer. It consisted of a brass medal (they were really some old horse-brasses which had been found in the harness-room), to be worn on Sundays and holidays. There was also "Animal Hero, Second Class," which was conferred posthumously on the dead sheep.

There was much discussion as to what the battle should be called. In the end, it was named the Battle of the Cowshed, since that was where they had ambushed Mr. Jones and his men. Mr. Jones's gun had been found lying in the mud, and it was known that there was a supply of cartridges in the farmhouse. It was decided to set the gun up at the foot of the

Flagstaff, like a piece of artillery, and to fire it twice a year—once on October the twelfth, the anniversary of the Battle of the Cowshed, and once on Midsummer Day, the anniversary of the Rebellion.

Chapter 5

SCENE 1

As winter drew on, Mollie became more and more troublesome. She was late for work every morning and excused herself by saying that she had overslept, and she complained of mysterious pains, although her appetite was excellent. On every kind of pretext she would run away from work and go to the drinking pool, where she would stand foolishly gazing at her own reflection in the water. But there were also rumors of something more serious. One day, as Mollie strolled blithely into the yard, flirting her long tail and chewing at a stalk of hay, Clover took her aside.

"Mollie," she said, "I have something very serious to say to you. This morning I saw you looking over the hedge that divides Animal Farm from Foxwood. One of Mr. Pilkington's men was standing on the other side of the hedge. And—I was a long way away, but I am almost certain I saw this—he was talking to you and you were allowing him to stroke your nose. What does that mean, Mollie?"

"He didn't! I wasn't! It isn't true!" cried Mollie, beginning to prance about and paw the ground.

"Mollie! Look me in the face. Do you give me your word of honor that that man was not stroking your nose?"

"It isn't true!" repeated Mollie, but she could not look Clover in the face, and the next moment she took to her heels and galloped away into the field.

A thought struck Clover. Without saying anything to the others, she went to Mollie's stall and turned over the straw with her hoof. Hidden under the straw was a little pile of lump sugar and several bunches of ribbon of different colours.

Three days later Mollie disappeared. For some weeks nothing was known of her whereabouts, then the pigeons reported that they had seen her on the other side of Willingdon. She was between the shafts of a smart dogcart painted red and black, which was standing outside a public-house. A fat red-faced man in check breeches and gaiters, who looked like a publican, was stroking her nose and feeding her with sugar. Her coat was newly clipped and she wore a scarlet ribbon round her forelock. She appeared to be enjoying herself, so the pigeons said. None of the animals ever mentioned Mollie again.

In January there came bitterly hard weather. The earth was like iron, and nothing could be done in the fields. Many meetings were held in the big barn, and the pigs occupied themselves with planning out the work of the coming season. It had come to be accepted that the pigs, who were manifestly cleverer than the other animals, should decide all questions of farm policy, though their decisions had to be ratified by a majority vote.

SCENE 2

This arrangement would have worked well enough if it had not been for the disputes between Snowball and Napoleon. These two disagreed at every point where disagreement was possible. If one of them suggested sowing a bigger acreage with barley, the other was certain to demand a bigger acreage of oats, and if one of them said that such and such a field was just right for cabbages, the other would declare that it was useless for anything except roots. Each had his own following, and there were some violent debates. At the Meetings Snowball often won over the majority by his brilliant speeches, but Napoleon was better at canvassing support for himself in between times. He was especially successful with the sheep. Of late the sheep had taken to bleating

"Four legs good, two legs bad" both in and out of season, and they
often interrupted the Meeting with this. It was noticed that they were
especially liable to break into "Four legs good, two legs bad" at crucial
moments in Snowball's speeches. Snowball had made a close study
of some back numbers of the 'Farmer and Stockbreeder' which he
had found in the farmhouse, and was full of plans for innovations and
improvements. He talked learnedly about field drains, silage, and basic
slag, and had worked out a complicated scheme for all the animals to
drop their dung directly in the fields, at a different spot every day, to
save the labor of cartage. Napoleon produced no schemes of his own,
but said quietly that Snowball's would come to nothing, and seemed to
be bidding his time. But of all their controversies, none was so bitter as
the one that took place over the windmill.

In the long pasture, not far from the farm buildings, there was a small
knoll which was the highest point on the farm. After surveying the
ground, Snowball declared that this was just the place for a windmill,
which could be made to operate a dynamo and supply the farm with
electrical power. This would light the stalls and warm them in winter,
and would also run a circular saw, a chaff-cutter, a mangel-slicer, and
an electric milking machine. The animals had never heard of anything
of this kind before (for the farm was an old-fashioned one and had only
the most primitive machinery), and they listened in astonishment while
Snowball conjured up pictures of fantastic machines which would
do their work for them while they grazed at their ease in the fields or
improved their minds with reading and conversation.

SCENE 3

Within a few weeks Snowball's plans for the windmill were fully
worked out. The mechanical details came mostly from three books
which had belonged to Mr. Jones—'One Thousand Useful Things to Do
About the House', 'Every Man His Own Bricklayer', and 'Electricity
for Beginners'. Snowball used as his study a shed which had once
been used for incubators and had a smooth wooden floor, suitable for
drawing on. He was closeted there for hours at a time. With his books

held open by a stone, and with a piece of chalk gripped between the knuckles of his trotter, he would move rapidly to and fro, drawing in line after line and uttering little whimpers of excitement. Gradually the plans grew into a complicated mass of cranks and cog-wheels, covering more than half the floor, which the other animals found completely unintelligible but very impressive. All of them came to look at Snowball's drawings at least once a day. Even the hens and ducks came, and were at pains not to tread on the chalk marks. Only Napoleon held aloof. He had declared himself against the windmill from the start. One day, however, he arrived unexpectedly to examine the plans. He walked heavily round the shed, looked closely at every detail of the plans and snuffed at them once or twice, then stood for a little while contemplating them out of the corner of his eye; then suddenly he lifted his leg, urinated over the plans, and walked out without uttering a word.

The whole farm was deeply divided on the subject of the windmill. Snowball did not deny that to build it would be a difficult business. Stone would have to be carried and built up into walls, then the sails would have to be made and after that there would be need for dynamos and cables. (How these were to be procured, Snowball did not say.) But he maintained that it could all be done in a year. And thereafter, he declared, so much labor would be saved that the animals would only need to work three days a week. Napoleon, on the other hand, argued that the great need of the moment was to increase food production, and that if they wasted time on the windmill they would all starve to death. The animals formed themselves into two factions under the slogan, "Vote for Snowball and the three-day week" and "Vote for Napoleon and the full manger." Benjamin was the only animal who did not side with either faction. He refused to believe either that food would become more plentiful or that the windmill would save work. Windmill or no windmill, he said, life would go on as it had always gone on—that is, badly.

SCENE 4

Apart from the disputes over the windmill, there was the question of the defense of the farm. It was fully realized that though the human beings had been defeated in the Battle of the Cowshed they might make another and more determined attempt to recapture the farm and reinstate Mr. Jones. They had all the more reason for doing so because the news of their defeat had spread across the countryside and made the animals on the neighbouring farms more restive than ever. As usual, Snowball and Napoleon were in disagreement. According to Napoleon, what the animals must do was to procure firearms and train themselves in the use of them. According to Snowball, they must send out more and more pigeons and stir up rebellion among the animals on the other farms. The one argued that if they could not defend themselves they were bound to be conquered, the other argued that if rebellions happened everywhere they would have no need to defend themselves. The animals listened first to Napoleon, then to Snowball, and could not make up their minds which was right; indeed, they always found themselves in agreement with the one who was speaking at the moment.

At last the day came when Snowball's plans were completed. At the Meeting on the following Sunday the question of whether or not to begin work on the windmill was to be put to the vote. When the animals had assembled in the big barn, Snowball stood up and, though occasionally interrupted by bleating from the sheep, set forth his reasons for advocating the building of the windmill. Then Napoleon stood up to reply. He said very quietly that the windmill was nonsense and that he advised nobody to vote for it, and promptly sat down again; he had spoken for barely thirty seconds, and seemed almost indifferent as to the effect he produced. At this Snowball sprang to his feet, and shouting down the sheep, who had begun bleating again, broke into a passionate appeal in favor of the windmill. Until now the animals had been about equally divided in their sympathies, but in a moment Snowball's eloquence had carried them away. In glowing sentences he painted a picture of Animal Farm as it might be when sordid labor was lifted from the animals' backs. His imagination had now run far beyond chaff-cutters and turnip-slicers. Electricity, he said, could operate threshing machines, ploughs, harrows, rollers, and reapers and binders, besides supplying every stall with its own electric light, hot and cold water, and an electric heater. By the time he had finished speaking, there was no doubt as to which way the vote would go. But just at this moment Napoleon stood up and, casting a peculiar sidelong look at Snowball, uttered a high-pitched whimper of a kind no one had ever heard him utter before.

At this there was a terrible baying sound outside, and nine enormous dogs wearing brass-studded collars came bounding into the barn. They dashed straight for Snowball, who only sprang from his place just in time to escape their snapping jaws. In a moment he was out of the door and they were after him. Too amazed and frightened to speak, all the animals crowded through the door to watch the chase.

SCENE 5

Snowball was racing across the long pasture that led to the road. He was running as only a pig can run, but the dogs were close on his heels. Suddenly he slipped and it seemed certain that they had him. Then he was up again, running faster than ever, then the dogs were gaining on him again. One of them all but closed his jaws on Snowball's tail, but Snowball whisked it free just in time. Then he put on an extra spurt and, with a few inches to spare, slipped through a hole in the hedge and was seen no more.

Silent and terrified, the animals crept back into the barn. In a moment the dogs came bounding back. At first no one had been able to imagine where these creatures came from, but the problem was soon solved: they were the puppies whom Napoleon had taken away from their mothers and reared privately. Though not yet full-grown, they were huge dogs, and as fierce-looking as wolves. They kept close to Napoleon. It was noticed that they wagged their tails to him in the same way as the other dogs had been used to do to Mr. Jones.

Napoleon, with the dogs following him, now mounted on to the raised portion of the floor where Major had previously stood to deliver his speech. He announced that from now on the Sunday-morning Meetings would come to an end. They were unnecessary, he said, and wasted time. In future all questions relating to the working of the farm would be settled by a special committee of pigs, presided over by himself. These would meet in private and afterwards communicate their decisions to the others. The animals would still assemble on Sunday mornings to salute the flag, sing 'Beasts of England', and receive their orders for the week; but there would be no more debates.

In spite of the shock that Snowball's expulsion had given them, the animals were dismayed by this announcement. Several of them would have protested if they could have found the right arguments. Even Boxer was vaguely troubled. He set his ears back, shook his forelock several times, and tried hard to marshal his thoughts; but in the end he could not think of anything to say. Some of the pigs themselves, however, were more articulate. Four young porkers in the front row uttered shrill squeals of disapproval, and all four of them sprang to their feet and began speaking at once. But suddenly the dogs sitting round Napoleon let out deep, menacing growls, and the pigs fell silent and sat down again. Then the sheep broke out into a tremendous bleating of "Four legs good, two legs bad!" which went on for nearly a quarter of an hour and put an end to any chance of discussion.

SCENE 6

Afterwards Squealer was sent round the farm to explain the new arrangement to the others.

"Comrades," he said, "I trust that every animal here appreciates the sacrifice that Comrade Napoleon has made in taking this extra labor upon himself. Do not imagine, comrades, that leadership is a pleasure! On the contrary, it is a deep and heavy responsibility. No one believes more firmly than Comrade Napoleon that all animals are equal. He would be only too happy to let you make your decisions for yourselves.

But sometimes you might make the wrong decisions, comrades, and then where should we be? Suppose you had decided to follow Snowball, with his moonshine of windmills—Snowball, who, as we now know, was no better than a criminal?"

"He fought bravely at the Battle of the Cowshed," said somebody.

"Bravery is not enough," said Squealer. "Loyalty and obedience are more important. And as to the Battle of the Cowshed, I believe the time will come when we shall find that Snowball's part in it was much exaggerated. Discipline, comrades, iron discipline! That is the watchword for today. One false step, and our enemies would be upon us. Surely, comrades, you do not want Jones back?"

Once again this argument was unanswerable. Certainly the animals did not want Jones back; if the holding of debates on Sunday mornings was liable to bring him back, then the debates must stop. Boxer, who had now had time to think things over, voiced the general feeling by saying: "If Comrade Napoleon says it, it must be right." And from then on he adopted the maxim, "Napoleon is always right," in addition to his private motto of "I will work harder."

By this time the weather had broken and the spring ploughing had begun. The shed where Snowball had drawn his plans of the windmill had been shut up and it was assumed that the plans had been rubbed off the floor. Every Sunday morning at ten o'clock the animals assembled in the big barn to receive their orders for the week. The skull of old Major, now clean of flesh, had been disinterred from the orchard and set up on a stump at the foot of the flagstaff, beside the gun. After the hoisting of the flag, the animals were required to file past the skull in a reverent manner before entering the barn. Nowadays they did not sit all together as they had done in the past. Napoleon, with Squealer and another pig named Minimus, who had a remarkable gift for composing songs and poems, sat on the front of the raised platform, with the nine young dogs forming a semicircle round them, and the other pigs sitting behind. The rest of the animals sat facing them in the main body of the barn. Napoleon read out the orders for the week in a gruff soldierly style, and after a single singing of 'Beasts of England', all the animals dispersed.

SCENE 7

On the third Sunday after Snowball's expulsion, the animals were somewhat surprised to hear Napoleon announce that the windmill was to be built after all. He did not give any reason for having changed his mind, but merely warned the animals that this extra task would mean very hard work, it might even be necessary to reduce their rations. The plans, however, had all been prepared, down to the last detail. A special committee of pigs had been at work upon them for the past three weeks. The building of the windmill, with various other improvements, was expected to take two years.

That evening Squealer explained privately to the other animals that Napoleon had never in reality been opposed to the windmill. On the contrary, it was he who had advocated it in the beginning, and the plan which Snowball had drawn on the floor of the incubator shed had actually been stolen from among Napoleon's papers. The windmill was, in fact, Napoleon's own creation. Why, then, asked somebody, had he spoken so strongly against it? Here Squealer looked very sly. That, he said, was Comrade Napoleon's cunning. He had SEEMED to oppose the windmill, simply as a maneuver to get rid of Snowball, who was a dangerous character and a bad influence. Now that Snowball was out of the way, the plan could go forward without his interference. This, said Squealer, was something called tactics. He repeated a number of times, "Tactics, comrades, tactics!" skipping round and whisking his tail with a merry laugh. The animals were not certain what the word meant, but Squealer spoke so persuasively, and the three dogs who happened to be with him growled so threateningly, that they accepted his explanation without further questions.

Chapter 6

SCENE 1

All that year the animals worked like slaves. But they were happy in their work; they grudged no effort or sacrifice, well aware that everything that they did was for the benefit of themselves and those of their kind who would come after them, and not for a pack of idle, thieving human beings.

Throughout the spring and summer they worked a sixty-hour week, and in August Napoleon announced that there would be work on Sunday afternoons as well. This work was strictly voluntary, but any animal who absented himself from it would have his rations reduced by half. Even so, it was found necessary to leave certain tasks undone. The harvest was a little less successful than in the previous year, and two fields which should have been sown with roots in the early summer were not sown because the ploughing had not been completed early enough. It was possible to foresee that the coming winter would be a hard one.

The windmill presented unexpected difficulties. There was a good quarry of limestone on the farm, and plenty of sand and cement had been found in one of the outhouses, so that all the materials for building were at hand. But the problem the animals could not at first solve was how to break up the stone into pieces of suitable size. There seemed no way of doing this except with picks and crowbars, which no animal could use, because no animal could stand on his hind legs. Only after weeks of vain effort did the right idea occur to somebody-namely, to utilize the force of gravity. Huge boulders, far too big to be used as they were, were lying all over the bed of the quarry. The animals lashed ropes round these, and then all together, cows, horses, sheep, any animal that could lay hold of the rope—even the pigs sometimes joined in at critical moments—they dragged them with desperate slowness up the slope to the top of the quarry, where they were toppled over the edge, to shatter to pieces below. Transporting the stone when it was once broken was comparatively simple. The horses carried it off in cart-loads, the sheep dragged single blocks, even Muriel and Benjamin yoked themselves into an old governess-cart and did their share. By late summer a sufficient store of stone had accumulated, and then the building began, under the superintendence of the pigs.

SCENE 2

But it was a slow, laborious process. Frequently it took a whole day of exhausting effort to drag a single boulder to the top of the quarry, and sometimes when it was pushed over the edge it failed to break. Nothing could have been achieved without Boxer, whose strength seemed equal to that of all the rest of the animals put together. When the boulder began to slip and the animals cried out in despair at finding themselves dragged down the hill, it was always Boxer who strained himself against the rope and brought the boulder to a stop. To see him toiling up the slope inch by inch, his breath coming fast, the tips of his hoofs clawing at the ground, and his great sides matted with sweat, filled everyone with admiration. Clover warned him sometimes to be careful not to overstrain himself, but Boxer would never listen to her. His two slogans, "I will work harder" and "Napoleon is always right," seemed to him a sufficient answer to all problems. He had made arrangements with the cockerel to call him three-quarters of an hour earlier in the mornings instead of half an hour. And in his spare moments, of which there were not many nowadays, he would go alone to the quarry, collect a load of broken stone, and drag it down to the site of the windmill unassisted.

The animals were not badly off throughout that summer, in spite of the hardness of their work. If they had no more food than they had had in Jones's day, at least they did not have less. The advantage of only having to feed themselves, and not having to support five extravagant human beings as well, was so great that it would have taken a lot of failures to outweigh it. And in many ways the animal method of doing things was more efficient and saved labor. Such jobs as weeding, for instance, could be done with a thoroughness impossible to human beings. And again, since no animal now stole, it was unnecessary to fence off pasture from arable land, which saved a lot of labor on the upkeep of hedges and gates.

Nevertheless, as the summer wore on, various unforeseen shortages began to make themselves felt. There was need of paraffin oil, nails, string, dog biscuits, and iron for the horses' shoes, none of which could be produced on the farm. Later there would also be need for seeds and artificial manures, besides various tools and, finally, the machinery for the windmill. How these were to be procured, no one was able to imagine.

SCENE 3

One Sunday morning, when the animals assembled to receive their orders, Napoleon announced that he had decided upon a new policy. From now onwards Animal Farm would engage in trade with the neighbouring farms: not, of course, for any commercial purpose, but simply in order to obtain certain materials which were urgently necessary. The needs of the windmill must override everything else, he said. He was therefore making arrangements to sell a stack of hay and part of the current year's wheat crop, and later on, if more money were needed, it would have to be made up by the sale of eggs, for which there was always a market in Willingdon. The hens, said Napoleon, should welcome this sacrifice as their own special contribution towards the building of the windmill.

Once again the animals were conscious of a vague uneasiness. Never to have any dealings with human beings, never to engage in trade, never to make use of money—had not these been among the earliest resolutions passed at that first triumphant Meeting after Jones was expelled? All the animals remembered passing such resolutions: or at least they thought that they remembered it. The four young pigs who had protested when Napoleon abolished the Meetings raised their voices timidly, but they were promptly silenced by a tremendous growling from the dogs. Then, as usual, the sheep broke into "Four legs good, two legs bad!" and the momentary awkwardness was smoothed over. Finally Napoleon raised his trotter for silence and announced that he had already made all the arrangements. There would be no need for any of the animals to come in contact with human beings, which would clearly be most undesirable. He intended to take the whole burden upon his own shoulders. A Mr. Whymper, a solicitor living in Willingdon, had agreed to act as intermediary between Animal Farm and the outside world, and would visit the farm every Monday morning to receive his instructions. Napoleon ended his speech with his usual cry of "Long live Animal Farm!" and after the singing of 'Beasts of England' the animals were dismissed.

Afterwards Squealer made a round of the farm and set the animals' minds at rest. He assured them that the resolution against engaging in trade and using money had never been passed, or even suggested. It was pure imagination, probably traceable in the beginning to lies circulated by Snowball. A few animals still felt faintly doubtful, but Squealer asked them shrewdly, "Are you certain that this is not something that you have dreamed, comrades? Have you any record of such a resolution? Is it written down anywhere?" And since it was certainly true that nothing of the kind existed in writing, the animals were satisfied that they had been mistaken.

SCENE 4

Every Monday Mr. Whymper visited the farm as had been arranged. He was a sly-looking little man with side whiskers, a solicitor in a very small way of business, but sharp enough to have realized earlier than anyone else that Animal Farm would need a broker and that the commissions would be worth having. The animals watched his coming and going with a kind of dread, and avoided him as much as possible. Nevertheless, the sight of Napoleon, on all fours, delivering orders to Whymper, who stood on two legs, roused their pride and partly reconciled them to the new arrangement. Their relations with the human race were now not quite the same as they had been before. The human beings did not hate Animal Farm any less now that it was prospering; indeed, they hated it more than ever. Every human being held it as an article of faith that the farm would go bankrupt sooner or later, and, above all, that the windmill would be a failure. They would meet in the public-houses and prove to one another by means of diagrams that the windmill was bound to fall down, or that if it did stand up, then that it would never work. And yet, against their will, they had developed a certain respect for the efficiency with which the animals were managing their own affairs. One symptom of this was that they had begun to call Animal Farm by its proper name and ceased to pretend that it was called the Manor Farm. They had also dropped their championship of Jones, who had given up hope of getting his farm back and gone to live in another part of the county. Except through Whymper, there was as yet no contact between Animal Farm and the outside world, but there were constant rumors that Napoleon was about to enter into a definite business agreement either with Mr. Pilkington of Foxwood or with Mr. Frederick of Pinchfield—but never, it was noticed, with both simultaneously.

It was about this time that the pigs suddenly moved into the farmhouse and took up their residence there. Again the animals seemed to remember that a resolution against this had been passed in the early days, and again Squealer was able to convince them that this was not the case. It was absolutely necessary, he said, that the pigs, who were the brains of the farm, should have a quiet place to work in. It was also more suited to the dignity of the Leader (for of late he had taken to speaking of Napoleon under the title of "Leader") to live in a house than in a mere sty. Nevertheless, some of the animals were disturbed when they heard that the pigs not only took their meals in the kitchen and used the drawing-room as a recreation room, but also slept in the beds. Boxer passed it off as usual with "Napoleon is always right!", but Clover, who thought she remembered a definite ruling against beds, went to the end of the barn and tried to puzzle out the Seven Commandments which were inscribed there. Finding herself unable to read more than individual letters, she fetched Muriel.

"Muriel," she said, "read me the Fourth Commandment. Does it not say something about never sleeping in a bed?"

With some difficulty Muriel spelled it out.

"It says, 'No animal shall sleep in a bed with sheets,'" she announced finally.

Curiously enough, Clover had not remembered that the Fourth Commandment mentioned sheets; but as it was there on the wall, it must have done so. And Squealer, who happened to be passing at this moment, attended by two or three dogs, was able to put the whole matter in its proper perspective.

"You have heard then, comrades," he said, "that we pigs now sleep in the beds of the farmhouse? And why not? You did not suppose, surely, that there was ever a ruling against beds? A bed merely means a place to sleep in. A pile of straw in a stall is a bed, properly regarded. The rule was against sheets, which are a human invention. We have removed the sheets from the farmhouse beds, and sleep between blankets. And very comfortable beds they are too! But not more comfortable than we need, I can tell you, comrades, with all the brainwork we have to do nowadays. You would not rob us of our repose, would you, comrades? You would not have us too tired to carry out our duties? Surely none of you wishes to see Jones back?"

The animals reassured him on this point immediately, and no more was said about the pigs sleeping in the farmhouse beds. And when, some days afterwards, it was announced that from now on the pigs would get up an hour later in the mornings than the other animals, no complaint was made about that either.

By the autumn the animals were tired but happy. They had had a hard year, and after the sale of part of the hay and corn, the stores of food for the winter were none too plentiful, but the windmill compensated for everything. It was almost half built now. After the harvest there was a stretch of clear dry weather, and the animals toiled harder than ever, thinking it well worth while to plod to and fro all day with blocks of stone if by doing so they could raise the walls another foot.

SCENE 6

Boxer would even come out at nights and work for an hour or two on his own by the light of the harvest moon. In their spare moments the animals would walk round and round the half-finished mill, admiring the strength and perpendicularity of its walls and marvelling that they should ever have been able to build anything so imposing. Only old Benjamin refused to grow enthusiastic about the windmill, though, as usual, he would utter nothing beyond the cryptic remark that donkeys live a long time.

November came, with raging south-west winds. Building had to stop because it was now too wet to mix the cement. Finally there came a night when the gale was so violent that the farm buildings rocked on their foundations and several tiles were blown off the roof of the barn. The hens woke up squawking with terror because they had all dreamed simultaneously of hearing a gun go off in the distance. In the morning the animals came out of their stalls to find that the flagstaff had been blown down and an elm tree at the foot of the orchard had been plucked up like a radish. They had just noticed this when a cry of despair broke from every animal's throat. A terrible sight had met their eyes. The windmill was in ruins.

With one accord they dashed down to the spot. Napoleon, who seldom moved out of a walk, raced ahead of them all. Yes, there it lay, the fruit of all their struggles, levelled to its foundations, the stones they had broken and carried so laboriously scattered all around. Unable at first to speak, they stood gazing mournfully at the litter of fallen stone. Napoleon paced to and fro in silence, occasionally snuffing at the ground. His tail had grown rigid and twitched sharply from side to side, a sign in him of intense mental activity. Suddenly he halted as though his mind were made up.

"Comrades," he said quietly, "do you know who is responsible for this? Do you know the enemy who has come in the night and overthrown our windmill? SNOWBALL!" he suddenly roared in a voice of thunder. "Snowball has done this thing! In sheer malignity, thinking to set back our plans and avenge himself for his ignominious expulsion, this traitor has crept here under cover of night and destroyed our work of nearly a year. Comrades, here and now I pronounce the death sentence upon Snowball. 'Animal Hero, Second Class,' and half a bushel of apples to any animal who brings him to justice. A full bushel to anyone who captures him alive!"

SCENE 7

The animals were shocked beyond measure to learn that even Snowball could be guilty of such an action. There was a cry of indignation, and everyone began thinking out ways of catching Snowball if he should ever come back. Almost immediately the footprints of a pig were discovered in the grass at a little distance from the knoll. They could only be traced for a few yards, but appeared to lead to a hole in the hedge. Napoleon snuffed deeply at them and pronounced them to be Snowball's. He gave it as his opinion that Snowball had probably come from the direction of Foxwood Farm.

"No more delays, comrades!" cried Napoleon when the footprints had been examined. "There is work to be done. This very morning we begin rebuilding the windmill, and we will build all through the winter, rain or shine. We will teach this miserable traitor that he cannot undo our work so easily. Remember, comrades, there must be no alteration in our plans: they shall be carried out to the day. Forward, comrades! Long live the windmill! Long live Animal Farm!"

Chapter 7

SCENE 1

It was a bitter winter. The stormy weather was followed by sleet and snow, and then by a hard frost which did not break till well into February. The animals carried on as best they could with the rebuilding of the windmill, well knowing that the outside world was watching them and that the envious human beings would rejoice and triumph if the mill were not finished on time.

Out of spite, the human beings pretended not to believe that it was Snowball who had destroyed the windmill: they said that it had fallen down because the walls were too thin. The animals knew that this was not the case. Still, it had been decided to build the walls three feet thick this time instead of eighteen inches as before, which meant collecting much larger quantities of stone. For a long time the quarry was full of snowdrifts and nothing could be done. Some progress was made in the dry frosty weather that followed, but it was cruel work, and the animals could not feel so hopeful about it as they had felt before. They were always cold, and usually hungry as well. Only Boxer and Clover never lost heart. Squealer made excellent speeches on the joy of service and the dignity of labor, but the other animals found more inspiration in Boxer's strength and his never-failing cry of "I will work harder!"

In January food fell short. The corn ration was drastically reduced, and it was announced that an extra potato ration would be issued to make up for it. Then it was discovered that the greater part of the potato crop had been frosted in the clamps, which had not been covered thickly enough. The potatoes had become soft and discolored, and only a few were edible. For days at a time the animals had nothing to eat but chaff and mangels. Starvation seemed to stare them in the face.

It was vitally necessary to conceal this fact from the outside world. Emboldened by the collapse of the windmill, the human beings were inventing fresh lies about Animal Farm. Once again it was being put

about that all the animals were dying of famine and disease, and that
they were continually fighting among themselves and had resorted
to cannibalism and infanticide. Napoleon was well aware of the bad
results that might follow if the real facts of the food situation were
known, and he decided to make use of Mr. Whymper to spread a
contrary impression. Hitherto the animals had had little or no contact
with Whymper on his weekly visits: now, however, a few selected
animals, mostly sheep, were instructed to remark casually in his
hearing that rations had been increased. In addition, Napoleon ordered
the almost empty bins in the store-shed to be filled nearly to the brim
with sand, which was then covered up with what remained of the grain
and meal. On some suitable pretext Whymper was led through the
store-shed and allowed to catch a glimpse of the bins. He was deceived,
and continued to report to the outside world that there was no food
shortage on Animal Farm.

SCENE 2

Nevertheless, towards the end of January it became obvious that it
would be necessary to procure some more grain from somewhere. In
these days Napoleon rarely appeared in public, but spent all his time in
the farmhouse, which was guarded at each door by fierce-looking dogs.
When he did emerge, it was in a ceremonial manner, with an escort of
six dogs who closely surrounded him and growled if anyone came too
near. Frequently he did not even appear on Sunday mornings, but issued
his orders through one of the other pigs, usually Squealer.

One Sunday morning Squealer announced that the hens, who had
just come in to lay again, must surrender their eggs. Napoleon had
accepted, through Whymper, a contract for four hundred eggs a week.
The price of these would pay for enough grain and meal to keep the
farm going till summer came on and conditions were easier.

When the hens heard this, they raised a terrible outcry. They had
been warned earlier that this sacrifice might be necessary, but had
not believed that it would really happen. They were just getting their

clutches ready for the spring sitting, and they protested that to take the eggs away now was murder. For the first time since the expulsion of Jones, there was something resembling a rebellion. Led by three young Black Minorca pullets, the hens made a determined effort to thwart Napoleon's wishes. Their method was to fly up to the rafters and there lay their eggs, which smashed to pieces on the floor. Napoleon acted swiftly and ruthlessly. He ordered the hens' rations to be stopped, and decreed that any animal giving so much as a grain of corn to a hen should be punished by death. The dogs saw to it that these orders were carried out. For five days the hens held out, then they capitulated and went back to their nesting boxes. Nine hens had died in the meantime. Their bodies were buried in the orchard, and it was given out that they had died of coccidiosis. Whymper heard nothing of this affair, and the eggs were duly delivered, a grocer's van driving up to the farm once a week to take them away.

All this while no more had been seen of Snowball. He was rumored to be hiding on one of the neighbouring farms, either Foxwood or Pinchfield. Napoleon was by this time on slightly better terms with the other farmers than before. It happened that there was in the yard a pile of timber which had been stacked there ten years earlier when a beech spinney was cleared. It was well seasoned, and Whymper had advised Napoleon to sell it; both Mr. Pilkington and Mr. Frederick were anxious to buy it. Napoleon was hesitating between the two, unable to make up his mind. It was noticed that whenever he seemed on the point of coming to an agreement with Frederick, Snowball was declared to be in hiding at Foxwood, while, when he inclined toward Pilkington, Snowball was said to be at Pinchfield.

SCENE 3

Suddenly, early in the spring, an alarming thing was discovered. Snowball was secretly frequenting the farm by night! The animals were so disturbed that they could hardly sleep in their stalls. Every night, it was said, he came creeping in under cover of darkness and performed all kinds of mischief. He stole the grain, he upset the milk-pails, he broke the eggs, he trampled the seedbeds, he gnawed the bark off the fruit trees. Whenever anything went wrong it became usual to attribute it to Snowball. If a window was broken or a drain was blocked up, someone was certain to say that Snowball had come in the night and done it, and when the key of the store-shed was lost, the whole farm was convinced that Snowball had thrown it down the well. Curiously enough, they went on believing this even after the mislaid key was found under a sack of meal. The cows declared unanimously that Snowball crept into their stalls and milked them in their sleep. The rats, which had been troublesome that winter, were also said to be in league with Snowball.

Napoleon decreed that there should be a full investigation into Snowball's activities. With his dogs in attendance he set out to make a careful tour of inspection of the farm buildings, the other animals following at a respectful distance. At every few steps Napoleon stopped and snuffed the ground for traces of Snowball's footsteps, which, he said, he could detect by the smell. He snuffed in every corner, in the barn, in the cow-shed, in the henhouses, in the vegetable garden, and found traces of Snowball almost everywhere. He would put his snout to the ground, give several deep sniffs, and exclaim in a terrible voice, "Snowball! He has been here! I can smell him distinctly!" and at the word "Snowball" all the dogs let out blood-curdling growls and showed their side teeth.

The animals were thoroughly frightened. It seemed to them as though Snowball were some kind of invisible influence, pervading the air about them and menacing them with all kinds of dangers. In the evening Squealer called them together, and with an alarmed expression on his face told them that he had some serious news to report.

"Comrades!" cried Squealer, making little nervous skips, "a most terrible thing has been discovered. Snowball has sold himself to Frederick of Pinchfield Farm, who is even now plotting to attack us and take our farm away from us! Snowball is to act as his guide when the attack begins. But there is worse than that. We had thought that

Snowball's rebellion was caused simply by his vanity and ambition. But we were wrong, comrades. Do you know what the real reason was? Snowball was in league with Jones from the very start! He was Jones's secret agent all the time. It has all been proved by documents which he left behind him and which we have only just discovered. To my mind this explains a great deal, comrades. Did we not see for ourselves how he attempted—fortunately without success—to get us defeated and destroyed at the Battle of the Cowshed?"

SCENE 4

The animals were stupefied. This was a wickedness far outdoing Snowball's destruction of the windmill. But it was some minutes before they could fully take it in. They all remembered, or thought they remembered, that they had seen Snowball charging ahead of them at the Battle of the Cowshed, that he had rallied and encouraged them at every turn, and that he had not paused for an instant even when the pellets from Jones's gun had wounded his back. At first it was a little difficult to see how this fitted in with his being on Jones's side. Even Boxer, who seldom asked questions, was puzzled. He lay down, tucked his fore hoofs beneath him, shut his eyes, and with a hard effort managed to formulate his thoughts.

"I do not believe that," he said. "Snowball fought bravely at the Battle of the Cowshed. I saw him myself. Did we not give him 'Animal Hero, first Class,' immediately afterwards?"

"That was our mistake, comrade. For we know now—it is all written down in the secret documents that we have found—that in reality he was trying to lure us to our doom."

"But he was wounded," said Boxer. "We all saw him running with blood."

"That was part of the arrangement!" cried Squealer. "Jones's shot only grazed him. I could show you this in his own writing, if you were able to read it. The plot was for Snowball, at the critical moment, to give the signal for flight and leave the field to the enemy. And he very nearly succeeded—I will even say, comrades, he WOULD have succeeded if it had not been for our heroic Leader, Comrade Napoleon. Do you not remember how, just at the moment when Jones and his men had got inside the yard, Snowball suddenly turned and fled, and many animals followed him? And do you not remember, too, that it was just at that moment, when panic was spreading and all seemed lost, that Comrade Napoleon sprang forward with a cry of 'Death to Humanity!' and sank his teeth in Jones's leg? Surely you remember THAT, comrades?" exclaimed Squealer, frisking from side to side.

Now when Squealer described the scene so graphically, it seemed to the animals that they did remember it. At any rate, they remembered that at the critical moment of the battle Snowball had turned to flee. But Boxer was still a little uneasy.

"I do not believe that Snowball was a traitor at the beginning," he said finally. "What he has done since is different. But I believe that at the Battle of the Cowshed he was a good comrade."

SCENE 5

"Our Leader, Comrade Napoleon," announced Squealer, speaking very slowly and firmly, "has stated categorically—categorically, comrade—that Snowball was Jones's agent from the very beginning—yes, and from long before the Rebellion was ever thought of."

"Ah, that is different!" said Boxer. "If Comrade Napoleon says it, it must be right."

"That is the true spirit, comrade!" cried Squealer, but it was noticed he cast a very ugly look at Boxer with his little twinkling eyes. He turned to go, then paused and added impressively: "I warn every animal on this farm to keep his eyes very wide open. For we have reason to think that some of Snowball's secret agents are lurking among us at this moment!"

Four days later, in the late afternoon, Napoleon ordered all the animals
to assemble in the yard. When they were all gathered together,
Napoleon emerged from the farmhouse, wearing both his medals
(for he had recently awarded himself "Animal Hero, First Class", and
"Animal Hero, Second Class"), with his nine huge dogs frisking round
him and uttering growls that sent shivers down all the animals' spines.
They all cowered silently in their places, seeming to know in advance
that some terrible thing was about to happen.

Napoleon stood sternly surveying his audience; then he uttered a high-
pitched whimper. Immediately the dogs bounded forward, seized four
of the pigs by the ear and dragged them, squealing with pain and terror,
to Napoleon's feet. The pigs' ears were bleeding, the dogs had tasted
blood, and for a few moments they appeared to go quite mad. To the
amazement of everybody, three of them flung themselves upon Boxer.
Boxer saw them coming and put out his great hoof, caught a dog in
mid-air, and pinned him to the ground. The dog shrieked for mercy and
the other two fled with their tails between their legs. Boxer looked at
Napoleon to know whether he should crush the dog to death or let it go.
Napoleon appeared to change countenance, and sharply ordered Boxer
to let the dog go, whereat Boxer lifted his hoof, and the dog slunk away,
bruised and howling.

Presently the tumult died down. The four pigs waited, trembling, with
guilt written on every line of their countenances. Napoleon now called
upon them to confess their crimes. They were the same four pigs as had
protested when Napoleon abolished the Sunday Meetings. Without any
further prompting they confessed that they had been secretly in touch
with Snowball ever since his expulsion, that they had collaborated
with him in destroying the windmill, and that they had entered into
an agreement with him to hand over Animal Farm to Mr. Frederick.
They added that Snowball had privately admitted to them that he had
been Jones's secret agent for years past. When they had finished their
confession, the dogs promptly tore their throats out, and in a terrible

voice Napoleon demanded whether any other animal had anything to confess.

SCENE 6

The three hens who had been the ringleaders in the attempted rebellion over the eggs now came forward and stated that Snowball had appeared to them in a dream and incited them to disobey Napoleon's orders. They, too, were slaughtered. Then a goose came forward and confessed to having secreted six ears of corn during the last year's harvest and eaten them in the night. Then a sheep confessed to having urinated in the drinking pool—urged to do this, so she said, by Snowball—and two other sheep confessed to having murdered an old ram, an especially devoted follower of Napoleon, by chasing him round and round a bonfire when he was suffering from a cough. They were all slain on the spot. And so the tale of confessions and executions went on, until there was a pile of corpses lying before Napoleon's feet and the air was heavy with the smell of blood, which had been unknown there since the expulsion of Jones.

When it was all over, the remaining animals, except for the pigs and dogs, crept away in a body. They were shaken and miserable. They did not know which was more shocking—the treachery of the animals who had leagued themselves with Snowball, or the cruel retribution they had just witnessed. In the old days there had often been scenes of bloodshed equally terrible, but it seemed to all of them that it was far worse now that it was happening among themselves. Since Jones had left the farm, until today, no animal had killed another animal. Not even a rat had been killed. They had made their way to the little knoll where the half-finished windmill stood, and with one accord they all lay down as though huddling together for warmth—Clover, Muriel, Benjamin, the cows, the sheep, and a whole flock of geese and hens—everyone, indeed, except the cat, who had suddenly disappeared just before Napoleon ordered the animals to assemble. For some time nobody spoke. Only Boxer remained on his feet. He fidgeted to and fro, swishing his long black tail against his sides and occasionally uttering a little whinny of surprise. Finally he said:

"I do not understand it. I would not have believed that such things could happen on our farm. It must be due to some fault in ourselves. The solution, as I see it, is to work harder. From now onwards I shall get up a full hour earlier in the mornings."

And he moved off at his lumbering trot and made for the quarry. Having got there, he collected two successive loads of stone and dragged them down to the windmill before retiring for the night.

SCENE 7

The animals huddled about Clover, not speaking. The knoll where they were lying gave them a wide prospect across the countryside. Most of Animal Farm was within their view—the long pasture stretching down to the main road, the hayfield, the spinney, the drinking pool, the plowed fields where the young wheat was thick and green, and the red roofs of the farm buildings with the smoke curling from the chimneys. It was a clear spring evening. The grass and the bursting hedges were gilded by the level rays of the sun. Never had the farm—and with a kind of surprise they remembered that it was their own farm, every inch of it their own property—appeared to the animals so desirable a place. As Clover looked down the hillside her eyes filled with tears. If she could have spoken her thoughts, it would have been to say that this was not what they had aimed at when they had set themselves years ago to work for the overthrow of the human race. These scenes of terror and slaughter were not what they had looked forward to on that night when old Major first stirred them to rebellion. If she herself had had any picture of the future, it had been of a society of animals set free from hunger and the whip, all equal, each working according to his capacity, the strong protecting the weak, as she had protected the lost brood of ducklings with her foreleg on the night of Major's speech. Instead—she did not know why—they had come to a time when no one dared speak his mind, when fierce, growling dogs roamed everywhere, and when you had to watch your comrades torn to pieces after confessing to shocking crimes. There was no thought of rebellion or disobedience in her mind. She knew that, even as things were, they were far better off than they had been in the days of Jones, and that before all else it was needful to prevent the return of the human beings. Whatever happened she would remain faithful, work hard, carry out the orders that were given to her, and accept the leadership of Napoleon. But still, it was not for this that she and all the other animals had hoped and toiled. It was not for this that they had built the windmill and faced the bullets of Jones's gun. Such were her thoughts, though she lacked the words to express them.

At last, feeling this to be in some way a substitute for the words she was unable to find, she began to sing 'Beasts of England'. The other animals sitting round her took it up, and they sang it three times over—very tunefully, but slowly and mournfully, in a way they had never sung it before.

SCENE 8

They had just finished singing it for the third time when Squealer, attended by two dogs, approached them with the air of having something important to say. He announced that, by a special decree of Comrade Napoleon, 'Beasts of England' had been abolished. From now onwards it was forbidden to sing it.

The animals were taken aback.

"Why?" cried Muriel.

"It's no longer needed, comrade," said Squealer stiffly. "'Beasts of England' was the song of the Rebellion. But the Rebellion is now completed. The execution of the traitors this afternoon was the final act. The enemy both external and internal has been defeated. In 'Beasts of England' we expressed our longing for a better society in days to come. But that society has now been established. Clearly this song has no longer any purpose."

Frightened though they were, some of the animals might possibly have protested, but at this moment the sheep set up their usual bleating of "Four legs good, two legs bad," which went on for several minutes and put an end to the discussion.

So 'Beasts of England' was heard no more. In its place Minimus, the poet, had composed another song which began:

Animal Farm, Animal Farm, Never through me shalt thou come to harm!

and this was sung every Sunday morning after the hoisting of the flag. But somehow neither the words nor the tune ever seemed to the animals to come up to 'Beasts of England'.

Chapter 8

SCENE 1

A few days later, when the terror caused by the executions had died down, some of the animals remembered—or thought they remembered—that the Sixth Commandment decreed "No animal shall kill any other animal." And though no one cared to mention it in the hearing of the pigs or the dogs, it was felt that the killings which had taken place did not square with this. Clover asked Benjamin to read her the Sixth Commandment, and when Benjamin, as usual, said that he refused to meddle in such matters, she fetched Muriel. Muriel read the Commandment for her. It ran: "No animal shall kill any other animal without cause." Somehow or other, the last two words had slipped out of the animals' memory. But they saw now that the Commandment had not been violated; for clearly there was good reason for killing the traitors who had leagued themselves with Snowball.

Throughout the year the animals worked even harder than they had worked in the previous year. To rebuild the windmill, with walls twice

as thick as before, and to finish it by the appointed date, together
with the regular work of the farm, was a tremendous labor. There
were times when it seemed to the animals that they worked longer
hours and fed no better than they had done in Jones's day. On Sunday
mornings Squealer, holding down a long strip of paper with his trotter,
would read out to them lists of figures proving that the production of
every class of foodstuff had increased by two hundred percent, three
hundred percent, or five hundred percent, as the case might be. The
animals saw no reason to disbelieve him, especially as they could no
longer remember very clearly what conditions had been like before the
Rebellion. All the same, there were days when they felt that they would
sooner have had less figures and more food.

All orders were now issued through Squealer or one of the other pigs.
Napoleon himself was not seen in public as often as once in a fortnight.
When he did appear, he was attended not only by his retinue of dogs but
by a black cockerel who marched in front of him and acted as a kind
of trumpeter, letting out a loud "cock-a-doodle-doo" before Napoleon
spoke. Even in the farmhouse, it was said, Napoleon inhabited separate
apartments from the others. He took his meals alone, with two dogs to
wait upon him, and always ate from the Crown Derby dinner service
which had been in the glass cupboard in the drawing-room. It was
also announced that the gun would be fired every year on Napoleon's
birthday, as well as on the other two anniversaries.

SCENE 2

Napoleon was now never spoken of simply as "Napoleon." He was
always referred to in formal style as "our Leader, Comrade Napoleon,"
and the pigs liked to invent for him such titles as Father of All Animals,
Terror of Mankind, Protector of the Sheep-fold, Ducklings' Friend,
and the like. In his speeches, Squealer would talk with the tears rolling
down his cheeks of Napoleon's wisdom the goodness of his heart, and
the deep love he bore to all animals everywhere, even and especially
the unhappy animals who still lived in ignorance and slavery on other
farms. It had become usual to give Napoleon the credit for every

successful achievement and every stroke of good fortune. You would often hear one hen remark to another, "Under the guidance of our Leader, Comrade Napoleon, I have laid five eggs in six days"; or two cows, enjoying a drink at the pool, would exclaim, "Thanks to the leadership of Comrade Napoleon, how excellent this water tastes!" The general feeling on the farm was well expressed in a poem entitled Comrade Napoleon, which was composed by Minimus and which ran as follows:

Friend of fatherless!
Fountain of happiness!
Lord of the swill-bucket! Oh, how my soul is on
Fire when I gaze at thy
Calm and commanding eye,
Like the sun in the sky,
Comrade Napoleon!

Thou are the giver of
All that thy creatures love,
Full belly twice a day, clean straw to roll upon;
Every beast great or small
Sleeps at peace in his stall,
Thou watchest over all,
Comrade Napoleon!

Had I a sucking-pig,
Ere he had grown as big
Even as a pint bottle or as a rolling-pin,
He should have learned to be
Faithful and true to thee,
Yes, his first squeak should be
"Comrade Napoleon!"

SCENE 3

Napoleon approved of this poem and caused it to be inscribed on the wall of the big barn, at the opposite end from the Seven Commandments. It was surmounted by a portrait of Napoleon, in profile, executed by Squealer in white paint.

Meanwhile, through the agency of Whymper, Napoleon was engaged in complicated negotiations with Frederick and Pilkington. The pile of timber was still unsold. Of the two, Frederick was the more anxious to get hold of it, but he would not offer a reasonable price. At the same time there were renewed rumors that Frederick and his men were plotting to attack Animal Farm and to destroy the windmill, the building of which had aroused furious jealousy in him. Snowball was known to be still skulking on Pinchfield Farm. In the middle of the summer the animals were alarmed to hear that three hens had come forward and confessed that, inspired by Snowball, they had entered into a plot to murder Napoleon. They were executed immediately, and fresh precautions for Napoleon's safety were taken. Four dogs guarded his bed at night, one at each corner, and a young pig named Pinkeye was given the task of tasting all his food before he ate it, lest it should be poisoned.

At about the same time it was given out that Napoleon had arranged to sell the pile of timber to Mr. Pilkington; he was also going to enter into a regular agreement for the exchange of certain products between Animal Farm and Foxwood. The relations between Napoleon and Pilkington, though they were only conducted through Whymper, were now almost friendly. The animals distrusted Pilkington, as a human being, but greatly preferred him to Frederick, whom they both feared and hated. As the summer wore on, and the windmill neared completion, the rumors of an impending treacherous attack grew stronger and stronger. Frederick, it was said, intended to bring against them twenty men all armed with guns, and he had already bribed the magistrates and police, so that if he could once get hold of the title-deeds of Animal Farm they would ask no questions. Moreover, terrible stories were leaking out from Pinchfield about the cruelties that Frederick practiced upon his animals. He had flogged an old horse to death, he starved his cows, he had killed a dog by throwing it into the furnace, he amused himself in the evenings by making cocks fight with splinters of razor-blade tied to their spurs. The animals' blood boiled with rage when they heard of these things being done to their comrades, and sometimes they clamored to be allowed to go out in a body and attack Pinchfield Farm, drive out the humans, and set the animals free. But Squealer counseled them to avoid rash actions and trust in Comrade Napoleon's strategy.

Nevertheless, feeling against Frederick continued to run high. One Sunday morning Napoleon appeared in the barn and explained that he had never at any time contemplated selling the pile of timber to Frederick; he considered it beneath his dignity, he said, to have dealings with scoundrels of that description. The pigeons who were still sent out to spread tidings of the Rebellion were forbidden to set foot anywhere on Foxwood, and were also ordered to drop their former slogan of "Death to Humanity" in favor of "Death to Frederick."

SCENE 4

In the late summer yet another of Snowball's machinations was laid bare. The wheat crop was full of weeds, and it was discovered that on one of his nocturnal visits Snowball had mixed weed seeds with the seed corn. A gander who had been privy to the plot had confessed his guilt to Squealer and immediately committed suicide by swallowing deadly nightshade berries. The animals now also learned that Snowball had never-as many of them had believed hitherto-received the order of "Animal Hero First Class." This was merely a legend which had been spread some time after the Battle of the Cowshed by Snowball himself. So far from being decorated, he had been censured for showing cowardice in the battle. Once again some of the animals heard this with a certain bewilderment, but Squealer was soon able to convince them that their memories had been at fault.

In the autumn, by a tremendous, exhausting effort-for the harvest had to be gathered at almost the same time-the windmill was finished. The machinery had still to be installed, and Whymper was negotiating the purchase of it, but the structure was completed. In the teeth of every difficulty, in spite of inexperience, of primitive implements, of bad luck and of Snowball's treachery, the work had been finished punctually to the very day! Tired out but proud, the animals walked round and round their masterpiece, which appeared even more beautiful in their eyes than when it had been built the first time. Moreover, the walls were twice as thick as before. Nothing short of explosives would lay them low this time! And when they thought of how they had labored, what discouragements they had overcome, and the enormous difference that would be made in their lives when the sails were turning and the dynamos running-when they thought of all this, their tiredness forsook them and they gambolled round and round the windmill, uttering cries of triumph. Napoleon himself, attended by his dogs and his cockerel, came down to inspect the completed work; he personally congratulated the animals on their achievement, and announced that the mill would be named Napoleon Mill.

Two days later the animals were called together for a special meeting in the barn. They were struck dumb with surprise when Napoleon announced that he had sold the pile of timber to Frederick. Tomorrow Frederick's wagons would arrive and begin carting it away.

SCENE 5

Throughout the whole period of his seeming friendship with Pilkington, Napoleon had really been in secret agreement with Frederick. All relations with Foxwood had been broken off; insulting messages had been sent to Pilkington. The pigeons had been told to avoid Pinchfield Farm and to alter their slogan from "Death to Frederick" to "Death to Pilkington." At the same time Napoleon assured the animals that the stories of an impending attack on Animal Farm were completely untrue, and that the tales about Frederick's cruelty to his own animals had been greatly exaggerated. All these rumors had probably originated with Snowball and his agents. It now appeared that Snowball was not, after all, hiding on Pinchfield Farm, and in fact had never been there in his life: he was living-in considerable luxury, so it was said-at Foxwood, and had in reality been a pensioner of Pilkington for years past.

The pigs were in ecstasies over Napoleon's cunning. By seeming to be friendly with Pilkington he had forced Frederick to raise his price by twelve pounds. But the superior quality of Napoleon's mind, said Squealer, was shown in the fact that he trusted nobody, not even Frederick. Frederick had wanted to pay for the timber with something called a check, which, it seemed, was a piece of paper with a promise to pay written upon it. But Napoleon was too clever for him. He had demanded payment in real five-pound notes, which were to be handed over before the timber was removed. Already Frederick had paid up; and the sum he had paid was just enough to buy the machinery for the windmill.

Meanwhile the timber was being carted away at high speed. When it was all gone, another special meeting was held in the barn for the animals to inspect Frederick's bank-notes. Smiling beatifically, and wearing both his decorations, Napoleon reposed on a bed of straw on the platform, with the money at his side, neatly piled on a china dish from the farmhouse kitchen. The animals filed slowly past, and each gazed his fill. And Boxer put out his nose to sniff at the bank-notes, and the flimsy white things stirred and rustled in his breath.

Three days later there was a terrible hullabaloo. Whymper, his face deadly pale, came racing up the path on his bicycle, flung it down in the yard and rushed straight into the farmhouse. The next moment a choking roar of rage sounded from Napoleon's apartments. The news of what had happened sped round the farm like wildfire. The banknotes were forgeries! Frederick had got the timber for nothing!

SCENE 6

Napoleon called the animals together immediately and in a terrible voice pronounced the death sentence upon Frederick. When captured, he said, Frederick should be boiled alive. At the same time he warned them that after this treacherous deed the worst was to be expected.

Frederick and his men might make their long-expected attack at any moment. Sentinels were placed at all the approaches to the farm. In addition, four pigeons were sent to Foxwood with a conciliatory message, which it was hoped might re-establish good relations with Pilkington.

The very next morning the attack came. The animals were at breakfast when the look-outs came racing in with the news that Frederick and his followers had already come through the five-barred gate. Boldly enough the animals sallied forth to meet them, but this time they did not have the easy victory that they had had in the Battle of the Cowshed. There were fifteen men, with half a dozen guns between them, and they opened fire as soon as they got within fifty yards. The animals could not face the terrible explosions and the stinging pellets, and in spite of the efforts of Napoleon and Boxer to rally them, they were soon driven back. A number of them were already wounded. They took refuge in the farm buildings and peeped cautiously out from chinks and knot-holes. The whole of the big pasture, including the windmill, was in the hands of the enemy. For the moment even Napoleon seemed at a loss. He paced up and down without a word, his tail rigid and twitching. Wistful glances were sent in the direction of Foxwood. If Pilkington and his men would help them, the day might yet be won. But at this moment the four pigeons, who had been sent out on the day before, returned, one of them bearing a scrap of paper from Pilkington. On it was pencilled the words: "Serves you right."

Meanwhile Frederick and his men had halted about the windmill. The animals watched them, and a murmur of dismay went round. Two of the men had produced a crowbar and a sledge hammer. They were going to knock the windmill down.

"Impossible!" cried Napoleon. "We have built the walls far too thick for that. They could not knock it down in a week. Courage, comrades!" But Benjamin was watching the movements of the men intently. The two with the hammer and the crowbar were drilling a hole near the base of the windmill. Slowly, and with an air almost of amusement, Benjamin nodded his long muzzle.

"I thought so," he said. "Do you not see what they are doing? In another moment they are going to pack blasting powder into that hole." Terrified, the animals waited. It was impossible now to venture out of the shelter of the buildings.

SCENE 7

After a few minutes the men were seen to be running in all directions. Then there was a deafening roar. The pigeons swirled into the air, and all the animals, except Napoleon, flung themselves flat on their bellies and hid their faces. When they got up again, a huge cloud of black smoke was hanging where the windmill had been. Slowly the breeze drifted it away. The windmill had ceased to exist!

At this sight the animals' courage returned to them. The fear and despair they had felt a moment earlier were drowned in their rage against this vile, contemptible act. A mighty cry for vengeance went up, and without waiting for further orders they charged forth in a body and made straight for the enemy. This time they did not heed the cruel pellets that swept over them like hail. It was a savage, bitter battle. The men fired again and again, and, when the animals got to close quarters, lashed out with their sticks and their heavy boots. A cow, three sheep, and two geese were killed, and nearly everyone was wounded. Even Napoleon, who was directing operations from the rear, had the tip of his tail chipped by a pellet. But the men did not go unscathed either. Three of them had their heads broken by blows from Boxer's hoofs; another was gored in the belly by a cow's horn; another had his trousers nearly torn off by Jessie and Bluebell. And when the nine dogs of Napoleon's own bodyguard, whom he had instructed to make a detour under cover of the hedge, suddenly appeared on the men's flank, baying ferociously, panic overtook them. They saw that they were in danger of being surrounded. Frederick shouted to his men to get out while the going was good, and the next moment the cowardly enemy was running for dear life. The animals chased them right down to the bottom of the field, and got in some last kicks at them as they forced their way through the thorn hedge.

They had won, but they were weary and bleeding. Slowly they began to limp back towards the farm. The sight of their dead comrades stretched upon the grass moved some of them to tears. And for a little while they halted in sorrowful silence at the place where the windmill had once stood. Yes, it was gone; almost the last trace of their labor was gone! Even the foundations were partially destroyed. And in rebuilding it they could not this time, as before, make use of the fallen stones. This time the stones had vanished too. The force of the explosion had flung them to distances of hundreds of yards. It was as though the windmill had never been.

SCENE 8

As they approached the farm Squealer, who had unaccountably been absent during the fighting, came skipping towards them, whisking his tail and beaming with satisfaction. And the animals heard, from the direction of the farm buildings, the solemn booming of a gun.

"What is that gun firing for?" said Boxer.

"To celebrate our victory!" cried Squealer.

"What victory?" said Boxer. His knees were bleeding, he had lost a shoe and split his hoof, and a dozen pellets had lodged themselves in his hind leg.

"What victory, comrade? Have we not driven the enemy off our soil-the sacred soil of Animal Farm? "

"But they have destroyed the windmill. And we had worked on it for two years!"

"What matter? We will build another windmill. We will build six windmills if we feel like it. You do not appreciate, comrade, the mighty thing that we have done. The enemy was in occupation of this very ground that we stand upon. And now-thanks to the leadership of Comrade Napoleon-we have won every inch of it back again!"

"Then we have won back what we had before," said Boxer.

"That is our victory," said Squealer.

They limped into the yard. The pellets under the skin of Boxer's leg smarted painfully. He saw ahead of him the heavy labor of rebuilding the windmill from the foundations, and already in imagination he braced himself for the task. But for the first time it occurred to him that he was eleven years old and that perhaps his great muscles were not quite what they had once been.

But when the animals saw the green flag flying, and heard the gun firing again-seven times it was fired in all-and heard the speech that Napoleon made, congratulating them on their conduct, it did seem to them after all that they had won a great victory. The animals slain in the battle were given a solemn funeral. Boxer and Clover pulled the wagon which served as a hearse, and Napoleon himself walked at the head of the procession. Two whole days were given over to celebrations. There were songs, speeches, and more firing of the gun, and a special gift of an apple was bestowed on every animal, with two ounces of corn for each bird and three biscuits for each dog. It was announced that the battle would be called the Battle of the Windmill, and that Napoleon had created a new decoration, the Order of the Green Banner, which he had conferred upon himself. In the general rejoicings the unfortunate affair of the banknotes was forgotten.

SCENE 9

It was a few days later than this that the pigs came upon a case of whisky in the cellars of the farmhouse. It had been overlooked at the time when the house was first occupied. That night there came from the farmhouse the sound of loud singing, in which, to everyone's surprise, the strains of 'Beasts of England' were mixed up. At about half past nine Napoleon, wearing an old bowler hat of Mr. Jones's, was distinctly seen to emerge from the back door, gallop rapidly round the yard, and disappear indoors again. But in the morning a deep silence hung over the farmhouse. Not a pig appeared to be stirring. It was nearly nine o'clock when Squealer made his appearance, walking slowly and dejectedly, his eyes dull, his tail hanging limply behind him, and with every appearance of being seriously ill. He called the animals together and told them that he had a terrible piece of news to impart. Comrade

Napoleon was dying!

A cry of lamentation went up. Straw was laid down outside the doors of the farmhouse, and the animals walked on tiptoe. With tears in their eyes they asked one another what they should do if their Leader were taken away from them. A rumor went round that Snowball had after all contrived to introduce poison into Napoleon's food. At eleven o'clock Squealer came out to make another announcement. As his last act upon earth, Comrade Napoleon had pronounced a solemn decree: the drinking of alcohol was to be punished by death.

By the evening, however, Napoleon appeared to be somewhat better, and the following morning Squealer was able to tell them that he was well on the way to recovery. By the evening of that day Napoleon was back at work, and on the next day it was learned that he had instructed Whymper to purchase in Willingdon some booklets on brewing and distilling. A week later Napoleon gave orders that the small paddock beyond the orchard, which it had previously been intended to set aside as a grazing-ground for animals who were past work, was to be plowed up. It was given out that the pasture was exhausted and needed re-seeding; but it soon became known that Napoleon intended to sow it with barley.

About this time there occurred a strange incident which hardly anyone was able to understand. One night at about twelve o'clock there was a loud crash in the yard, and the animals rushed out of their stalls. It was a moonlit night. At the foot of the end wall of the big barn, where the Seven Commandments were written, there lay a ladder broken in two pieces. Squealer, temporarily stunned, was sprawling beside it, and near at hand there lay a lantern, a paint-brush, and an overturned pot of white paint. The dogs immediately made a ring round Squealer, and escorted him back to the farmhouse as soon as he was able to walk. None of the animals could form any idea as to what this meant, except old Benjamin, who nodded his muzzle with a knowing air, and seemed to understand, but would say nothing.

But a few days later Muriel, reading over the Seven Commandments to herself, noticed that there was yet another of them which the animals had remembered wrong. They had thought the Fifth Commandment was "No animal shall drink alcohol," but there were two words that they had forgotten. Actually the Commandment read: "No animal shall drink alcohol to excess."

Chapter 9

SCENE 1

Boxer's split hoof was a long time in healing. They had started the rebuilding of the windmill the day after the victory celebrations were ended. Boxer refused to take even a day off work, and made it a point of honor not to let it be seen that he was in pain. In the evenings he would admit privately to Clover that the hoof troubled him a great deal. Clover treated the hoof with poultices of herbs which she prepared by chewing them, and both she and Benjamin urged Boxer to work less hard. "A horse's lungs do not last for ever," she said to him. But Boxer would not listen. He had, he said, only one real ambition left—to see the windmill well under way before he reached the age for retirement.

At the beginning, when the laws of Animal Farm were first formulated, the retiring age had been fixed for horses and pigs at twelve, for cows at fourteen, for dogs at nine, for sheep at seven, and for hens and geese at five. Liberal old-age pensions had been agreed upon. As yet no animal had actually retired on pension, but of late the subject had been discussed more and more. Now that the small field beyond the orchard had been set aside for barley, it was rumored that a corner of the large pasture was to be fenced off and turned into a grazing-ground for superannuated animals. For a horse, it was said, the pension would be five pounds of corn a day and, in winter, fifteen pounds of hay, with a carrot or possibly an apple on public holidays. Boxer's twelfth birthday was due in the late summer of the following year.

Meanwhile life was hard. The winter was as cold as the last one had been, and food was even shorter. Once again all rations were reduced, except those of the pigs and the dogs. A too rigid equality in rations, Squealer explained, would have been contrary to the principles of Animalism. In any case he had no difficulty in proving to the other animals that they were NOT in reality short of food, whatever the appearances might be. For the time being, certainly, it had been found necessary to make a readjustment of rations (Squealer always spoke of it as a "readjustment," never as a "reduction"), but in comparison with the days of Jones, the improvement was enormous.

SCENE 2

Reading out the figures in a shrill, rapid voice, he proved to them in detail that they had more oats, more hay, more turnips than they had had in Jones's day, that they worked shorter hours, that their drinking water was of better quality, that they lived longer, that a larger proportion of their young ones survived infancy, and that they had more straw in their stalls and suffered less from fleas. The animals believed every word of it. Truth to tell, Jones and all he stood for had almost faded out of their memories. They knew that life nowadays was harsh and bare, that they were often hungry and often cold, and that they were usually working when they were not asleep. But doubtless it had been worse in the old days. They were glad to believe so. Besides, in those days they had been slaves and now they were free, and that made all the difference, as Squealer did not fail to point out.

There were many more mouths to feed now. In the autumn the four sows had all littered about simultaneously, producing thirty-one young pigs between them. The young pigs were piebald, and as Napoleon was the only boar on the farm, it was possible to guess at their parentage. It was announced that later, when bricks and timber had been purchased, a schoolroom would be built in the farmhouse garden. For the time being, the young pigs were given their instruction by Napoleon himself in the farmhouse kitchen. They took their exercise in the garden, and were discouraged from playing with the other young animals. About this time, too, it was laid down as a rule that when a pig and any other animal met on the path, the other animal must stand aside: and also that all pigs, of whatever degree, were to have the privilege of wearing green ribbons on their tails on Sundays.

The farm had had a fairly successful year, but was still short of money. There were the bricks, sand, and lime for the schoolroom to be purchased, and it would also be necessary to begin saving up again for the machinery for the windmill. Then there were lamp oil and candles for the house, sugar for Napoleon's own table (he forbade this to the other pigs, on the ground that it made them fat), and all the usual replacements such as tools, nails, string, coal, wire, scrap-iron, and dog biscuits. A haystack and part of the potato crop were sold off, and the contract for eggs was increased to six hundred a week, so that that year the hens barely hatched enough chicks to keep their numbers at the same level. Rations, reduced in December, were reduced again in February, and lanterns in the stalls were forbidden to save oil. But the pigs seemed comfortable enough, and in fact were putting on weight if anything.

SCENE 3

One afternoon in late February a warm, rich, appetising scent, such as the animals had never smelled before, wafted itself across the yard from the little brew-house, which had been disused in Jones's time, and which stood beyond the kitchen. Someone said it was the smell of cooking barley. The animals sniffed the air hungrily and wondered whether a warm mash was being prepared for their supper. But no warm mash appeared, and on the following Sunday it was announced that from now onwards all barley would be reserved for the pigs. The field beyond the orchard had already been sown with barley. And the news soon leaked out that every pig was now receiving a ration of a pint of beer daily, with half a gallon for Napoleon himself, which was always served to him in the Crown Derby soup tureen.

But if there were hardships to be borne, they were partly offset by the fact that life nowadays had a greater dignity than it had had before. There were more songs, more speeches, more processions. Napoleon had commanded that once a week there should be held something called a Spontaneous Demonstration, the object of which was to celebrate the struggles and triumphs of Animal Farm. At the appointed time the animals would leave their work and march round the precincts of the farm in military formation, with the pigs leading, then the horses, then the cows, then the sheep, and then the poultry. The dogs flanked the procession and at the head of all marched Napoleon's black cockerel. Boxer and Clover always carried between them a green banner marked with the hoof and the horn and the caption, "Long live Comrade Napoleon!" Afterwards there were recitations of poems composed in Napoleon's honor, and a speech by Squealer giving particulars of the latest increases in the production of foodstuffs, and on occasion a shot was fired from the gun. The sheep were the greatest devotees of the Spontaneous Demonstration, and if anyone complained (as a few animals sometimes did, when no pigs or dogs were near) that they wasted time and meant a lot of standing about in the cold, the sheep were sure to silence him with a tremendous bleating of "Four legs good, two legs bad!" But by and large the animals enjoyed these celebrations. They found it comforting to be reminded that, after all, they were truly their own masters and that the work they did was for their own benefit. So that, what with the songs, the processions, Squealer's lists of figures, the thunder of the gun, the crowing of the cockerel, and the fluttering of the flag, they were able to forget that their bellies were empty, at least part of the time.

SCENE 4

In April, Animal Farm was proclaimed a Republic, and it became necessary to elect a President. There was only one candidate, Napoleon, who was elected unanimously. On the same day it was given out that fresh documents had been discovered which revealed further details about Snowball's complicity with Jones. It now appeared that Snowball had not, as the animals had previously imagined, merely attempted to lose the Battle of the Cowshed by means of a stratagem, but had been openly fighting on Jones's side. In fact, it was he who had actually been the leader of the human forces, and had charged into battle with the words "Long live Humanity!" on his lips. The wounds on Snowball's back, which a few of the animals still remembered to have seen, had been inflicted by Napoleon's teeth.

In the middle of the summer Moses the raven suddenly reappeared on the farm, after an absence of several years. He was quite unchanged, still did no work, and talked in the same strain as ever about Sugarcandy Mountain. He would perch on a stump, flap his black wings, and talk by the hour to anyone who would listen. "Up there, comrades," he would say solemnly, pointing to the sky with his large beak—"up there, just on the other side of that dark cloud that you can see—there it lies, Sugarcandy Mountain, that happy country where we poor animals shall rest for ever from our labors!" He even claimed to have been there on one of his higher flights, and to have seen the everlasting fields of clover and the linseed cake and lump sugar growing on the hedges. Many of the animals believed him. Their lives now, they reasoned, were hungry and laborious; was it not right and just that a better world should exist somewhere else? A thing that was difficult to determine was the attitude of the pigs towards Moses. They all declared contemptuously that his stories about Sugarcandy Mountain were lies, and yet they allowed him to remain on the farm, not working, with an allowance of a gill of beer a day.

After his hoof had healed up, Boxer worked harder than ever. Indeed, all the animals worked like slaves that year. Apart from the regular work of the farm, and the rebuilding of the windmill, there was the schoolhouse for the young pigs, which was started in March. Sometimes the long hours on insufficient food were hard to bear, but Boxer never faltered. In nothing that he said or did was there any sign that his strength was not what it had been. It was only his appearance that was a little altered; his hide was less shiny than it had used to be, and his great haunches seemed to have shrunken. The others said, "Boxer will pick up when the spring grass comes on"; but the spring came and Boxer grew no fatter.

Sometimes on the slope leading to the top of the quarry, when he braced his muscles against the weight of some vast boulder, it seemed that nothing kept him on his feet except the will to continue. At such times his lips were seen to form the words, "I will work harder"; he had no voice left. Once again Clover and Benjamin warned him to take care of his health, but Boxer paid no attention. His twelfth birthday was approaching. He did not care what happened so long as a good store of stone was accumulated before he went on pension.

Late one evening in the summer, a sudden rumor ran round the farm that something had happened to Boxer. He had gone out alone to drag a load of stone down to the windmill. And sure enough, the rumor was true. A few minutes later two pigeons came racing in with the news; "Boxer has fallen! He is lying on his side and can't get up!"

About half the animals on the farm rushed out to the knoll where the windmill stood. There lay Boxer, between the shafts of the cart, his neck stretched out, unable even to raise his head. His eyes were glazed, his sides matted with sweat. A thin stream of blood had trickled out of his mouth. Clover dropped to her knees at his side.

"Boxer!" she cried, "how are you?"

"It is my lung," said Boxer in a weak voice. "It does not matter. I think you will be able to finish the windmill without me. There is a pretty good store of stone accumulated. I had only another month to go in any case. To tell you the truth, I had been looking forward to my retirement. And perhaps, as Benjamin is growing old too, they will let him retire at the same time and be a companion to me."

"We must get help at once," said Clover. "Run, somebody, and tell Squealer what has happened."

All the other animals immediately raced back to the farmhouse to give

Squealer the news. Only Clover and Benjamin remained, and Benjamin who lay down at Boxer's side without speaking kept the flies off him with his long tail. After about a quarter of an hour Squealer appeared, full of sympathy and concern. He said that Comrade Napoleon had learned with the very deepest distress of this misfortune to one of the most loyal workers on the farm, and was already making arrangements to send Boxer to be treated in the hospital at Willingdon.

SCENE 6

The animals felt a little uneasy at this. Except for Mollie and Snowball, no other animal had ever left the farm, and they did not like to think of their sick comrade in the hands of human beings. However, Squealer easily convinced them that the veterinary surgeon in Willingdon could treat Boxer's case more satisfactorily than could be done on the farm. And about half an hour later, when Boxer had somewhat recovered, he with difficulty got on to his feet, and managed to limp back to his stall, where Clover and Benjamin had prepared a good bed of straw for him.

For the next two days Boxer remained in his stall. The pigs had sent out a large bottle of pink medicine which they had found in the medicine chest in the bathroom, and Clover administered it to Boxer twice a day after meals. In the evenings she lay in his stall and talked to him, while Benjamin kept the flies off him. Boxer professed not to be sorry for what had happened. If he made a good recovery, he might expect to live another three years, and he looked forward to the peaceful days that he would spend in the corner of the big pasture. It would be the first time that he had had leisure to study and improve his mind. He intended, he said, to devote the rest of his life to learning the remaining twenty-two letters of the alphabet.

However, Benjamin and Clover could only be with Boxer after working hours, and it was in the middle of the day when the van came to take him away. The animals were all at work weeding turnips under the supervision of a pig, when they were astonished to see Benjamin come galloping from the direction of the farm buildings, braying at the top of his voice. It was the first time that they had ever seen Benjamin excited—indeed, it was the first time that anyone had ever seen him gallop. "Quick, quick!" he shouted. "Come at once! They're taking Boxer away!" Without waiting for orders from the pig, the animals broke off work and raced back to the farm buildings. Sure enough, there in the yard was a large closed van, drawn by two horses, with lettering on its side and a sly-looking man in a bowler hat sitting on the driver's seat. And Boxer's stall was empty.

The animals crowded round the van. "Good-bye, Boxer!" they chorused, "good-bye!"

"Fools! Fools!" shouted Benjamin, prancing round them and stamping the earth with his small hoofs. "Fools! Do you not see what is written on the side of that van?"

SCENE 7

That gave the animals pause, and there was a hush. Muriel began to spell out the words. But Benjamin pushed her aside and in the midst of a deadly silence he read:

"'Alfred Simmonds, Horse Slaughterer and Glue Boiler, Willingdon. Dealer in Hides and Bone-Meal. Kennels Supplied.' Do you not understand what that means? They are taking Boxer to the knacker's!"

A cry of horror burst from all the animals. At this moment the man on the box whipped up his horses and the van moved out of the yard at a smart trot. All the animals followed, crying out at the tops of their voices. Clover forced her way to the front. The van began to gather speed. Clover tried to stir her stout limbs to a gallop, and achieved a canter. "Boxer!" she cried. "Boxer! Boxer! Boxer!" And just at this moment, as though he had heard the uproar outside, Boxer's face, with the white stripe down his nose, appeared at the small window at the back of the van.

"Boxer!" cried Clover in a terrible voice. "Boxer! Get out! Get out quickly! They're taking you to your death!"

All the animals took up the cry of "Get out, Boxer, get out!" But the van was already gathering speed and drawing away from them. It was uncertain whether Boxer had understood what Clover had said. But a moment later his face disappeared from the window and there was the sound of a tremendous drumming of hoofs inside the van. He was trying to kick his way out. The time had been when a few kicks from Boxer's hoofs would have smashed the van to matchwood. But alas! his strength had left him; and in a few moments the sound of drumming hoofs grew fainter and died away. In desperation the animals began appealing to the two horses which drew the van to stop. "Comrades, comrades!" they shouted. "Don't take your own brother to his death! "But the stupid brutes, too ignorant to realize what was happening, merely set back their ears and quickened their pace. Boxer's face did not reappear at the window. Too late, someone thought of racing ahead and shutting the five-barred gate; but in another moment the van was through it and rapidly disappearing down the road. Boxer was never seen again.

SCENE 8

Three days later it was announced that he had died in the hospital at Willingdon, in spite of receiving every attention a horse could have. Squealer came to announce the news to the others. He had, he said, been present during Boxer's last hours.

"It was the most affecting sight I have ever seen!" said Squealer, lifting his trotter and wiping away a tear. "I was at his bedside at the very last. And at the end, almost too weak to speak, he whispered in my ear that his sole sorrow was to have passed on before the windmill was finished. 'Forward, comrades!' he whispered. 'Forward in the name of the Rebellion. Long live Animal Farm! Long live Comrade Napoleon! Napoleon is always right.' Those were his very last words, comrades."

Here Squealer's demeanor suddenly changed. He fell silent for a moment, and his little eyes darted suspicious glances from side to side before he proceeded.

It had come to his knowledge, he said, that a foolish and wicked rumor had been circulated at the time of Boxer's removal. Some of the animals had noticed that the van which took Boxer away was marked "Horse Slaughterer," and had actually jumped to the conclusion that Boxer was being sent to the knacker's. "It was almost unbelievable," said Squealer, "that any animal could be so stupid." He cried indignantly, whisking his tail and skipping from side to side. "Surely you know our beloved Leader, Comrade Napoleon, would never allow that?" But the explanation was really very simple. The van had previously been the property of the knacker, and had been bought by the veterinary surgeon, who had not yet painted the old name out. That was how the mistake had arisen.

The animals were enormously relieved to hear this. And when Squealer went on to give further graphic details of Boxer's death-bed, the admirable care he had received, and the expensive medicines for which Napoleon had paid without a thought as to the cost, their last doubts disappeared and the sorrow that they felt for their comrade's death was tempered by the thought that at least he had died happy.

SCENE 9

Napoleon himself appeared at the meeting on the following Sunday morning and pronounced a short oration in Boxer's honor. It had not been possible, he said, to bring back their lamented comrade's remains for interment on the farm, but he had ordered a large wreath to be made from the laurels in the farmhouse garden and sent down to be placed on Boxer's grave. And in a few days' time the pigs intended to hold a memorial banquet in Boxer's honor. Napoleon ended his speech with a reminder of Boxer's two favorite maxims, "I will work harder" and "Comrade Napoleon is always right"—maxims, he said, which every animal would do well to adopt as his own.

On the day appointed for the banquet, a grocer's van drove up from Willingdon and delivered a large wooden crate at the farmhouse. That night there was the sound of uproarious singing, which was followed by what sounded like a violent quarrel and ended at about eleven o'clock with a tremendous crash of glass. No one stirred in the farmhouse before noon on the following day, and the word went round that from somewhere or other the pigs had acquired the money to buy themselves another case of whisky.

Chapter 10

SCENE 1

YEARS passed. The seasons came and went, the short animal lives fled by. A time came when there was no one who remembered the old days before the Rebellion, except Clover, Benjamin, Moses the raven, and a number of the pigs.

Muriel was dead; Bluebell, Jessie, and Pincher were dead. Jones too was dead-he had died in an inebriates' home in another part of the country. Snowball was forgotten. Boxer was forgotten, except by the few who had known him. Clover was an old stout mare now, with stiff joints and bad eyes. She was two years past the retiring age, but in fact no animal had ever actually retired. The talk of setting aside a corner of the pasture for superannuated animals had long since been dropped. Napoleon was now a mature boar of twenty-four stone. Squealer was so fat that he could with difficulty see out of his eyes. Only old Benjamin was much the same as ever, except for being a little grayer about the muzzle, and, since Boxer's death, more morose and taciturn than ever.

There were many more creatures on the farm now, though the increase was not so great as had been expected in earlier years. Many animals had been born to whom the Rebellion was only a dim tradition, passed on by word of mouth, and others had been bought who had never heard mention of such a thing before their arrival. The farm possessed three horses now besides Clover. They were fine upstanding beasts, willing workers and good comrades, but very stupid. None of them proved able to learn the alphabet beyond the letter B. They accepted everything that they were told about the Rebellion and the principles of Animalism, especially from Clover, for whom they had an almost filial respect; but it was doubtful whether they understood very much of it.

The farm was more prosperous now, and better organized: it had even been enlarged by two fields which had been bought from Mr. Pilkington. The windmill had been successfully completed at last, and the farm possessed a threshing machine and a hay elevator of its own, and various new buildings had been added to it. Whymper had bought himself a dogcart. The windmill, however, had not after all been used for generating electrical power. It was used for milling corn, and brought in a handsome money profit. The animals were hard at work building yet another windmill; when that one was finished, so it was said, the dynamos would be installed. But the luxuries of which Snowball had once taught the animals to dream, the stalls with electric light and hot and cold water, and the three-day week, were no longer talked about. Napoleon had denounced such ideas as contrary to the spirit of Animalism. The truest happiness, he said, lay in working hard and living frugally.

SCENE 2

Somehow it seemed as though the farm had grown richer without making the animals themselves any richer-except, of course, for the pigs and the dogs. Perhaps this was partly because there were so many pigs and so many dogs. It was not that these creatures did not work, after their fashion. There was, as Squealer was never tired of explaining, endless work in the supervision and organization of the farm. Much of this work was of a kind that the other animals were too ignorant to understand. For example, Squealer told them that the pigs had to expend enormous labors every day upon mysterious things called "files," "reports," "minutes," and "memoranda." These were large sheets of paper which had to be closely covered with writing, and

as soon as they were so covered, they were burnt in the furnace. This
was of the highest importance for the welfare of the farm, Squealer
said. But still, neither pigs nor dogs produced any food by their own
labor; and there were very many of them, and their appetites were
always good.

As for the others, their life, so far as they knew, was as it had always
been. They were generally hungry, they slept on straw, they drank from
the pool, they labored in the fields; in winter they were troubled by
the cold, and in summer by the flies. Sometimes the older ones among
them racked their dim memories and tried to determine whether in the
early days of the Rebellion, when Jones's expulsion was still recent,
things had been better or worse than now. They could not remember.
There was nothing with which they could compare their present lives:
they had nothing to go upon except Squealer's lists of figures, which
invariably demonstrated that everything was getting better and better.
The animals found the problem insoluble; in any case, they had little
time for speculating on such things now. Only old Benjamin professed
to remember every detail of his long life and to know that things
never had been, nor ever could be much better or much worse-hunger,
hardship, and disappointment being, so he said, the unalterable law of
life.

And yet the animals never gave up hope. More, they never lost, even
for an instant, their sense of honor and privilege in being members of
Animal Farm. They were still the only farm in the whole county-in all
England!-owned and operated by animals. Not one of them, not even
the youngest, not even the newcomers who had been brought from
farms ten or twenty miles away, ever ceased to marvel at that. And
when they heard the gun booming and saw the green flag fluttering at
the masthead, their hearts swelled with imperishable pride, and the talk
turned always towards the old heroic days, the expulsion of Jones, the
writing of the Seven Commandments, the great battles in which the
human invaders had been defeated.

SCENE 3

None of the old dreams had been abandoned. They still believed in the Republic of the Animals which Major had foretold. A country where the green fields of England should be untrodden by human feet. Some day it was coming: it might not be soon, it might not be with in the lifetime of any animal now living, but still it was coming. Even the tune of 'Beasts of England' was perhaps hummed secretly here and there: at any rate, it was a fact that every animal on the farm knew it, though no one would have dared to sing it aloud. It might be that their lives were hard and that not all of their hopes had been fulfilled; but they were conscious that they were not as other animals. If they went hungry, it was not from feeding tyrannical human beings; if they worked hard, at least they worked for themselves. No creature among them went upon two legs. No creature called any other creature "Master." All animals were equal.

One day in early summer Squealer ordered the sheep to follow him, and led them out to a piece of waste ground at the other end of the farm, which had become overgrown with birch saplings. The sheep spent the whole day there browsing at the leaves under Squealer's supervision. In the evening he returned to the farmhouse himself, but, as it was warm weather, told the sheep to stay where they were. It ended by their remaining there for a whole week, during which time the other animals saw nothing of them. Squealer was with them for the greater part of every day. He was, he said, teaching them to sing a new song, for which privacy was needed.

It was just after the sheep had returned, on a pleasant evening when the animals had finished work and were making their way back to the farm buildings, that the terrified neighing of a horse sounded from the yard. Startled, the animals stopped in their tracks. It was Clover's voice. She neighed again, and all the animals broke into a gallop and rushed into the yard. Then they saw what Clover had seen.

It was a pig walking on his hind legs.

Yes, it was Squealer. A little awkwardly, as though not quite used to supporting his considerable bulk in that position, but with perfect balance, he was strolling across the yard. And a moment later, out from the door of the farmhouse came a long file of pigs, all walking on their hind legs. Some did it better than others, one or two were even a trifle unsteady and looked as though they would have liked the support of a stick, but every one of them made his way right round the yard successfully. And finally there was a tremendous baying of dogs and a shrill crowing from the black cockerel, and out came Napoleon himself, majestically upright, casting haughty glances from side to side, and with his dogs gambolling round him.

He carried a whip in his trotter.

There was a deadly silence. Amazed, terrified, huddling together, the animals watched the long line of pigs march slowly round the yard. It was as though the world had turned upside-down. Then there came a moment when the first shock had worn off and when, in spite of everything-in spite of their terror of the dogs, and of the habit, developed through long years, of never complaining, never criticising, no matter what happened-they might have uttered some word of protest. But just at that moment, as though at a signal, all the sheep burst out into a tremendous bleating of-

"Four legs good, two legs better! Four legs good, two legs better! Four legs good, two legs better!"

It went on for five minutes without stopping. And by the time the sheep had quieted down, the chance to utter any protest had passed, for the pigs had marched back into the farmhouse.

Benjamin felt a nose nuzzling at his shoulder. He looked round. It was Clover. Her old eyes looked dimmer than ever. Without saying anything, she tugged gently at his mane and led him round to the end of the big barn, where the Seven Commandments were written. For a minute or two they stood gazing at the wall with its white lettering.

"My sight is failing," she said finally. "Even when I was young I could not have read what was written there. But it appears to me that that wall looks different. Are the Seven Commandments the same as they used to be, Benjamin?"

SCENE 5

For once Benjamin consented to break his rule, and he read out to her what was written on the wall. There was nothing there now except a single Commandment. It ran:

ALL ANIMALS ARE EQUAL
BUT SOME ANIMALS ARE MORE EQUAL THAN OTHERS
After that it did not seem strange when next day the pigs who were supervising the work of the farm all carried whips in their trotters. It did not seem strange to learn that the pigs had bought themselves a wireless set, were arranging to install a telephone, and had taken out subscriptions to John Bull, Tidbits, and the Daily Mirror. It did not seem strange when Napoleon was seen strolling in the farmhouse garden with a pipe in his mouth-no, not even when the pigs took Mr. Jones's clothes out of the wardrobes and put them on, Napoleon himself appearing in a black coat, riding breeches, and leather leggings, while his favorite sow appeared in the watered silk dress which Mrs. Jones had been used to wear on Sundays.

A week later, in the afternoon, a number of dogcarts drove up to the farm. A deputation of neighbouring farmers had been invited to make a tour of inspection. They were shown all over the farm, and expressed great admiration for everything they saw, especially the windmill. The animals were weeding the turnip field. They worked diligently hardly raising their faces from the ground, and not knowing whether to be more frightened of the pigs or of the human visitors.

That evening loud laughter and bursts of singing came from the
farmhouse. And suddenly, at the sound of the mingled voices, the
animals were stricken with curiosity. What could be happening in
there, now that for the first time animals and human beings were
meeting on terms of equality? With one accord they began to creep as
quietly as possible into the farmhouse garden.

At the gate they paused, half frightened to go on but Clover led the way
in. They tiptoed up to the house, and such animals as were tall enough
peered in at the dining-room window. There, round the long table,
sat half a dozen farmers and half a dozen of the more eminent pigs,
Napoleon himself occupying the seat of honor at the head of the table.
The pigs appeared completely at ease in their chairs. The company
had been enjoying a game of cards but had broken off for the moment,
evidently in order to drink a toast. A large jug was circulating, and the
mugs were being refilled with beer. No one noticed the wondering faces
of the animals that gazed in at the window.

SCENE 6

Mr. Pilkington, of Foxwood, had stood up, his mug in his hand. In a
moment, he said, he would ask the present company to drink a toast.
But before doing so, there were a few words that he felt it incumbent
upon him to say.

It was a source of great satisfaction to him, he said-and, he was
sure, to all others present-to feel that a long period of mistrust and
misunderstanding had now come to an end. There had been a time-not
that he, or any of the present company, had shared such sentiments-
but there had been a time when the respected proprietors of Animal
Farm had been regarded, he would not say with hostility, but perhaps
with a certain measure of misgiving, by their human neighbours.
Unfortunate incidents had occurred, mistaken ideas had been current.
It had been felt that the existence of a farm owned and operated by
pigs was somehow abnormal and was liable to have an unsettling
effect in the neighbourhood. Too many farmers had assumed, without

due inquiry, that on such a farm a spirit of licence and indiscipline
would prevail. They had been nervous about the effects upon their own
animals, or even upon their human employees. But all such doubts
were now dispelled. Today he and his friends had visited Animal Farm
and inspected every inch of it with their own eyes, and what did they
find? Not only the most up-to-date methods, but a discipline and an
orderliness which should be an example to all farmers everywhere.
He believed that he was right in saying that the lower animals on
Animal Farm did more work and received less food than any animals
in the county. Indeed, he and his fellow-visitors today had observed
many features which they intended to introduce on their own farms
immediately.

He would end his remarks, he said, by emphasizing once again the
friendly feelings that subsisted, and ought to subsist, between Animal
Farm and its neighbours. Between pigs and human beings there was
not, and there need not be, any clash of interests whatever. Their
struggles and their difficulties were one. Was not the labor problem the
same everywhere? Here it became apparent that Mr. Pilkington was
about to spring some carefully prepared witticism on the company, but
for a moment he was too overcome by amusement to be able to utter
it. After much choking, during which his various chins turned purple,
he managed to get it out: "If you have your lower animals to contend
with," he said, "we have our lower classes!" This bon mot set the table
in a roar; and Mr. Pilkington once again congratulated the pigs on
the low rations, the long working hours, and the general absence of
pampering which he had observed on Animal Farm.

SCENE 7

And now, he said finally, he would ask the company to rise to their feet
and make certain that their glasses were full. "Gentlemen," concluded
Mr. Pilkington, "gentlemen, I give you a toast: To the prosperity of
Animal Farm!"

There was enthusiastic cheering and stamping of feet. Napoleon was so gratified that he left his place and came round the table to clink his mug against Mr. Pilkington's before emptying it. When the cheering had died down, Napoleon, who had remained on his feet, intimated that he too had a few words to say.

Like all of Napoleon's speeches, it was short and to the point. He too, he said, was happy that the period of misunderstanding was at an end. For a long time there had been rumors circulated by some malignant enemy that there was something subversive and even revolutionary in the outlook of himself and his colleagues. They had been credited with attempting to stir up rebellion among the animals on neighbouring farms. Nothing could be further from the truth! Their sole wish, now and in the past, was to live at peace and in normal business relations with their neighbours. This farm which he had the honor to control, he added, was a co-operative enterprise. The title-deeds, which were in his own possession, were owned by the pigs jointly.

He did not believe, he said, that any of the old suspicions still lingered. But certain changes had been made recently in the routine of the farm, which should have the effect of promoting confidence still further. Hitherto the animals on the farm had had a rather foolish custom of addressing one another as "Comrade." This was to be suppressed. There had also been a very strange custom, whose origin was unknown, of marching every Sunday morning past a boar's skull which was nailed to a post in the garden. This, too, would be suppressed, and the skull had already been buried. His visitors might have observed, too, the green flag which flew from the masthead. If so, they would perhaps have noted that the white hoof and horn with which it had previously been marked had now been removed. It would be a plain green flag from now onwards.

He had only one criticism, he said, to make of Mr. Pilkington's excellent and neighbourly speech. Mr. Pilkington had referred throughout to "Animal Farm." He could not of course know-for he, Napoleon, was only now for the first time announcing it-that the name "Animal Farm" had been abolished. Henceforward the farm was to be known as "The Manor Farm"-which, he believed, was its correct and original name.

"Gentlemen," concluded Napoleon, "I will give you the same toast as before, but in a different form. Fill your glasses to the brim. Gentlemen, here is my toast: To the prosperity of The Manor Farm!"

There was the same hearty cheering as before, and the mugs were emptied to the dregs. But as the animals outside gazed at the scene, it seemed to them that some strange thing was happening. What was it that had altered in the faces of the pigs? Clover's old dim eyes flitted from one face to another. Some of them had five chins, some had four, some had three. But what was it that seemed to be melting and changing? Then, the applause having come to an end, the company took up their cards and continued the game that had been interrupted, and the animals crept silently away.

But they had not gone twenty yards when they stopped short. An uproar of voices was coming from the farmhouse. They rushed back and looked through the window again. Yes, a violent quarrel was in progress. There were shoutings, bangings on the table, sharp suspicious glances, furious denials. The source of the trouble appeared to be that Napoleon and Mr. Pilkington had each played an ace of spades simultaneously.

Twelve voices were shouting in anger, and they were all alike. No question, now, what had happened to the faces of the pigs. The creatures outside looked from pig to man, and from man to pig, and from pig to man again; but already it was impossible to say which was which.